目 录

行政诉讼法学教学参考法律与司法解释 … 1
　中华人民共和国行政复议法 … 1
　中华人民共和国行政诉讼法 … 8
　中华人民共和国国家赔偿法 … 18
　最高人民法院关于执行《中华人民共和国行政诉讼法》若干问题的解释
　　 … 26
　最高人民法院关于行政诉讼证据若干问题的规定 … 42
　最高人民法院关于审理国际贸易行政案件若干问题的规定 … 54
　最高人民法院关于审理反倾销行政案件应用法律若干问题的规定 … 56
　最高人民法院关于审理反补贴行政案件应用法律若干问题的规定 … 58
　最高人民法院关于规范行政案件案由的通知 … 59
　最高人民法院关于行政案件管辖若干问题的规定 … 65
　最高人民法院关于行政诉讼撤诉若干问题的规定 … 66

行政诉讼法教学参考题（2002—2010年司法考试行政诉讼法历年真题） … 68
　一、单项选择题 … 68
　二、多项选择题 … 92
　三、不定项选择题 … 116
　四、案例与分析题 … 128

行政诉讼法学教学参考案例 … 133
　台湾"光大二号"轮船长蔡增雄不服拱北海关行政处罚上诉案 … 133
　陈迎春不服离石县公安局收容审查决定案 … 134
　桐梓县农资公司诉桐梓县技术监督局行政处罚抗诉案 … 136
　黄梅县振华建材物资总公司不服黄石市公安局扣押财产及侵犯企业财产权行政上诉案 … 140

1

汤晋诉当涂县劳动局不履行保护人身权、财产权法定职责案 …………… 143
福建省水电勘测设计研究院不服省地矿厅行政处罚案 …………………… 144
田永诉北京科技大学拒绝颁发毕业证、学位证行政诉讼案 ……………… 148
溆浦县中医院诉溆浦县邮电局不履行法定职责案 ………………………… 154
宿海燕不服劳动教养决定案 ………………………………………………… 157
宜昌市妇幼保健院不服宜昌市工商行政管理局行政处罚决定案 ………… 159
李治芳不服交通事故责任重新认定决定案 ………………………………… 167
沈希贤等182人诉北京市规划委员会颁发建设工程规划许可证纠纷案
　………………………………………………………………………………… 171
焦志刚诉和平公安分局治安管理处罚决定行政纠纷案 …………………… 175
念泗三村28幢楼居民35人诉扬州市规划局行政许可行为侵权案 ……… 182
平山县劳动就业管理局不服税务行政处理决定案 ………………………… 190
杨一民诉成都市政府其他行政纠纷案 ……………………………………… 192
44户村民诉某镇人民政府侵犯承包经营权及强制措施案 ………………… 199
陈某诉某县地方税务局违法纳税及强制措施案 …………………………… 201
24户居民诉某市规划局违法审批案 ………………………………………… 210
赵某等诉某市地税局侵犯人身权案 ………………………………………… 214
瞿某诉某镇政府违法执行公务案 …………………………………………… 218

行政诉讼法学教学参考法律与司法解释

中华人民共和国行政复议法

(1999年4月29日第九届全国人民代表大会常务委员会第九次会议通过)

第一章 总则

第一条 为了防止和纠正违法的或者不当的具体行政行为,保护公民、法人和其他组织的合法权益,保障和监督行政机关依法行使职权,根据宪法,制定本法。

第二条 公民、法人或者其他组织认为具体行政行为侵犯其合法权益,向行政机关提出行政复议申请,行政机关受理行政复议申请、作出行政复议决定,适用本法。

第三条 依照本法履行行政复议职责的行政机关是行政复议机关。行政复议机关负责法制工作的机构具体办理行政复议事项,履行下列职责:

(一)受理行政复议申请;

(二)向有关组织和人员调查取证,查阅文件和资料;

(三)审查申请行政复议的具体行政行为是否合法与适当,拟订行政复议决定;

(四)处理或者转送对本法第七条所列有关规定的审查申请;

(五)对行政机关违反本法规定的行为依照规定的权限和程序提出处理建议;

(六)办理因不服行政复议决定提起行政诉讼的应诉事项;

(七)法律、法规规定的其他职责。

第四条 行政复议机关履行行政复议职责,应当遵循合法、公正、公开、及时、便民的原则,坚持有错必纠,保障法律、法规的正确实施。

第五条 公民、法人或者其他组织对行政复议决定不服的,可以依照行政诉讼法的规定向人民法院提起行政诉讼,但是法律规定行政复议决定为最终裁决的除外。

<h2 style="text-align:center">第二章 行政复议范围</h2>

第六条 有下列情形之一的,公民、法人或者其他组织可以依照本法申请行政复议:

(一)对行政机关作出的警告、罚款、没收违法所得、没收非法财物、责令停产停业、暂扣或者吊销许可证、暂扣或者吊销执照、行政拘留等行政处罚决定不服的;

(二)对行政机关作出的限制人身自由或者查封、扣押、冻结财产等行政强制措施决定不服的;

(三)对行政机关作出的有关许可证、执照、资质证、资格证等证书变更、中止、撤销的决定不服的;

(四)对行政机关作出的关于确认土地、矿藏、水流、森林、山岭、草原、荒地、滩涂、海域等自然资源的所有权或者使用权的决定不服的;

(五)认为行政机关侵犯合法的经营自主权的;

(六)认为行政机关变更或者废止农业承包合同,侵犯其合法权益的;

(七)认为行政机关违法集资、征收财物、摊派费用或者违法要求履行其他义务的;

(八)认为符合法定条件,申请行政机关颁发许可证、执照、资质证、资格证等证书,或者申请行政机关审批、登记有关事项,行政机关没有依法办理的;

(九)申请行政机关履行保护人身权利、财产权利、受教育权利的法定职责,行政机关没有依法履行的;

(十)申请行政机关依法发放抚恤金、社会保险金或者最低生活保障费,行政机关没有依法发放的;

(十一)认为行政机关的其他具体行政为侵犯其合法权益的。

第七条 公民、法人或者其他组织认为行政机关的具体行政行为所依据的下列规定不合法,在对具体行政行为申请行政复议时,可以一并向行政复议机关提出对该规定的审查申请:

(一)国务院部门的规定;

(二)县级以上地方各级人民政府及其工作部门的规定;

(三)乡、镇人民政府的规定。前款所列规定不含国务院部、委员会规章和地方政府规章。规章的审查依照法律、行政法规办理。

第八条 不服行政机关作出的行政处分或者其他人事处理决定的,依照有关法律、行政法规办理。不服行政机关对民事纠纷作出的调解或者其他处理,依法申请仲裁或者向人民法院提起诉讼。

第三章 行政复议申请

第九条 公民、法人或者其他组织认为具体行政行为侵犯其合法权益的,可以自知道该具体行政行为之日起六十日内提出行政复议申请;但是法律规定的申请期限超过六十日的除外。因不可抗力或者其他正当理由耽误法定申请期限的,申请期限自障碍消除之日起继续计算。

第十条 依照本法申请行政复议的公民、法人或者其他组织是申请人。有权申请行政复议的公民死亡的,其近亲属可以申请行政复议。有权申请行政复议的公民为无民事行为能力人或者限制民事行为能力人的,其法定代理人可以代为申请行政复议。有权申请行政复议的法人或者其他组织终止的,承受其权利的法人或者其他组织可以申请行政复议。同申请行政复议的具体行政行为有利害关系的其他公民、法人或者其他组织,可以作为第三人参加行政复议。公民、法人或者其他组织对行政机关的具体行政行为不服申请行政复议的,作出具体行政行为的行政机关是被申请人。申请人、第三人可以委托代理人代为参加行政复议。

第十一条 申请人申请行政复议,可以书面申请,也可以口头申请;口头申请的,行政复议机关应当当场记录申请人的基本情况、行政复议请求、申请行政复议的主要事实、理由和时间。

第十二条 对县级以上地方各级人民政府工作部门的具体行政行为不服的,由申请人选择,可以向该部门的本级人民政府申请行政复议,也可以向上一级主管部门申请行政复议。对海关、金融、国税、外汇管理等实行垂直领导的行政机关和国家安全机关的具体行政行为不服的,向上一级主管部门申请行政复议。

第十三条 对地方各级人民政府的具体行政行为不服的,向上一级地方人民政府申请行政复议。对省、自治区人民政府依法设立的派出所机关所属的县级地方人民政府的具体行政行为不服的,向该派出机关申请行政复议。

第十四条 对国务院部门或者省、自治区、直辖市人民政府的具体行政行为不服的,向作出该具体行政行为的国务院部门或者省、自治区、直辖市人民政府申请行政复议。对行政复议决定不服的,可以向人民法院提起行政诉讼;

也可以向国务院申请裁决，国务院依照本法的规定作出最终裁决。

第十五条　对本法第十二条、第十三条、第十四条规定以外的其他行政机关、组织的具体行政行为不服的，按照下列规定申请行政复议：

（一）对县级以上地方人民政府依法设立的派出机关的具体行政行为不服的，向设立该派出机关的人民政府申请行政复议；

（二）对政府工作部门依法设立的派出机构依照法律、法规或者规章规定，以自己的名义作出的具体行政行为不服的，向设立派出机构的部门或者该部门的本级地方人民政府申请行政复议；

（三）对法律、法规授权的组织具体行政行为不服的，分别向直接管理该组织的地方人民政府、地方人民政府工作部门或者国务院部门申请行政复议；

（四）对两个或者两个以上行政机关以共同的名义作出的具体行政行为不服的，向其共同上一级行政机关申请行政复议；

（五）对被撤销的行政机关在撤销前所作出的具体行政行为不服的，向继续行使其职权的行政机关的上一级行政机关申请行政复议。有前款所列情形之一的，申请人也可以向具体行政行为发生地的县级地方人民政府提出行政复议申请，由接受申请的县级地方人民政府依照本法第十八条的规定办理。

第十六条　公民、法人或者其他组织申请行政复议，行政复议机关已经依法受理的，或者法律、法规规定应当先向行政复议机关申请行政复议、对行政复议决定不服再向人民法院提起行政诉讼的，在法定行政复议期限内不得向人民法院提起行政诉讼。公民、法人或者其他组织向人民法院提起行政诉讼，人民法院已经依法受理的，不得申请行政复议。

第四章　行政复议受理

第十七条　行政复议机关收到行政复议申请后，应当在五日内进行审查，对不符合本法规定的行政复议申请，决定不予受理，并书面告知申请人；对符合本法规定，但是不属于本机关受理的行政复议申请，应当告知申请人向有关行政复议机关提出。除前款规定外，行政复议申请自行政复议机关负责法制工作的机构收到之日起即为受理。

第十八条　依照本法第十五条第二款的规定接受行政复议申请的县级地方人民政府，对依照本法第十五条第一款的规定属于其他行政复议机关受理的行政复议申请，应当自该行政复议申请之日起七日内，转送有关行政复议机关，并告知申请人。接受转送的行政复议机关应当依照本法第十七条的规定办理。

第十九条　法律、法规规定应当先向行政复议机关申请行政复议、对行政复议决定不服再向人民法院提起行政诉讼的,行政复议机关决定不予受理或者受理后超过行政复议期限不作答复的,公民、法人或者其他组织可以自收到不予受理决定书之日起或者行政复议期满之日起十五日内,依法向人民法院提起行政诉讼。

第二十条　公民、法人或者其他组织依法提出行政复议申请,行政复议机关无正当理由不予受理的,上级行政机关应当责令其受理;必要时,上级行政机关也可以直接受理。

第二十一条　行政复议期间具体行政行为不停止执行;但是,有下列情形之一的,可以停止执行:

(一)被申请人认为需要停止执行的;

(二)行政复议机关认为需要停止执行的;

(三)申请人申请停止执行,行政复议机关认为其要求合理,决定停止执行的;

(四)法律规定停止执行的。

第五章　行政复议决定

第二十二条　行政复议原则上采取书面审查的办法,但是申请人提出要求或者行政复议机关负责法制工作的机构认为有必要时,可以向有关组织和人员调查情况,听取申请人、被申请人和第三人的意见。

第二十三条　行政复议机关负责法制工作的机构应当自行政复议申请受理之日起七日内,将行政复议申请书副本或者行政复议申请笔录复印件发送被申请人。被申请人应当自收到申请书副本或者申请笔录复印件之日起十日内,提出书面答复,并提交当初作出具体行政行为的证据、依据和其他有关材料。申请人、第三人可以查阅被申请人提出的书面答复、作出具体行政行为的证据、依据和其他有关材料,除涉及国家秘密、商业秘密或者个人隐私外,行政复议机关不得拒绝。

第二十四条　在行政复议过程中,被申请人不得自行向申请人和其他有关组织或者个人收集证据。

第二十五条　行政复议决定作出前,申请人要求撤回行政复议申请的,经说明理由,可以撤回;撤回行政复议申请的,行政复议终止。

第二十六条　申请人在申请行政复议时,一并提出对本法第七条所列有关规定的审查申请的,行政复议机关对该规定有权处理的,应当在三十日内依法处理;无权处理的,应当在七日内按照法定程序转送有权处理的行政机关依法处理，有权处理的行政机关应当在六十日内依法处理。处理期间，中止对具体行政行为的审查。

第二十七条　行政复议机关在对被申请人作出的具体行政行为进行审查时，认为其依据不合法，本机关有权处理的，应当在三十日内依法处理；无权处理的，应当在七日内按照法定程序转送有权处理的国家机关依法处理。处理期间，中止对具体行政行为的审查。

第二十八条　行政复议机关负责法制工作的机构应当对被申请人作出的具体行政行为进行审查，提出意见，经行政复议机关的负责人同意或者集体讨论通过后，按照下列规定作出行政复议决定：

（一）具体行政行为认定事实清楚，证据确凿，适用依据正确，程序合法，内容适当的，决定维持；

（二）被申请人不履行法定职责的，决定其在一定期限内履行；

（三）具体行政行为有下列情形之一的，决定撤销、变更或者确认该具体行政行为违法；决定撤销或者确认该具体行政行为违法的，可以责令被申请人在一定期限内重新作出具体行政行为：

1．主要事实不清、证据不足的；
2．适用依据错误的；
3．违反法定程序的；
4．超越或者滥用职权的；
5．具体行政行为明显不当的。

（四）被申请人不按照本法第二十三条的规定提出书面答复、提交当初作出具体行政行为的证据、依据和其他有关材料的，视为该具体行政行为没有证据、依据，决定撤销该具体行政行为。行政复议机关责令被申请人重新作出具体行政行为的，被申请人不得以同一的事实和理由作出与具体行政行为相同或者基本相同的具体行政行为。

第二十九条　申请人在申请行政复议时可以一并提出行政赔偿请求，行政复议机关对符合国家赔偿法的有关规定应当给予赔偿的，在决定撤销、变更具体行政行为或者确认具体行政行为违法时，应当同时决定被申请人依法给予赔偿。申请人在申请行政复议时没有提出行政赔偿请求的，行政复议机关在依法决定撤销或者变更罚款，撤销违法集资、没收财物、征收财物、摊派费用以及财产的查封、扣押、冻结等具体行政行为时，应当同时责令被申请人返还财产，解除对财产的查封、扣押、冻结措施，或者赔偿相应的价款。

第三十条　公民、法人或者其他组织认为行政机关的具体行政行为侵犯其已经依法取得的土地、矿藏、水流、森林、山岭、草原、荒地、滩涂、海域等自然资源的所有权或者使用权的，应当先申请行政复议；对行政复议决定不服的，可以依法向人民法院提起行政诉讼。根据国务院或者省、自治区、直辖市人民政府对行政区划的勘定、调整或者征用土地的决定，省、自治区、直辖市人民政府确认土地、矿藏、水流、森林、山岭、草原、荒地、滩涂、海域等自然资源的所有权或者使用权的行政复议决定为最终裁决。

第三十一条　行政复议机关应当自受理申请之日起六十日内作出行政复议决定；但是法律规定的行政复议期限少于六十日的除外。情况复杂，不能在规定期限内作出行政复议决定的，经行政复议机关的负责人批准，可以适当延长，并告知申请人和被申请人；但是延长期限最多不超过三十日。行政复议机关作出行政复议决定，应当制作行政复议决定书，并加盖印章。行政复议决定书一经送达，即发生法律效力。

第三十二条　被申请人应当履行行政复议决定。被申请人不履行或者无正当理由拖延履行行政复议决定的，行政复议机关或者有关上级行政机关应当责令其限期履行。

第三十三条　申请人逾期不起诉又不履行行政复议决定的，或者不履行最终裁决的行政复议决定的，按照下列规定分别处理：

（一）维持具体行政行为和行政复议决定，由作出具体行政行为的行政机关依法强制执行，或者申请人民法院强制执行；

（二）变更具体行政行为的行政复议决定，由行政复议机关依法强制执行，或者申请人民法院强制执行。

第六章　法律责任

第三十四条　行政复议机关违反本法规定，无正当理由不予受理依法提出的行政复议申请或者不按照规定转送行政复议申请的，或者在法定期限内不作出行政复议决定的，对直接负责的主管人员和其他直接责任人员依法给予警告、记过、记大过的行政处分；经责令受理或者不按照规定转送行政复议申请，造成严重后果的，依法给予降级、撤职、开除的行政处分。

第三十五条　行政复议机关工作人员在行政复议活动中，徇私舞弊或者有其他渎职、失职行为的，依法给予警告、记过、记大过的行政处分；情节严重的，依法给予降级、撤职、开除的行政处分；构成犯罪的，依法追究刑事责任。

第三十六条　被申请人违反本法规定，不提出书面答复或者不提交作出具体行政行为的证据、依据和其他有关材料，或者阻挠、变相阻挠公民、法人或者其他组织依法申请行政复议的，对直接负责的主管人员和其他直接责任人员依法给予警告、记过、记大过的行政处分；进行报复陷害的，依法给予降级、撤职、开除的行政处分；构成犯罪的，依法追究刑事责任。

第三十七条　被申请人不履行或者无正当理由拖延履行行政复议决定的，对直接负责的主管人员和其他直接责任人员依法给予警告、记过、记大过的行政处分；经责令履行仍拒不履行的，依法给予降级、撤职、开除的行政处分。

第三十八条　行政复议机关负责法制工作的机构发现有无正当理由不予受理行政复议申请、不按照规定期限作出行政复议决定、徇私舞弊、对申请人打击报复或者不履行行政复议决定等情形的，应当向有关行政机关提出建议，有关行政机关应当依照本法和有关法律、行政法规的规定作出处理。

第七章　附则

第三十九条　行政复议机关受理行政复议申请，不得向申请人收取任何费用。行政复议活动所需经费，应当列入本机关的行政经费，由本级财政予以保障。

第四十条　行政复议期间的计算和行政复议文书的送达，依照民事诉讼法关于期间、送达的规定执行。本法关于行政复议期间有关"五日"、"七日"的规定是指工作日，不含节假日。

第四十一条　外国人、无国籍人、外国组织在中华人民共和国境内申请行政复议，适用本法。

第四十二条　本法施行前公布的法律有关行政复议的规定与本法的规定不一致的，以本法的规定为准。

第四十三条　本法自1999年10月1日起施行。1990年12月24日国务院发布、1994年10月9日国务院修订发布的《行政复议条例》同时废止。

中华人民共和国行政诉讼法

（1989年4月4日第七届全国人民代表大会第二次会议通过　1989年4月4日中华人民共和国主席令第16号公布）

第一章　总则

第一条　为保证人民法院正确、及时审理行政案件，保护公民、法人和其他组织的合法权益，维护和监督行政机关依法行使行政职权，根据宪法制定本法。

第二条 公民、法人或者其他组织认为行政机关和行政机关工作人员的具体行政行为侵犯其合法权益，有权依照本法向人民法院提起诉讼。

第三条 人民法院依法对行政案件独立行使审判权，不受行政机关、社会团体和个人的干涉。

人民法院设行政审判庭，审理行政案件。

第四条 人民法院审查行政案件，以事实为根据，以法律为准绳。

第五条 人民法院审理行政案件，对具体行政行为是否合法进行审查。

第六条 人民法院审理行政案件，依法实行合议、回避、公开审判和两审终审制度。

第七条 当事人在行政诉讼中的法律地位平等。

第八条 各民族公民都有用本民族语言、文字进行行政诉讼的权利。在少数民族聚居或者多民族共同居住的地区，人民法院应当用当地民族通用的语言、文字进行审理和发布法律文书。人民法院应当对不通晓当地民族通用的语言、文字的诉讼参与人提供翻译。

第九条 当事人在行政诉讼中有权进行辩论。

第十条 人民检察院有权对行政诉讼实行法律监督。

第二章 受案范围

第十一条 人民法院受理公民、法人和其他组织对下列具体行政行为不服提起的诉讼。

（一）对拘留、罚款、吊销许可证和执照、责令停产停业、没收财物等行政处罚不服的；

（二）对限制人身自由或者对财产的查封、扣押、冻结等行政强制措施不服的；

（三）认为行政机关侵犯法律规定的经营自主权的；

（四）认为符合法定条件申请行政机关颁发许可证和执照，行政机关拒绝颁发或者不予答复的；

（五）申请行政机关履行保护人身权、财产权的法定职责，行政机关拒绝履行或者不予答复的；

（六）认为行政机关没有依法发给抚恤金的；

（七）认为行政机关违法要求履行义务的；

(八)认为行政机关侵犯其他人身权、财产权的。

除前款规定外,人民法院受理法律、法规规定可以提起诉讼的其他行政案件。

第十二条 人民法院不受理公民、法人或者其他组织对下列事项提起的诉讼:

(一)国防、外交等国家行为;

(二)行政法规、规章或者行政机关制定、发布的具有普遍约束力的决定、命令;

(三)行政机关对行政机关工作人员的奖惩、任免等决定;

(四)法律规定由行政机关最终裁决的具体行政行为。

第三章 管辖

第十三条 基层人民法院管辖第一审行政案件。

第十四条 中级人民法院管辖下列第一审行政案件:

(一)确认发明专利权的案件、海关处理的案件;

(二)对国务院各部门或者省、自治区、直辖市人民政府所作的具体行政行为提起诉讼案件;

(三)本辖区内重大、复杂的案件。

第十五条 高级人民法院管辖本辖区内重大、复杂的第一审行政案件。

第十六条 最高人民法院管辖全国范围内重大、复杂的第一审行政案件。

第十七条 行政案件由最初作出具体行政行为的行政机关所在地人民法院管辖。经复议案件,复议机关改变原具体行政行为的,也可以由复议机关所在地人民法院管辖。

第十八条 对限制人身自由的行政强制措施不服提起的诉讼,由被告所在地或者原告所在地人民法院管辖。

第十九条 因不动产提起的行政诉讼,由不动产所在地人民法院管辖。

第二十条 两个以上人民法院都有管辖权的案件,原告可以选择其中一个人民法院提起诉讼。原告向两个以上有管辖权的人民法院提起诉讼的,由最先收到起诉状的人民法院管辖。

第二十一条 人民法院发现受理的案件不属于自己管辖时,应当移送有管辖权的人民法院。受移送的人民法院不得自行移送。

第二十二条 有管辖权的人民法院由于特殊原因不能行使管辖权的,由上级人民法院指定管辖。人民法院对管辖权发生争议,由争议双方协商解决。协商不成的，报它们的共同上级人民法院指定管辖。

第二十三条　上级人民法院有权审判下级人民法院管辖的第一审行政案件，也可以把自己管辖的第一审行政案件移交下级人民法院审判。下级人民法院对其管辖的第一审行政案件，认为需要由上级人民法院审判的，可以报请上级人民法院决定。

第四章　诉讼参加人

第二十四条　依照本法提起诉讼的公民、法人或者其他组织是原告。有权提起诉讼的公民死亡，其近亲属可以提起诉讼。有权提起诉讼的法人或者其他组织终止，承受其权利的法人或者其他组织可以提起诉讼。

第二十五条　公民、法人或者其他组织直接向人民法院提起诉讼的，作出具体行政行为的行政机关是被告。

经复议的案件，复议机关决定维持原具体行政行为的，作出原具体行政行为的行政机关是被告；复议机关改变原具体行政行为的，复议机关是被告。

两个以上行政机关作出同一具体行政行为的，共同作出具体行政行为的行政机关是共同被告。

由法律、法规授权的组织所作的具体行政行为，该组织是被告。由行政机关委托的组织所作的具体行政行为，委托的行政机关是被告。

行政机关被撤销的，继续行使其职权的行政机关是被告。

第二十六条　当事人一方或者双方为2人以上，因同一具体行政行为发生的行政案件，或者因同样的具体行政行为发生的行政案件、人民法院认为可以合并审理的，为共同诉讼。

第二十七条　同提起诉讼的具体行政行为有利害关系的其他公民、法人或者其他组织，可以作为第三人申请参加诉讼，或者由人民法院通知参加诉讼。

第二十八条　没有诉讼行为能力的公民，由其法定代理人代为诉讼。法定代理人互相推诿代理责任的，由人民法院指定其中一人代为诉讼。

第二十九条　当事人、法定代理人，可以委托1至2人代为诉讼。

律师、社会团体、提起诉讼的公民的近亲属或者所在单位推荐的人，以及经人民法院许可的其他公民，可以受委托为诉讼代理人。

第三十条　代理诉讼的律师，可以依照规定查阅本案有关材料，可以向有关组织和公民调查，收集证据。对涉及国家秘密和个人隐私的材料，应当依照法律规定保密。

经人民法院许可，当事人和其他诉讼代理人可以查阅本案庭审材料，但涉及国家秘密和个人隐私的除外。

第五章 证据

第三十一条 证据有以下几种：

（一）书证；

（二）物证；

（三）视听资料；

（四）证人证言；

（五）当事人的陈述；

（六）鉴定结论；

（七）勘验笔录、现场笔录。

以上证据经法庭审查属实，才能作为定案的根据。

第三十二条 被告对作出的具体行政行为负有举证责任，应当提供作出该具体行政行为的证据和所依据的规范性文件。

第三十三条 在诉讼过程中，被告不得自行向原告和证人收集证据。

第三十四条 人民法院有权要求当事人提供或者补充证据。

人民法院有权向有关行政机关以及其他组织、公民调取证据。

第三十五条 在诉讼过程中，人民法院认为对专门性问题需要鉴定的，应当交由法定鉴定部门鉴定，没有法定鉴定部门的，由人民法院指定的鉴定部门鉴定。

第三十六条 在证据可能灭失或者以后难以取得的情况下，诉讼参加人可以向人民法院申请保全证据，人民法院也可以主动采取保全措施。

第六章 起诉和受理

第三十七条 对属于人民法院受案范围的行政案件，公民、法人或者其他组织可以先向上一级行政机关或者法律、法规规定的行政机关申请复议，对复议不服的，再向人民法院提起诉讼，也可以直接向人民法院提起诉讼。

法律、法规规定应当先向行政机关申请复议，对复议不服再向人民法院提起诉讼的，依照法律、法规的规定。

第三十八条 公民、法人或者其他组织向行政机关申请复议的，复议机关应当在收到申请书之日起两个月内作出决定。法律、法规另有规定的除外。

申请人不服复议决定的，可以在收到复议决定书之日起十五日内向人民法院提起诉讼。复议机关逾期不作决定的，申请人可以在复议期满之日起十五日内向人民法院提起诉讼。法律另有规定的除外。

第三十九条　公民、法人或者其他组织直接向人民法院提起诉讼的,应当在知道作出具体行政行为之日起三个月内提出。法律另有规定的除外。

第四十条　公民、法人或者其他组织因不可抗力或者其他特殊情况耽误法定期限的,在障碍消除后的十日内,可以申请延长期限,由人民法院决定。

第四十一条　提起诉讼应当符合下列条件:

(一)原告是认为具体行政行为侵犯其合法权益的公民、法人或者其他组织;

(二)有明确的被告;

(三)有具体的诉讼请求和事实根据;

(四)属于人民法院受案范围和受诉人民法院管辖。

第四十二条　人民法院接到起诉状,经审查,应当在七日内立案或者作出裁定不予受理。原告对裁定不服的,可以提起上诉。

第七章　审理和判决

第四十三条　人民法院应当在立案之日起五日内,将起诉状副本发送被告。被告应当在收到起诉状副本之日起十日内向人民法院提交作出具体行政行为的有关材料,并提出答辩状。人民法院应当在收到答辩状之日起五日内,将答辩状副本发送原告。

被告不提出答辩状的,不影响人民法院审理。

第四十四条　诉讼期间,不停止具体行政行为的执行。但有下列情形之一的,停止具体行政行为的执行:

(一)被告认为需要停止执行的;

(二)原告申请停止执行,人民法院认为该具体行政行为的执行会造成难以弥补的损失,并且停止执行不损害社会公共利益。裁定停止执行的;

(三)法律、法规规定停止执行的。

第四十五条　人民法院公开审理行政案件,但涉及国家秘密、个人隐私和法律另有规定的除外。

第四十六条　人民法院审理行政案件,由审判员组成合议庭,或者由审判员、陪审员组成合议庭,合议庭的成员,应当是三人以上的单数。

第四十七条　当事人认为审判人员与本案有利害关系或者有其他关系可能影响公正审判,有权申请审判人员回避。审判人员认为自己与本案有利害关系或者有其他关系,应当申请回避。

前两款规定,适用于书记员、翻译人员、鉴定人、勘验人。

院长担任审判长时的回避,由审判委员会决定;审判人员的回避,由院长决定;其他人员的回避,由审判长决定。当事人对决定不服的,可以申请复议。

第四十八条　经人民法院两次合法传唤,原告无正当理由拒不到庭的,视为申请撤诉;被告无正当理由拒不到庭的,可以缺席判决。

第四十九条　诉讼参与人或者其他人有下列行为之一的,人民法院可以根据情节轻重,予以训诫、责令具结悔过或者处一千元以下的罚款、十五日以下的拘留;构成犯罪的,依法追究刑事责任:

(一)有义务协助执行的人,对人民法院的协助执行通知书,无故推拖、拒绝或者妨碍执行的;

(二)伪造、隐藏、毁灭证据的;

(三)指使、贿买、胁迫他人作伪证或者威胁、阻止证人作证的;

(四)隐藏、转移、变卖、毁损已被查封、扣押、冻结的财产的;

(五)以暴力、威胁或者其他方法阻碍人民法院工作人员执行职务或者扰乱人民法院工作秩序的;

(六)对人民法院工作人员、诉讼参与人、协助执行人侮辱、诽谤、诬陷、殴打或者打击报复的。

罚款、拘留须经人民法院院长批准。当事人不服的,可以申请复议。

第五十条　人民法院审理行政案件,不适用调解。

第五十一条　人民法院对行政案件宣告判决或者裁定前,原告申请撤诉的,或者被告改变其所作的具体行政行为,原告同意并申请撤诉的,是否准许,由人民法院裁定。

第五十二条　人民法院审理行政案件,以法律和行政法规、地方性法规为依据。地方性法规适用于本行政区域内发生的行政案件。

人民法院审理民族自治区地方的行政案件,并以该民族自治地方的自治条例和单行条例为依据。

第五十三条　人民法院审理行政案件,参照国务院部、委根据法律和国务院的行政法规、决定、命令制定、发布的规章以及省、自治区、直辖市和省、自治区的人民政府所在地的和经国务院批准的较大的市的人民政府根据法律和国务院的行政法规制定、发布的规章。

人民法院认为地方人民政府制定、发布的规章与国务院部、委制定、发布的规章不一致的,以及国务院部、委制定、发布的规章之间不一致的,由最高人民法院送请国务院作出解释或者裁决。

第五十四条 人民法院经过审理，根据不同情况，分别作出以下判决：

（一）具体行政行为证据确凿，适用法律、法规正确，符合法定程序的，判决维持。

（二）具体行政行为有下列情形之一的，判决撤销或者部分撤销，并可以判决被告重新作出具体行政行为：

1. 主要证据不足的；
2. 适用法律、法规错误的；
3. 违反法定程序的；
4. 超越职权的；
5. 滥用职权的。

（三）被告不履行或者拖延履行法定职责的，判决其在一定期限内履行。

（四）行政处罚显失公正的，可以判决变更。

第五十五条 人民法院判决被告重新作出具体行政行为的，被告不得以同一的事实理由作出与原具体行政行为基本相同的具体行政行为。

第五十六条 人民法院在审理行政案件中，认为行政机关的主管人员、直接责任人员违反政纪的，应当将有关材料移送该行政机关或者其上一级行政机关或者监察、人事机关；认为有犯罪行为的，应当将有关材料移送公安、检察机关。

第五十七条 人民法院应当在立案之日起3个月内作出第一审判决。有特殊情况需要延长的，由高级人民法院批准，高级人民法院审理第一审案件需要延长的，由最高人民法院批准。

第五十八条 当事人不服人民法院第一审判决的，有权在判决书送达之日起15日内向上一级人民法院提起上诉。当事人不服人民法院第一审裁定的，有权在裁定书送达之日起10日内向上一级人民法院提起上诉。逾期不提起上诉的，人民法院的第一审判决或者裁定发生法律效力。

第五十九条 人民法院对上诉案件，认为事实清楚的，可以实行书面审理。

第六十条 人民法院审理上诉案件，应当在收到上诉状之日起2个月内作出终审判决。有特殊情况需要延长的，由高级人民法院批准，高级人民法院审理上诉案件需要延长的，由最高人民法院批准。

第六十一条 人民法院审理上诉案件，按照下列情形，分别处理：

（一）原判决认定事实清楚，适用法律、法规正确的，判决驳回上诉，维持原判；

（二）原判决认定事实清楚，但适用法律、法规错误的，依法改判；

（三）原判决认定事实不清，证据不足，或者由于违反法定程序可能影响案件正确判决的，裁定撤销原判，发回原审人民法院重审，也可以查清事实后改判。当事人对重审案件的判决、裁定，可以上诉。

第六十二条　当事人对已经发生法律效力的判决、裁定，认为确有错误的，可以向原审人民法院或者上一级人民法院提出申诉，但判决、裁定不停止执行。

第六十三条　人民法院院长对本院已经发生法律效力的判决、裁定，发现违反法律、法规规定认为需要再审的，应当提交审判委员会决定是否再审。

上级人民法院对下级人民法院已经发生法律效力的判决、裁定，发现违反法律、法规规定的，有权提审或者指令下级人民法院再审。

第六十四条　人民检察院对人民法院已经发生法律效力的判决、裁定，发现违反法律、法规规定的，有权按照审判监督程序提出抗诉。

第八章　执行

第六十五条　当事人必须履行人民法院发生法律效力的判决、裁定。

公民、法人或者其他组织拒绝履行判决、裁定的，行政机关可以向第一审人民法院申请强制执行，或者依法强制执行。

行政机关拒绝履行判决、裁定的，第一审人民法院可以采取以下措施：

（一）对应当归还的罚款或者应给付的赔偿金，通知银行从该行政机关的账户内划拨；

（二）在规定期限内不履行的，从期满之日起，对该行政机关按日处50元至100元的罚款；

（三）向该行政机关的上一级行政机关或者监察人、人事机关提出司法建议。接受司法建议的机关，根据有关规定进行处理，并将处理情况告知人民法院；

（四）拒不履行判决、裁定，情节严重构成犯罪的，依法追究主管人员和直接责任人员的刑事责任。

第六十六条　公民、法人或者其他组织对具体行政行为在法定期限内不提起诉讼又不履行的，行政机关可以申请人民法院强制执行，或者依法强制执行。

第九章 侵权赔偿责任

第六十七条 公民、法人或者其他组织的合法权益受到行政机关或者行政机关工作人员作出的具体行政行为侵犯造成损害的,有权请求赔偿。

公民、法人或者其他组织单独就损害赔偿提出请求,应当先由行政机关解决。对行政机关的处理不服,可以向人民法院提起诉讼。

赔偿诉讼可以适用调解。

第六十八条 行政机关或者行政机关工作人员作出的具体行政行为侵犯公民、法人或者其他组织的合法权益造成损害的,由该行政机关或者该行政机关工作人员所在的行政机关负责赔偿。

行政机关赔偿损失后,应当责令有故意或者重大过失的行政机关工作人员承担部分或者全部赔偿费用。

第六十九条 赔偿费用,从各级财政列支。各级人民政府可以责令有责任的行政机关支付部分或者全部赔偿费用。具体办法由国务院规定。

第十章 涉外行政诉讼

第七十条 外国人、无国籍人、外国组织在中华人民共和国进行行政诉讼,适用本法。法律另有规定的除外。

第七十一条 外国人、无国籍人、外国组织在中华人民共和国进行行政诉讼,同中华人民共和国公民、组织有同等的诉讼权利和义务。

外国法院对中华人民共和国公民、组织的行政诉讼权利加以限制的,人民法院对该国公民、组织的行政诉讼权利,实行对等原则。

第七十二条 中华人民共和国缔结或者参加的国际条约同本法有不同规定的,适用国际条约的规定。中华人民共和国声明保留的条款除外。

第七十三条 外国人、无国籍人、外国组织在中华人民共和国进行行政诉讼,委托律师代理诉讼的,应当委托中华人民共和国律师机构的律师。

第十一章 附则

第七十四条 人民法院审理行政案件,应当收取诉讼费用。诉讼费用由败诉方承担,双方都有责任的由双方分担。收取诉讼费用的具体办法另行规定。

第七十五条 本法自1990年10月1日起施行。

中华人民共和国国家赔偿法

《全国人民代表大会常务委员会关于修改〈中华人民共和国国家赔偿法〉的决定》已由中华人民共和国第十一届全国人民代表大会常务委员会第十四次会议于2010年4月29日通过,现予公布,自2010年12月1日起施行。

(1994年5月12日第八届全国人民代表大会常务委员会第七次会议通过 根据2010年4月9日第十一届全国人民代表大会常务委员会第十四次会议《关于修改〈中华人民共和国国家赔偿法〉的决定》修正)

第一章 总则

第一条 为保障公民、法人和其他组织享有依法取得国家赔偿的权利,促进国家机关依法行使职权,根据宪法,制定本法。

第二条 国家机关和国家机关工作人员行使职权,有本法规定的侵犯公民、法人和其他组织合法权益的情形,造成损害的,受害人有依照本法取得国家赔偿的权利。

本法规定的赔偿义务机关,应当依照本法及时履行赔偿义务。

第二章 行政赔偿

第一节 赔偿范围

第三条 行政机关及其工作人员在行使行政职权时有下列侵犯人身权情形之一的,受害人有取得赔偿的权利:

(一)违法拘留或者违法采取限制公民人身自由的行政强制措施的;

(二)非法拘禁或者以其他方法非法剥夺公民人身自由的;

(三)以殴打、虐待等行为或者唆使、放纵他人以殴打、虐待等行为造成公民身体伤害或者死亡的;

(四)违法使用武器、警械造成公民身体伤害或者死亡的;

(五)造成公民身体伤害或者死亡的其他违法行为。

第四条 行政机关及其工作人员在行使行政职权时有下列侵犯财产权情形之一的,受害人有取得赔偿的权利:

(一)违法实施罚款、吊销许可证和执照、责令停产停业、没收财物等行政处罚的;

（二）违法对财产采取查封、扣押、冻结等行政强制措施的；
（三）违法征收、征用财产的；
（四）造成财产损害的其他违法行为。

第五条 属于下列情形之一的，国家不承担赔偿责任：
（一）行政机关工作人员与行使职权无关的个人行为；
（二）因公民、法人和其他组织自己的行为致使损害发生的；
（三）法律规定的其他情形。

第二节 赔偿请求人和赔偿义务机关

第六条 受害的公民、法人和其他组织有权要求赔偿。

受害的公民死亡，其继承人和其他有扶养关系的亲属有权要求赔偿。

受害的法人或者其他组织终止的，其权利承受人有权要求赔偿。

第七条 行政机关及其工作人员行使行政职权侵犯公民、法人和其他组织的合法权益造成损害的，该行政机关为赔偿义务机关。

两个以上行政机关共同行使行政职权时侵犯公民、法人和其他组织的合法权益造成损害的，共同行使行政职权的行政机关为共同赔偿义务机关。

法律、法规授权的组织在行使授予的行政权力时侵犯公民、法人和其他组织的合法权益造成损害的，被授权的组织为赔偿义务机关。

受行政机关委托的组织或者个人在行使受委托的行政权力时侵犯公民、法人和其他组织的合法权益造成损害的，委托的行政机关为赔偿义务机关。

赔偿义务机关被撤销的，继续行使其职权的行政机关为赔偿义务机关；没有继续行使其职权的行政机关的，撤销该赔偿义务机关的行政机关为赔偿义务机关。

第八条 经复议机关复议的，最初造成侵权行为的行政机关为赔偿义务机关，但复议机关的复议决定加重损害的，复议机关对加重的部分履行赔偿义务。

第三节 赔偿程序

第九条 赔偿义务机关有本法第三条、第四条规定情形之一的，应当给予赔偿。

赔偿请求人要求赔偿，应当先向赔偿义务机关提出，也可以在申请行政复议或者提起行政诉讼时一并提出。

第十条 赔偿请求人可以向共同赔偿义务机关中的任何一个赔偿义务机关

要求赔偿，该赔偿义务机关应当先予赔偿。

第十一条 赔偿请求人根据受到的不同损害，可以同时提出数项赔偿要求。

第十二条 要求赔偿应当递交申请书，申请书应当载明下列事项：

（一）受害人的姓名、性别、年龄、工作单位和住所，法人或者其他组织的名称、住所和法定代表人或者主要负责人的姓名、职务；

（二）具体的要求、事实根据和理由；

（三）申请的年、月、日。

赔偿请求人书写申请书确有困难的，可以委托他人代书；也可以口头申请，由赔偿义务机关记入笔录。

赔偿请求人不是受害人本人的，应当说明与受害人的关系，并提供相应证明。

赔偿请求人当面递交申请书的，赔偿义务机关应当当场出具加盖本行政机关专用印章并注明收讫日期的书面凭证。申请材料不齐全的，赔偿义务机关应当当场或者在五日内一次性告知赔偿请求人需要补正的全部内容。

第十三条 赔偿义务机关应当自收到申请之日起两个月内，作出是否赔偿的决定。赔偿义务机关作出赔偿决定，应当充分听取赔偿请求人的意见，并可以与赔偿请求人就赔偿方式、赔偿项目和赔偿数额依照本法第四章的规定进行协商。

赔偿义务机关决定赔偿的，应当制作赔偿决定书，并自作出决定之日起十日内送达赔偿请求人。

赔偿义务机关决定不予赔偿的，应当自作出决定之日起十日内书面通知赔偿请求人，并说明不予赔偿的理由。

第十四条 赔偿义务机关在规定期限内未作出是否赔偿的决定，赔偿请求人可以自期限届满之日起三个月内，向人民法院提起诉讼。

赔偿请求人对赔偿的方式、项目、数额有异议的，或者赔偿义务机关作出不予赔偿决定的，赔偿请求人可以自赔偿义务机关作出赔偿或者不予赔偿决定之日起三个月内，向人民法院提起诉讼。

第十五条 人民法院审理行政赔偿案件，赔偿请求人和赔偿义务机关对自己提出的主张，应当提供证据。

赔偿义务机关采取行政拘留或者限制人身自由的强制措施期间，被限制人身自由的人死亡或者丧失行为能力的，赔偿义务机关的行为与被限制人身自由的人的死亡或者丧失行为能力是否存在因果关系，赔偿义务机关应当提供证据。

第十六条 赔偿义务机关赔偿损失后,应当责令有故意或者重大过失的工作人员或者受委托的组织或者个人承担部分或者全部赔偿费用。

对有故意或者重大过失的责任人员,有关机关应当依法给予处分;构成犯罪的,应当依法追究刑事责任。

第三章 刑事赔偿

第一节 赔偿范围

第十七条 行使侦查、检察、审判职权的机关以及看守所、监狱管理机关及其工作人员在行使职权时有下列侵犯人身权情形之一的,受害人有取得赔偿的权利:

(一)违反刑事诉讼法的规定对公民采取拘留措施的,或者依照刑事诉讼法规定的条件和程序对公民采取拘留措施,但是拘留时间超过刑事诉讼法规定的时限,其后决定撤销案件、不起诉或者判决宣告无罪终止追究刑事责任的;

(二)对公民采取逮捕措施后,决定撤销案件、不起诉或者判决宣告无罪终止追究刑事责任的;

(三)依照审判监督程序再审改判无罪,原判刑罚已经执行的;

(四)刑讯逼供或者以殴打、虐待等行为或者唆使、放纵他人以殴打、虐待等行为造成公民身体伤害或者死亡的;

(五)违法使用武器、警械造成公民身体伤害或者死亡的。

第十八条 行使侦查、检察、审判职权的机关以及看守所、监狱管理机关及其工作人员在行使职权时有下列侵犯财产权情形之一的,受害人有取得赔偿的权利:

(一)违法对财产采取查封、扣押、冻结、追缴等措施的;

(二)依照审判监督程序再审改判无罪,原判罚金、没收财产已经执行的。

第十九条 属于下列情形之一的,国家不承担赔偿责任:

(一)因公民自己故意作虚伪供述,或者伪造其他有罪证据被羁押或者被判处刑罚的;

(二)依照刑法第十七条、第十八条规定不负刑事责任的人被羁押的;

(三)依照刑事诉讼法第十五条、第一百四十二条第二款规定不追究刑事责任的人被羁押的;

（四）行使侦查、检察、审判职权的机关以及看守所、监狱管理机关的工作人员与行使职权无关的个人行为；

（五）因公民自伤、自残等故意行为致使损害发生的；

（六）法律规定的其他情形。

第二节 赔偿请求人和赔偿义务机关

第二十条 赔偿请求人的确定依照本法第六条的规定。

第二十一条 行使侦查、检察、审判职权的机关以及看守所、监狱管理机关及其工作人员在行使职权时侵犯公民、法人和其他组织的合法权益造成损害的，该机关为赔偿义务机关。

对公民采取拘留措施，依照本法的规定应当给予国家赔偿的，作出拘留决定的机关为赔偿义务机关。

对公民采取逮捕措施后决定撤销案件、不起诉或者判决宣告无罪的，作出逮捕决定的机关为赔偿义务机关。

再审改判无罪的，作出原生效判决的人民法院为赔偿义务机关。二审改判无罪，以及二审发回重审后作无罪处理的，作出一审有罪判决的人民法院为赔偿义务机关。

第三节 赔偿程序

第二十二条 赔偿义务机关有本法第十七条、第十八条规定情形之一的，应当给予赔偿。

赔偿请求人要求赔偿，应当先向赔偿义务机关提出。

赔偿请求人提出赔偿请求，适用本法第十一条、第十二条的规定。

第二十三条 赔偿义务机关应当自收到申请之日起两个月内，作出是否赔偿的决定。赔偿义务机关作出赔偿决定，应当充分听取赔偿请求人的意见，并可以与赔偿请求人就赔偿方式、赔偿项目和赔偿数额依照本法第四章的规定进行协商。

赔偿义务机关决定赔偿的，应当制作赔偿决定书，并自作出决定之日起十日内送达赔偿请求人。

赔偿义务机关决定不予赔偿的，应当自作出决定之日起十日内书面通知赔偿请求人，并说明不予赔偿的理由。

第二十四条 赔偿义务机关在规定期限内未作出是否赔偿的决定，赔偿请求人可以自期限届满之日起三十日内向赔偿义务机关的上一级机关申请复议。

赔偿请求人对赔偿的方式、项目、数额有异议的，或者赔偿义务机关作出不予赔偿决定的，赔偿请求人可以自赔偿义务机关作出赔偿或者不予赔偿决定之日起三十日内，向赔偿义务机关的上一级机关申请复议。

赔偿义务机关是人民法院的，赔偿请求人可以依照本条规定向其上一级人民法院赔偿委员会申请作出赔偿决定。

第二十五条 复议机关应当自收到申请之日起两个月内作出决定。

赔偿请求人不服复议决定的，可以在收到复议决定之日起三十日内向复议机关所在地的同级人民法院赔偿委员会申请作出赔偿决定；复议机关逾期不作决定的，赔偿请求人可以自期限届满之日起三十日内向复议机关所在地的同级人民法院赔偿委员会申请作出赔偿决定。

第二十六条 人民法院赔偿委员会处理赔偿请求，赔偿请求人和赔偿义务机关对自己提出的主张，应当提供证据。

被羁押人在羁押期间死亡或者丧失行为能力的，赔偿义务机关的行为与被羁押人的死亡或者丧失行为能力是否存在因果关系，赔偿义务机关应当提供证据。

第二十七条 人民法院赔偿委员会处理赔偿请求，采取书面审查的办法。必要时，可以向有关单位和人员调查情况、收集证据。赔偿请求人与赔偿义务机关对损害事实及因果关系有争议的，赔偿委员会可以听取赔偿请求人和赔偿义务机关的陈述和申辩，并可以进行质证。

第二十八条 人民法院赔偿委员会应当自收到赔偿申请之日起三个月内作出决定；属于疑难、复杂、重大案件的，经本院院长批准，可以延长三个月。

第二十九条 中级以上的人民法院设立赔偿委员会，由人民法院三名以上审判员组成，组成人员的人数应当为单数。

赔偿委员会作赔偿决定，实行少数服从多数的原则。

赔偿委员会作出的赔偿决定，是发生法律效力的决定，必须执行。

第三十条 赔偿请求人或者赔偿义务机关对赔偿委员会作出的决定，认为确有错误的，可以向上一级人民法院赔偿委员会提出申诉。

赔偿委员会作出的赔偿决定生效后，如发现赔偿决定违反本法规定的，经本院院长决定或者上级人民法院指令，赔偿委员会应当在两个月内重新审查并依法作出决定，上一级人民法院赔偿委员会也可以直接审查并作出决定。

最高人民检察院对各级人民法院赔偿委员会作出的决定，上级人民检察院对下级人民法院赔偿委员会作出的决定，发现违反本法规定的，应当向同级人民法院赔偿委员会提出意见，同级人民法院赔偿委员会应当在两个月内重新审查并依法作出决定。

第三十一条 赔偿义务机关赔偿后,应当向有下列情形之一的工作人员追偿部分或者全部赔偿费用:

(一)有本法第十七条第四项、第五项规定情形的;

(二)在处理案件中有贪污受贿,徇私舞弊,枉法裁判行为的。

对有前款规定情形的责任人员,有关机关应当依法给予处分;构成犯罪的,应当依法追究刑事责任。

第四章 赔偿方式和计算标准

第三十二条 国家赔偿以支付赔偿金为主要方式。

能够返还财产或者恢复原状的,予以返还财产或者恢复原状。

第三十三条 侵犯公民人身自由的,每日赔偿金按照国家上年度职工日平均工资计算。

第三十四条 侵犯公民生命健康权的,赔偿金按照下列规定计算:

(一)造成身体伤害的,应当支付医疗费、护理费,以及赔偿因误工减少的收入。减少的收入每日的赔偿金按照国家上年度职工日平均工资计算,最高额为国家上年度职工年平均工资的五倍;

(二)造成部分或者全部丧失劳动能力的,应当支付医疗费、护理费、残疾生活辅助具费、康复费等因残疾而增加的必要支出和继续治疗所必需的费用,以及残疾赔偿金。残疾赔偿金根据丧失劳动能力的程度,按照国家规定的伤残等级确定,最高不超过国家上年度职工年平均工资的二十倍。造成全部丧失劳动能力的,对其扶养的无劳动能力的人,还应当支付生活费;

(三)造成死亡的,应当支付死亡赔偿金、丧葬费,总额为国家上年度职工年平均工资的二十倍。对死者生前扶养的无劳动能力的人,还应当支付生活费。

前款第二项、第三项规定的生活费的发放标准,参照当地最低生活保障标准执行。被扶养的人是未成年人的,生活费给付至十八周岁止;其他无劳动能力的人,生活费给付至死亡时止。

第三十五条 有本法第三条或者第十七条规定情形之一,致人精神损害的,应当在侵权行为影响的范围内,为受害人消除影响,恢复名誉,赔礼道歉;造成严重后果的,应当支付相应的精神损害抚慰金。

第三十六条 侵犯公民、法人和其他组织的财产权造成损害的,按照下列规定处理:

（一）处罚款、罚金、追缴、没收财产或者违法征收、征用财产的，返还财产；

（二）查封、扣押、冻结财产的，解除对财产的查封、扣押、冻结，造成财产损坏或者灭失的，依照本条第三项、第四项的规定赔偿；

（三）应当返还的财产损坏的，能够恢复原状的恢复原状，不能恢复原状的，按照损害程度给付相应的赔偿金；

（四）应当返还的财产灭失的，给付相应的赔偿金；

（五）财产已经拍卖或者变卖的，给付拍卖或者变卖所得的价款；变卖的价款明显低于财产价值的，应当支付相应的赔偿金；

（六）吊销许可证和执照、责令停产停业的，赔偿停产停业期间必要的经常性费用开支；

（七）返还执行的罚款或者罚金、追缴或者没收的金钱，解除冻结的存款或者汇款的，应当支付银行同期存款利息；

（八）对财产权造成其他损害的，按照直接损失给予赔偿。

第三十七条 赔偿费用列入各级财政预算。

赔偿请求人凭生效的判决书、复议决定书、赔偿决定书或者调解书，向赔偿义务机关申请支付赔偿金。

赔偿义务机关应当自收到支付赔偿金申请之日起七日内，依照预算管理权限向有关的财政部门提出支付申请。财政部门应当自收到支付申请之日起十五日内支付赔偿金。

赔偿费用预算与支付管理的具体办法由国务院规定。

第五章　其他规定

第三十八条 人民法院在民事诉讼、行政诉讼过程中，违法采取对妨害诉讼的强制措施、保全措施或者对判决、裁定及其他生效法律文书执行错误，造成损害的，赔偿请求人要求赔偿的程序，适用本法刑事赔偿程序的规定。

第三十九条 赔偿请求人请求国家赔偿的时效为两年，自其知道或者应当知道国家机关及其工作人员行使职权时的行为侵犯其人身权、财产权之日起计算，但被羁押等限制人身自由期间不计算在内。在申请行政复议或者提起行政诉讼时一并提出赔偿请求的，适用行政复议法、行政诉讼法有关时效的规定。

赔偿请求人在赔偿请求时效的最后六个月内，因不可抗力或者其他障碍不能行使请求权的，时效中止。从中止时效的原因消除之日起，赔偿请求时效期间继续计算。

第四十条　外国人、外国企业和组织在中华人民共和国领域内要求中华人民共和国国家赔偿的，适用本法。

外国人、外国企业和组织的所属国对中华人民共和国公民、法人和其他组织要求该国国家赔偿的权利不予保护或者限制的，中华人民共和国与该外国人、外国企业和组织的所属国实行对等原则。

第六章　附则

第四十一条　赔偿请求人要求国家赔偿的，赔偿义务机关、复议机关和人民法院不得向赔偿请求人收取任何费用。

对赔偿请求人取得的赔偿金不予征税。

第四十二条　本法自1995年1月1日起施行。

最高人民法院关于执行《中华人民共和国行政诉讼法》若干问题的解释

（1999年11月24日最高人民法院审判委员会第1088次会议通过，自2000年3月10日起施行。）

为正确理解和适用《中华人民共和国行政诉讼法》（以下简称行政诉讼法），现结合行政审判工作实际，对执行行政诉讼法的若干问题作出如下解释：

一、受案范围

第一条　公民、法人或者其他组织对具有国家行政职权的机关和组织及其工作人员的行政行为不服，依法提起诉讼的，属于人民法院行政诉讼的受案范围。

公民、法人或者其他组织对下列行为不服提起诉讼的，不属于人民法院行政诉讼的受案范围：

（一）行政诉讼法第十二条规定的行为；

（二）公安、国家安全等机关依照刑事诉讼法的明确授权实施的行为；

（三）调解行为以及法律规定的仲裁行为；

（四）不具有强制力的行政指导行为；

（五）驳回当事人对行政行为提起申诉的重复处理行为；

（六）对公民、法人或者其他组织权利义务不产生实际影响的行为。

第二条 行政诉讼法第十二条第（一）项规定的国家行为，是指国务院、中央军事委员会、国防部、外交部等根据宪法和法律的授权，以国家的名义实施的有关国防和外交事务的行为，以及经宪法和法律授权的国家机关宣布紧急状态、实施戒严和总动员等行为。

第三条 行政诉讼法第十二条第（二）项规定的"具有普遍约束力的决定、命令"，是指行政机关针对不特定对象发布的能反复适用的行政规范性文件。

第四条 行政诉讼法第十二条第（三）项规定的"对行政机关工作人员的奖惩、任免等决定"，是指行政机关作出的涉及该行政机关公务员权利义务的决定。

第五条 行政诉讼法第十二条第（四）项规定的"法律规定由行政机关最终裁决的具体行政行为"中的"法律"，是指全国人民代表大会及其常务委员会制定、通过的规范性文件。

二、管辖

第六条 各级人民法院行政审判庭审理行政案件和审查行政机关申请执行其具体行政行为的案件。

专门人民法院、人民法庭不审理行政案件，也不审查和执行行政机关申请执行其具体行政行为的案件。

第七条 复议决定有下列情形之一的，属于行政诉讼法规定的"改变原具体行政行为"：

（一）改变原具体行政行为所认定的主要事实和证据的；

（二）改变原具体行政行为所适用的规范依据且对定性产生影响的；

（三）撤销、部分撤销或者变更原具体行政行为处理结果的。

第八条 有下列情形之一的，属于行政诉讼法第十四条第（三）项规定的"本辖区内重大、复杂的案件"：

（一）被告为县级以上人民政府，且基层人民法院不适宜审理的案件；

（二）社会影响重大的共同诉讼、集团诉讼案件；

（三）重大涉外或者涉及香港特别行政区、澳门特别行政区、台湾地区的案件；

（四）其他重大、复杂案件。

第九条 行政诉讼法第十八条规定的"原告所在地"，包括原告的户籍所在地、经常居住地和被限制人身自由地。行政机关基于同一事实既对人身又对财产实施行政处罚或者采取行政强制措施的，被限制人身自由的公民、被扣押或者没收财产的公民、法人或者其他组织对上述行为均不服的，既可以向被告所在地人民法院提起诉讼，也可以向原告所在地人民法院提起诉讼，受诉人民法院可一并管辖。

第十条　当事人提出管辖异议，应当在接到人民法院应诉通知之日起10日内以书面形式提出。对当事人提出的管辖异议，人民法院应当进行审查。异议成立的，裁定将案件移送有管辖权的人民法院；异议不成立的，裁定驳回。

三、诉讼参加人

第十一条　行政诉讼法第二十四条规定的"近亲属"，包括配偶、父母、子女、兄弟姐妹、祖父母、外祖父母、孙子女、外孙子女和其他具有扶养、赡养关系的亲属。

公民因被限制人身自由而不能提起诉讼的，其近亲属可以依其口头或者书面委托以该公民的名义提起诉讼。

第十二条　与具体行政行为有法律上利害关系的公民、法人或者其他组织对该行为不服的，可以依法提起行政诉讼。

第十三条　有下列情形之一的，公民、法人或者其他组织可以依法提起行政诉讼：

（一）被诉的具体行政行为涉及其相邻权或者公平竞争权的；

（二）与被诉的行政复议决定有法律上利害关系或者在复议程序中被追加为第三人的；

（三）要求主管行政机关依法追究加害人法律责任的；

（四）与撤销或者变更具体行政行为有法律上利害关系的。

第十四条　合伙企业向人民法院提起诉讼的，应当以核准登记的字号为原告，由执行合伙企业事务的合伙人作诉讼代表人；其他合伙组织提起诉讼的，合伙人为共同原告。

不具备法人资格的其他组织向人民法院提起诉讼的，由该组织的主要负责人作诉讼代表人；没有主要负责人的，可以由推选的负责人作诉讼代表人。

同案原告为5人以上，应当推选1至5名诉讼代表人参加诉讼；在指定期限内未选定的，人民法院可以依职权指定。

第十五条　联营企业、中外合资或者合作企业的联营、合资、合作各方，认为联营、合资、合作企业权益或者自己一方合法权益受具体行政行为侵害的，均可以自己的名义提起诉讼。

第十六条　农村土地承包人等土地使用权人对行政机关处分其使用的农村集体所有土地的行为不服，可以自己的名义提起诉讼。

第十七条　非国有企业被行政机关注销、撤销、合并、强令兼并、出售、分立或者改变企业隶属关系的，该企业或者其法定代表人可以提起诉讼。

第十八条　股份制企业的股东大会、股东代表大会、董事会等认为行政机关作出的具体行政行为侵犯企业经营自主权的，可以企业名义提起诉讼。

第十九条　当事人不服经上级行政机关批准的具体行政行为，向人民法院提起诉讼的，应当以在对外发生法律效力的文书上署名的机关为被告。

第二十条　行政机关组建并赋予行政管理职能但不具有独立承担法律责任能力的机构，以自己的名义作出具体行政行为，当事人不服提起诉讼的，应当以组建该机构的行政机关为被告。

行政机关的内设机构或者派出机构在没有法律、法规或者规章授权的情况下，以自己的名义作出具体行政行为，当事人不服提起诉讼的，应当以该行政机关为被告。

法律、法规或者规章授权行使行政职权的行政机关内设机构、派出机构或者其他组织，超出法定授权范围实施行政行为，当事人不服提起诉讼的，应当以实施该行为的机构或者组织为被告。

第二十一条　行政机关在没有法律、法规或者规章规定的情况下，授权其内设机构、派出机构或者其他组织行使行政职权的，应当视为委托。当事人不服提起诉讼的，应当以该行政机关为被告。

第二十二条　复议机关在法定期间内不作复议决定，当事人对原具体行政行为不服提起诉讼的，应当以作出原具体行政行为的行政机关为被告；当事人对复议机关不作为不服提起诉讼的，应当以复议机关为被告。

第二十三条　原告所起诉的被告不适格，人民法院应当告知原告变更被告；原告不同意变更的，裁定驳回起诉。

应当追加被告而原告不同意追加的，人民法院应当通知其以第三人的身份参加诉讼。

第二十四条　行政机关的同一具体行政行为涉及两个以上利害关系人，其中一部分利害关系人对具体行政行为不服提起诉讼，人民法院应当通知没有起诉的其他利害关系人作为第三人参加诉讼。

第三人有权提出与本案有关的诉讼主张，对人民法院的一审判决不服，有权提起上诉。

第二十五条 当事人委托诉讼代理人，应当向人民法院提交由委托人签名或者盖章的授权委托书。委托书应当载明委托事项和具体权限。公民在特殊情况下无法书面委托的，也可以口头委托。口头委托的，人民法院应当核实并记录在卷；被诉机关或者其他有义务协助的机关拒绝人民法院向被限制人身自由的公民核实的，视为委托成立。当事人解除或者变更委托的，应当书面报告人民法院，由人民法院通知其他当事人。

四、证据

第二十六条 在行政诉讼中，被告对其作出的具体行政行为承担举证责任。

被告应当在收到起诉状副本之日起10日内提交答辩状，并提供作出具体行政行为时的证据、依据；被告不提供或者无正当理由逾期提供的，应当认定该具体行政行为没有证据、依据。

第二十七条 原告对下列事项承担举证责任：

（一）证明起诉符合法定条件，但被告认为原告起诉超过起诉期限的除外；

（二）在起诉被告不作为的案件中，证明其提出申请的事实；

（三）在一并提起的行政赔偿诉讼中，证明因受被诉行为侵害而造成损失的事实；

（四）其他应当由原告承担举证责任的事项。

第二十八条 有下列情形之一的，被告经人民法院准许可以补充相关的证据：

（一）被告在作出具体行政行为时已经收集证据，但因不可抗力等正当事由不能提供的；

（二）原告或者第三人在诉讼过程中，提出了其在被告实施行政行为过程中没有提出的反驳理由或者证据的。

第二十九条 有下列情形之一的，人民法院有权调取证据：

（一）原告或者第三人及其诉讼代理人提供了证据线索，但无法自行收集而申请人民法院调取的；

（二）当事人应当提供而无法提供原件或者原物的。

第三十条 下列证据不能作为认定被诉具体行政行为合法的根据：

（一）被告及其诉讼代理人在作出具体行政行为后自行收集的证据；

（二）被告严重违反法定程序收集的其他证据。

第三十一条 未经法庭质证的证据不能作为人民法院裁判的根据。

复议机关在复议过程中收集和补充的证据,不能作为人民法院维持原具体行政行为的根据。

被告在二审过程中向法庭提交在一审过程中没有提交的证据,不能作为二审法院撤销或者变更一审裁判的根据。

五、起诉与受理

第三十二条 人民法院应当组成合议庭对原告的起诉进行审查。符合起诉条件的,应当在7日内立案;不符合起诉条件的,应当在7日内裁定不予受理。

7日内不能决定是否受理的,应当先予受理;受理后经审查不符合起诉条件的,裁定驳回起诉。

受诉人民法院在7日内既不立案,又不作出裁定的,起诉人可以向上一级人民法院申诉或者起诉。上一级人民法院认为符合受理条件的,应予受理;受理后可以移交或者指定下级人民法院审理,也可以自行审理。

前三款规定的期限,从受诉人民法院收到起诉状之日起计算;因起诉状内容欠缺而责令原告补正的,从人民法院收到补正材料之日起计算。

第三十三条 法律、法规规定应当先申请复议,公民、法人或者其他组织未申请复议直接提起诉讼的,人民法院不予受理。

复议机关不受理复议申请或者在法定期限内不作出复议决定,公民、法人或者其他组织不服,依法向人民法院提起诉讼的,人民法院应当依法受理。

第三十四条 法律、法规未规定行政复议为提起行政诉讼必经程序,公民、法人或者其他组织既提起诉讼又申请行政复议的,由先受理的机关管辖;同时受理的,由公民、法人或者其他组织选择。公民、法人或者其他组织已经申请行政复议,在法定复议期间内又向人民法院提起诉讼的,人民法院不予受理。

第三十五条 法律、法规未规定行政复议为提起行政诉讼必经程序,公民、法人或者其他组织向复议机关申请行政复议后,又经复议机关同意撤回复议申请,在法定起诉期限内对原具体行政行为提起诉讼的,人民法院应当依法受理。

第三十六条 人民法院裁定准许原告撤诉后,原告以同一事实和理由重新起诉的,人民法院不予受理。

准予撤诉的裁定确有错误,原告申请再审的,人民法院应当通过审判监督程序撤销原准予撤诉的裁定，重新对案件进行审理。

第三十七条 原告或者上诉人未按规定的期限预交案件受理费，又不提出缓交、减交、免交申请，或者提出申请未获批准的，按自动撤诉处理。在按撤诉处理后，原告或者上诉人在法定期限内再次起诉或者上诉，并依法解决诉讼费预交问题的，人民法院应予受理。

第三十八条 人民法院判决撤销行政机关的具体行政行为后，公民、法人或者其他组织对行政机关重新作出的具体行政行为不服向人民法院起诉的，人民法院应当依法受理。

第三十九条 公民、法人或者其他组织申请行政机关履行法定职责，行政机关在接到申请之日起60日内不履行的，公民、法人或者其他组织向人民法院提起诉讼，人民法院应当依法受理。法律、法规、规章和其他规范性文件对行政机关履行职责的期限另有规定的，从其规定。

公民、法人或者其他组织在紧急情况下请求行政机关履行保护其人身权、财产权的法定职责，行政机关不履行的，起诉期间不受前款规定的限制。

第四十条 行政机关作出具体行政行为时，没有制作或者没有送达法律文书，公民、法人或者其他组织不服向人民法院起诉的，只要能证明具体行政行为存在，人民法院应当依法受理。

第四十一条 行政机关作出具体行政行为时，未告知公民、法人或者其他组织诉权或者起诉期限的，起诉期限从公民、法人或者其他组织知道或者应当知道诉权或者起诉期限之日起计算，但从知道或者应当知道具体行政行为内容之日起最长不得超过2年。

复议决定未告知公民、法人或者其他组织诉权或者法定起诉期限的，适用前款规定。

第四十二条 公民、法人或者其他组织不知道行政机关作出的具体行政行为内容的，其起诉期限从知道或者应当知道该具体行政行为内容之日起计算。对涉及不动产的具体行政行为从作出之日起超过20年、其他具体行政行为从作出之日起超过5年提起诉讼的，人民法院不予受理。

第四十三条 由于不属于起诉人自身的原因超过起诉期限的，被耽误的时间不计算在起诉期间内。因人身自由受到限制而不能提起诉讼的，被限制人身自由的时间不计算在起诉期间内。

六、审理与判决

第四十四条 有下列情形之一的，应当裁定不予受理；已经受理的，裁定驳回起诉：

（一）请求事项不属于行政审判权限范围的；

（二）起诉人无原告诉讼主体资格的；

（三）起诉人错列被告且拒绝变更的；

（四）法律规定必须由法定或者指定代理人、代表人为诉讼行为，未由法定或者指定代理人、代表人为诉讼行为的；

（五）由诉讼代理人代为起诉，其代理不符合法定要求的；

（六）起诉超过法定期限且无正当理由的；

（七）法律、法规规定行政复议为提起诉讼必经程序而未申请复议的；

（八）起诉人重复起诉的；

（九）已撤回起诉，无正当理由再行起诉的；

（十）诉讼标的为生效判决的效力所羁束的；

（十一）起诉不具备其他法定要件的。

前款所列情形可以补正或者更正的，人民法院应当指定期间责令补正或者更正；在指定期间已经补正或者更正的，应当依法受理。

第四十五条　起诉状副本送达被告后，原告提出新的诉讼请求的，人民法院不予准许，但有正当理由的除外。

第四十六条　有下列情形之一的，人民法院可以决定合并审理：

（一）两个以上行政机关分别依据不同的法律、法规对同一事实作出具体行政行为，公民、法人或者其他组织不服向同一人民法院起诉的；

（二）行政机关就同一事实对若干公民、法人或者其他组织分别作出具体行政行为，公民、法人或者其他组织不服分别向同一人民法院起诉的；

（三）在诉讼过程中，被告对原告作出新的具体行政行为，原告不服向同一人民法院起诉的；

（四）人民法院认为可以合并审理的其他情形。

第四十七条　当事人申请回避，应当说明理由，在案件开始审理时提出；回避事由在案件开始审理后知道的，应当在法庭辩论终结前提出。

被申请回避的人员，在人民法院作出是否回避的决定前，应当暂停参与本案的工作，但案件需要采取紧急措施的除外。

对当事人提出的回避申请，人民法院应当在3日内以口头或者书面形式作出决定。

申请人对驳回回避申请决定不服的，可以向作出决定的人民法院申请复议一次。复议期间，被申请回避的人员不停止参与本案的工作。对申请人的复议申请，人民法院应当在3日内作出复议决定，并通知复议申请人。

第四十八条 人民法院对于因一方当事人的行为或者其他原因，可能使具体行政行为或者人民法院生效裁判不能或者难以执行的案件，可以根据对方当事人的申请作出财产保全的裁定；当事人没有提出申请的，人民法院在必要时也可以依法采取财产保全措施。

人民法院审理起诉行政机关没有依法发给抚恤金、社会保险金、最低生活保障费等案件，可以根据原告的申请，依法书面裁定先予执行。

当事人对财产保全或者先予执行的裁定不服的，可以申请复议。复议期间不停止裁定的执行。

第四十九条 原告或者上诉人经合法传唤，无正当理由拒不到庭或者未经法庭许可中途退庭的，可以按撤诉处理。

原告或者上诉人申请撤诉，人民法院裁定不予准许的，原告或者上诉人经合法传唤无正当理由拒不到庭，或者未经法庭许可而中途退庭的，人民法院可以缺席判决。

第三人经合法传唤无正当理由拒不到庭，或者未经法庭许可中途退庭的，不影响案件的审理。

第五十条 被告在一审期间改变被诉具体行政行为的，应当书面告知人民法院。

原告或者第三人对改变后的行为不服提起诉讼的，人民法院应当就改变后的具体行政行为进行审理。

被告改变原具体行政行为，原告不撤诉，人民法院经审查认为原具体行政行为违法的，应当作出确认其违法的判决；认为原具体行政行为合法的，应当判决驳回原告的诉讼请求。

原告起诉被告不作为，在诉讼中被告作出具体行政行为，原告不撤诉的，参照上述规定处理。

第五十一条 在诉讼过程中，有下列情形之一的，中止诉讼：

（一）原告死亡，须等待其近亲属表明是否参加诉讼的；

（二）原告丧失诉讼行为能力，尚未确定法定代理人的；

（三）作为一方当事人的行政机关、法人或者其他组织终止，尚未确定权利义务承受人的；

（四）一方当事人因不可抗力的事由不能参加诉讼的；

（五）案件涉及法律适用问题，需要送请有权机关作出解释或者确认的；

（六）案件的审判须以相关民事、刑事或者其他行政案件的审理结果为依据，而相关案件尚未审结的；

（七）其他应当中止诉讼的情形。

中止诉讼的原因消除后，恢复诉讼。

第五十二条 在诉讼过程中，有下列情形之一的，终结诉讼：

（一）原告死亡，没有近亲属或者近亲属放弃诉讼权利的；

（二）作为原告的法人或者其他组织终止后，其权利义务的承受人放弃诉讼权利的。

因本解释第五十一条第一款第（一）、（二）、（三）项原因中止诉讼满90日仍无人继续诉讼的，裁定终结诉讼，但有特殊情况的除外。

第五十三条 复议决定维持原具体行政行为的，人民法院判决撤销原具体行政行为，复议决定自然无效。

复议决定改变原具体行政行为错误，人民法院判决撤销复议决定时，应当责令复议机关重新作出复议决定。

第五十四条 人民法院判决被告重新作出具体行政行为，被告重新作出的具体行政行为与原具体行政行为的结果相同，但主要事实或者主要理由有改变的，不属于行政诉讼法第五十五条规定的情形。

人民法院以违反法定程序为由，判决撤销被诉具体行政行为的，行政机关重新作出具体行政行为不受行政诉讼法第五十五条规定的限制。

行政机关以同一事实和理由重新作出与原具体行政行为基本相同的具体行政行为，人民法院应当根据行政诉讼法第五十四条第（二）项、第五十五条的规定判决撤销或者部分撤销，并根据行政诉讼法第六十五条第三款的规定处理。

第五十五条 人民法院审理行政案件不得加重对原告的处罚，但利害关系人同为原告的除外。

人民法院审理行政案件不得对行政机关未予处罚的人直接给予行政处罚。

第五十六条 有下列情形之一的，人民法院应当判决驳回原告的诉讼请求：

（一）起诉被告不作为理由不能成立的；

（二）被诉具体行政行为合法但存在合理性问题的；

（三）被诉具体行政行为合法，但因法律、政策变化需要变更或者废止的；

（四）其他应当判决驳回诉讼请求的情形。

第五十七条 人民法院认为被诉具体行政行为合法，但不适宜判决维持或者驳回诉讼请求的,可以作出确认其合法或者有效的判决。

有下列情形之一的,人民法院应当作出确认被诉具体行政行为违法或者无效的判决:

(一)被告不履行法定职责,但判决责令其履行法定职责已无实际意义的;

(二)被诉具体行政行为违法,但不具有可撤销内容的;

(三)被诉具体行政行为依法不成立或者无效的。

第五十八条 被诉具体行政行为违法,但撤销该具体行政行为将会给国家利益或者公共利益造成重大损失的,人民法院应当作出确认被诉具体行政行为违法的判决,并责令被诉行政机关采取相应的补救措施;造成损害的,依法判决承担赔偿责任。

第五十九条 根据行政诉讼法第五十四条第(二)项规定判决撤销违法的被诉具体行政行为,将会给国家利益、公共利益或者他人合法权益造成损失的,人民法院在判决撤销的同时,可以分别采取以下方式处理:

(一)判决被告重新作出具体行政行为;

(二)责令被诉行政机关采取相应的补救措施;

(三)向被告和有关机关提出司法建议;

(四)发现违法犯罪行为的,建议有权机关依法处理。

第六十条 人民法院判决被告重新作出具体行政行为,如不及时重新作出具体行政行为,将会给国家利益、公共利益或者当事人利益造成损失的,可以限定重新作出具体行政行为的期限。

人民法院判决被告履行法定职责,应当指定履行的期限,因情况特殊难于确定期限的除外。

第六十一条 被告对平等主体之间民事争议所作的裁决违法,民事争议当事人要求人民法院一并解决相关民事争议的,人民法院可以一并审理。

第六十二条 人民法院审理行政案件,适用最高人民法院司法解释的,应当在裁判文书中援引。

人民法院审理行政案件,可以在裁判文书中引用合法有效的规章及其他规范性文件。

第六十三条 裁定适用于下列范围:

(一)不予受理;

(二)驳回起诉;

(三)管辖异议;

（四）终结诉讼；

（五）中止诉讼；

（六）移送或者指定管辖；

（七）诉讼期间停止具体行政行为的执行或者驳回停止执行的申请；

（八）财产保全；

（九）先予执行；

（十）准许或者不准许撤诉；

（十一）补正裁判文书中的笔误；

（十二）中止或者终结执行；

（十三）提审、指令再审或者发回重审；

（十四）准许或者不准许执行行政机关的具体行政行为；

（十五）其他需要裁定的事项。

对第（一）、（二）、（三）项裁定，当事人可以上诉。

第六十四条 行政诉讼法第五十七条、第六十条规定的审限，是指从立案之日起至裁判宣告之日止的期间。鉴定、处理管辖争议或者异议以及中止诉讼的时间不计算在内。

第六十五条 第一审人民法院作出判决和裁定后，当事人均提起上诉的，上诉各方均为上诉人。

诉讼当事人中的一部分人提出上诉，没有提出上诉的对方当事人为被上诉人，其他当事人依原审诉讼地位列明。

第六十六条 当事人提出上诉，应当按照其他当事人或者诉讼代表人的人数提出上诉状副本。

原审人民法院收到上诉状，应当在 5 日内将上诉状副本送达其他当事人，对方当事人应当在收到上诉状副本之日起 10 日内提出答辩状。

原审人民法院应当在收到答辩状之日起 5 日内将副本送达当事人。

原审人民法院收到上诉状、答辩状，应当在 5 日内连同全部案卷和证据，报送第二审人民法院。已经预收诉讼费用的，一并报送。

第六十七条 第二审人民法院审理上诉案件，应当对原审人民法院的裁判和被诉具体行政行为是否合法进行全面审查。

当事人对原审人民法院认定的事实有争议的，或者第二审人民法院认为原审人民法院认定事实不清楚的，第二审人民法院应当开庭审理。

第六十八条 第二审人民法院经审理认为原审人民法院不予受理或者驳回起诉的裁定确有错误，且起诉符合法定条件的，应当裁定撤销原审人民法院的裁定，指令原审人民法院依法立案受理或者继续审理。

第六十九条 第二审人民法院裁定发回原审人民法院重新审理的行政案件，原审人民法院应当另行组成合议庭进行审理。

第七十条 第二审人民法院审理上诉案件，需要改变原审判决的，应当同时对被诉具体行政行为作出判决。

第七十一条 原审判决遗漏了必须参加诉讼的当事人或者诉讼请求的，第二审人民法院应当裁定撤销原审判决，发回重审。

原审判决遗漏行政赔偿请求，第二审人民法院经审查认为依法不应当予以赔偿的，应当判决驳回行政赔偿请求。

原审判决遗漏行政赔偿请求，第二审人民法院经审理认为依法应当予以赔偿的，在确认被诉具体行政行为违法的同时，可以就行政赔偿问题进行调解；调解不成的，应当就行政赔偿部分发回重审。

当事人在第二审期间提出行政赔偿请求的，第二审人民法院可以进行调解；调解不成的，应当告知当事人另行起诉。

第七十二条 有下列情形之一的，属于行政诉讼法第六十三条规定的"违反法律、法规规定"：

（一）原判决、裁定认定的事实主要证据不足；

（二）原判决、裁定适用法律、法规确有错误；

（三）违反法定程序，可能影响案件正确裁判；

（四）其他违反法律、法规的情形。

第七十三条 当事人申请再审，应当在判决、裁定发生法律效力后 2 年内提出。

当事人对已经发生法律效力的行政赔偿调解书，提出证据证明调解违反自愿原则或者调解协议的内容违反法律规定的，可以在 2 年内申请再审。

第七十四条 人民法院接到当事人的再审申请后，经审查，符合再审条件的，应当立案并及时通知各方当事人；不符合再审条件的，予以驳回。

第七十五条 对人民检察院按照审判监督程序提出抗诉的案件，人民法院应当再审。

人民法院开庭审理抗诉案件时，应当通知人民检察院派员出庭。

第七十六条 人民法院按照审判监督程序再审的案件，发生法律效力的判决、裁定是由第一审人民法院作出的，按照第一审程序审理，所作的判决、裁定，当事人可以上诉；发生法律效力的判决、裁定是由第二审人民法院作出的，按照第二审程序审理，所作的判决、裁定是发生法律效力的判决、裁定；

上级人民法院按照审判监督程序提审的，按照第二审程序审理，所作的判决、裁定是发生法律效力的判决、裁定。

人民法院审理再审案件，应当另行组成合议庭。

第七十七条 按照审判监督程序决定再审的案件，应当裁定中止原判决的执行；裁定由院长署名，加盖人民法院印章。

上级人民法院决定提审或者指令下级人民法院再审的，应当作出裁定，裁定应当写明中止原判决的执行；情况紧急的，可以将中止执行的裁定口头通知负责执行的人民法院或者作出生效判决、裁定的人民法院，但应当在口头通知后10日内发出裁定书。

第七十八条 人民法院审理再审案件，认为原生效判决、裁定确有错误，在撤销原生效判决或者裁定的同时，可以对生效判决、裁定的内容作出相应裁判，也可以裁定撤销生效判决或者裁定，发回作出生效判决、裁定的人民法院重新审判。

第七十九条 人民法院审理二审案件和再审案件，对原审法院受理、不予受理或者驳回起诉错误的，应当分别情况作如下处理：

（一）第一审人民法院作出实体判决后，第二审人民法院认为不应当受理的，在撤销第一审人民法院判决的同时，可以发回重审，也可以径行驳回起诉；

（二）第二审人民法院维持第一审人民法院不予受理裁定错误的，再审法院应当撤销第一审、第二审人民法院裁定，指令第一审人民法院受理；

（三）第二审人民法院维持第一审人民法院驳回起诉裁定错误的，再审法院应当撤销第一审、第二审人民法院裁定，指令第一审人民法院审理。

第八十条 人民法院审理再审案件，发现生效裁判有下列情形之一的，应当裁定发回作出生效判决、裁定的人民法院重新审理：

（一）审理本案的审判人员、书记员应当回避而未回避的；

（二）依法应当开庭审理而未经开庭即作出判决的；

（三）未经合法传唤当事人而缺席判决的；

（四）遗漏必须参加诉讼的当事人的；

（五）对与本案有关的诉讼请求未予裁判的；

（六）其他违反法定程序可能影响案件正确裁判的。

第八十一条 再审案件按照第一审程序审理的，适用行政诉讼法第五十七条规定的审理期限。

再审案件按照第二审程序审理的，适用行政诉讼法第六十条规定的审理期限。

第八十二条　基层人民法院申请延长审理期限,应当直接报请高级人民法院批准,同时报中级人民法院备案。

七、执行

第八十三条　对发生法律效力的行政判决书、行政裁定书、行政赔偿判决书和行政赔偿调解书,负有义务的一方当事人拒绝履行的,对方当事人可以依法申请人民法院强制执行。

第八十四条　申请人是公民的,申请执行生效的行政判决书、行政裁定书、行政赔偿判决书和行政赔偿调解书的期限为1年,申请人是行政机关、法人或者其他组织的为180日。

申请执行的期限从法律文书规定的履行期间最后一日起计算;法律文书中没有规定履行期限的,从该法律文书送达当事人之日起计算。

逾期申请的,除有正当理由外,人民法院不予受理。

第八十五条　发生法律效力的行政判决书、行政裁定书、行政赔偿判决书和行政赔偿调解书,由第一审人民法院执行。

第一审人民法院认为情况特殊需要由第二审人民法院执行的,可以报请第二审人民法院执行;第二审人民法院可以决定由其执行,也可以决定由第一审人民法院执行。

第八十六条　行政机关根据行政诉讼法第六十六条的规定申请执行其具体行政行为,应当具备以下条件:

(一)具体行政行为依法可以由人民法院执行;

(二)具体行政行为已经生效并具有可执行内容;

(三)申请人是作出该具体行政行为的行政机关或者法律、法规、规章授权的组织;

(四)被申请人是该具体行政行为所确定的义务人;

(五)被申请人在具体行政行为确定的期限内或者行政机关另行指定的期限内未履行义务;

(六)申请人在法定期限内提出申请;

(七)被申请执行的行政案件属于受理申请执行的人民法院管辖。

人民法院对符合条件的申请,应当立案受理,并通知申请人;对不符合条件的申请,应当裁定不予受理。

第八十七条　法律、法规没有赋予行政机关强制执行权,行政机关申请人民法院强制执行的，人民法院应当依法受理。

法律、法规规定既可以由行政机关依法强制执行，也可以申请人民法院强制执行，行政机关申请人民法院强制执行的，人民法院可以依法受理。

第八十八条 行政机关申请人民法院强制执行其具体行政行为，应当自被执行人的法定起诉期限届满之日起180日内提出。逾期申请的，除有正当理由外，人民法院不予受理。

第八十九条 行政机关申请人民法院强制执行其具体行政行为，由申请人所在地的基层人民法院受理；执行对象为不动产的，由不动产所在地的基层人民法院受理。

基层人民法院认为执行确有困难的，可以报请上级人民法院执行；上级人民法院可以决定由其执行，也可以决定由下级人民法院执行。

第九十条 行政机关根据法律的授权对平等主体之间民事争议作出裁决后，当事人在法定期限内不起诉又不履行，作出裁决的行政机关在申请执行的期限内未申请人民法院强制执行的，生效具体行政行为确定的权利人或者其继承人、权利承受人在90日内可以申请人民法院强制执行。

享有权利的公民、法人或者其他组织申请人民法院强制执行具体行政行为，参照行政机关申请人民法院强制执行具体行政行为的规定。

第九十一条 行政机关申请人民法院强制执行其具体行政行为，应当提交申请执行书、据以执行的行政法律文书、证明该具体行政行为合法的材料和被执行人财产状况以及其他必须提交的材料。

享有权利的公民、法人或者其他组织申请人民法院强制执行的，人民法院应当向作出裁决的行政机关调取有关材料。

第九十二条 行政机关或者具体行政行为确定的权利人申请人民法院强制执行前，有充分理由认为被执行人可能逃避执行的，可以申请人民法院采取财产保全措施。后者申请强制执行的，应当提供相应的财产担保。

第九十三条 人民法院受理行政机关申请执行其具体行政行为的案件后，应当在30日内由行政审判庭组成合议庭对具体行政行为的合法性进行审查，并就是否准予强制执行作出裁定；需要采取强制执行措施的，由本院负责强制执行非诉行政行为的机构执行。

第九十四条 在诉讼过程中，被告或者具体行政行为确定的权利人申请人民法院强制执行被诉具体行政行为，人民法院不予执行，但不及时执行可能给国家利益、公共利益或者他人合法权益造成不可弥补的损失的，人民法院可以先予执行。后者申请强制执行的，应当提供相应的财产担保。

第九十五条 被申请执行的具体行政行为有下列情形之一的，人民法院应当裁定不准予执行：
（一）明显缺乏事实根据的；
（二）明显缺乏法律依据的；
（三）其他明显违法并损害被执行人合法权益的。

第九十六条 行政机关拒绝履行人民法院生效判决、裁定的，人民法院可以依照行政诉讼法第六十五条第三款的规定处理，并可以参照民事诉讼法第一百零二条的有关规定，对主要负责人或者直接责任人员予以罚款处罚。

八、其他

第九十七条 人民法院审理行政案件，除依照行政诉讼法和本解释外，可以参照民事诉讼的有关规定。

第九十八条 本解释自发布之日起施行，最高人民法院《关于贯彻执行〈中华人民共和国行政诉讼法〉若干问题的意见（试行）》同时废止；最高人民法院以前所作的司法解释以及与有关机关联合发布的规范性文件，凡与本解释不一致的，按本解释执行。

最高人民法院关于行政诉讼证据若干问题的规定

（2002年6月4日最高人民法院审判委员会第1224次会议通过 法释〔2002〕21号）

为准确认定案件事实，公正、及时地审理行政案件，根据《中华人民共和国行政诉讼法》（以下简称行政诉讼法）等有关法律规定，结合行政审判实际，制定本规定。

一、举证责任分配和举证期限

第一条 根据行政诉讼法第三十二条和第四十三条的规定，被告对作出的具体行政行为负有举证责任，应当在收到起诉状副本之日起十日内，提供据以作出被诉具体行政行为的全部证据和所依据的规范性文件。被告不提供或者无正当理由逾期提供证据的，视为被诉具体行政行为没有相应的证据。

被告因不可抗力或者客观上不能控制的其他正当事由，不能在前款规定的期限内提供证据的，应当在收到起诉状副本之日起十日内向人民法院提出延期提供证据的书面申请。人民法院准许延期提供的，被告应当在正当事由消除后十日内提供证据。逾期提供的，视为被诉具体行政行为没有相应的证据。

第二条 原告或者第三人提出其在行政程序中没有提出的反驳理由或者证据的，经人民法院准许，被告可以在第一审程序中补充相应的证据。

第三条 根据行政诉讼法第三十三条的规定，在诉讼过程中，被告及其诉讼代理人不得自行向原告和证人收集证据。

第四条 公民、法人或者其他组织向人民法院起诉时，应当提供其符合起诉条件的相应的证据材料。

在起诉被告不作为的案件中，原告应当提供其在行政程序中曾经提出申请的证据材料。但有下列情形的除外：

（一）被告应当依职权主动履行法定职责的；

（二）原告因被告受理申请的登记制度不完备等正当事由不能提供相关证据材料并能够作出合理说明的。

被告认为原告起诉超过法定期限的，由被告承担举证责任。

第五条 在行政赔偿诉讼中，原告应当对被诉具体行政行为造成损害的事实提供证据。

第六条 原告可以提供证明被诉具体行政行为违法的证据。原告提供的证据不成立的，不免除被告对被诉具体行政行为合法性的举证责任。

第七条 原告或者第三人应当在开庭审理前或者人民法院指定的交换证据之日提供证据。因正当事由申请延期提供证据的，经人民法院准许，可以在法庭调查中提供。逾期提供证据的，视为放弃举证权利。

原告或者第三人在第一审程序中无正当事由未提供而在第二审程序中提供的证据，人民法院不予接纳。

第八条 人民法院向当事人送达受理案件通知书或者应诉通知书时，应当告知其举证范围、举证期限和逾期提供证据的法律后果，并告知因正当事由不能按期提供证据时应当提出延期提供证据的申请。

第九条 根据行政诉讼法第三十四条第一款的规定，人民法院有权要求当事人提供或者补充证据。

对当事人无争议，但涉及国家利益、公共利益或者他人合法权益的事实，人民法院可以责令当事人提供或者补充有关证据。

二、提供证据的要求

第十条 根据行政诉讼法第三十一条第一款第（一）项的规定，当事人向人民法院提供书证的，应当符合下列要求：

（一）提供书证的原件。原本、正本和副本均属于书证的原件。提供原件确有困难的，可以提供与原件核对无误的复印件、照片、节录本；

（二）提供由有关部门保管的书证原件的复制件、影印件或者抄录件的，应当注明出处，经该部门核对无异后加盖其印章；

（三）提供报表、图纸、会计帐册、专业技术资料、科技文献等书证的，应当附有说明材料；

（四）被告提供的被诉具体行政行为所依据的询问、陈述、谈话类笔录，应当有行政执法人员、被询问人、陈述人、谈话人签名或者盖章。

法律、法规、司法解释和规章对书证的制作形式另有规定的，从其规定。

第十一条 根据行政诉讼法第三十一条第一款第（二）项的规定，当事人向人民法院提供物证的，应当符合下列要求：

（一）提供原物。提供原物确有困难的，可以提供与原物核对无误的复制件或者证明该物证的照片、录像等其他证据；

（二）原物为数量较多的种类物的，提供其中的一部分。

第十二条 根据行政诉讼法第三十一条第一款第（三）项的规定，当事人向人民法院提供计算机数据或者录音、录像等视听资料的，应当符合下列要求：

（一）提供有关资料的原始载体。提供原始载体确有困难的，可以提供复制件；

（二）注明制作方法、制作时间、制作人和证明对象等；

（三）声音资料应当附有该声音内容的文字记录。

第十三条 根据行政诉讼法第三十一条第一款第（四）项的规定，当事人向人民法院提供证人证言的，应当符合下列要求：

（一）写明证人的姓名、年龄、性别、职业、住址等基本情况；

（二）有证人的签名，不能签名的，应当以盖章等方式证明；

（三）注明出具日期；

（四）附有居民身份证复印件等证明证人身份的文件。

第十四条 根据行政诉讼法第三十一条第一款第（六）项的规定，被告向人民法院提供的在行政程序中采用的鉴定结论，应当载明委托人和委托鉴定的事项、向鉴定部门提交的相关材料、鉴定的依据和使用的科学技术手段、鉴定部门和鉴定人鉴定资格的说明，并应有鉴定人的签名和鉴定部门的盖章。通过分析获得的鉴定结论，应当说明分析过程。

第十五条 根据行政诉讼法第三十一条第一款第（七）项的规定，被告向人民法院提供的现场笔录，应当载明时间、地点和事件等内容，并由执法人员和当事人签名。当事人拒绝签名或者不能签名的，应当注明原因。有其他人在现场的，可由其他人签名。法律、法规和规章对现场笔录的制作形式另有规定的，从其规定。

第十六条 当事人向人民法院提供的在中华人民共和国领域外形成的证据，应当说明来源，经所在国公证机关证明，并经中华人民共和国驻该国使领馆认证，或者履行中华人民共和国与证据所在国订立的有关条约中规定的证明手续。

当事人提供的在中华人民共和国香港特别行政区、澳门特别行政区和台湾地区内形成的证据，应当具有按照有关规定办理的证明手续。

第十七条 当事人向人民法院提供外文书证或者外国语视听资料的，应当附有由具有翻译资质的机构翻译的或者其他翻译准确的中文译本，由翻译机构盖章或者翻译人员签名。

第十八条 证据涉及国家秘密、商业秘密或者个人隐私的，提供人应当作出明确标注，并向法庭说明，法庭予以审查确认。

第十九条 当事人应当对其提交的证据材料分类编号，对证据材料的来源、证明对象和内容作简要说明，签名或者盖章，注明提交日期。

第二十条 人民法院收到当事人提交的证据材料，应当出具收据，注明证据的名称、份数、页数、件数、种类等以及收到的时间，由经办人员签名或者盖章。

第二十一条 对于案情比较复杂或者证据数量较多的案件，人民法院可以组织当事人在开庭前向对方出示或者交换证据，并将交换证据的情况记录在卷。

三、调取和保全证据

第二十二条 根据行政诉讼法第三十四条第二款的规定，有下列情形之一的，人民法院有权向有关行政机关以及其他组织、公民调取证据：

（一）涉及国家利益、公共利益或者他人合法权益的事实认定的；

（二）涉及依职权追加当事人、中止诉讼、终结诉讼、回避等程序性事项的。

第二十三条 原告或者第三人不能自行收集，但能够提供确切线索的，可以申请人民法院调取下列证据材料：

(一) 由国家有关部门保存而须由人民法院调取的证据材料;
(二) 涉及国家秘密、商业秘密、个人隐私的证据材料;
(三) 确因客观原因不能自行收集的其他证据材料。

人民法院不得为证明被诉具体行政行为的合法性,调取被告在作出具体行政行为时未收集的证据。

第二十四条 当事人申请人民法院调取证据的,应当在举证期限内提交调取证据申请书。

调取证据申请书应当写明下列内容:
(一) 证据持有人的姓名或者名称、住址等基本情况;
(二) 拟调取证据的内容;
(三) 申请调取证据的原因及其要证明的案件事实。

第二十五条 人民法院对当事人调取证据的申请,经审查符合调取证据条件的,应当及时决定调取;不符合调取证据条件的,应当向当事人或者其诉讼代理人送达通知书,说明不准许调取的理由。当事人及其诉讼代理人可以在收到通知书之日起三日内向受理申请的人民法院书面申请复议一次。

人民法院应当在收到复议申请之日起五日内作出答复。人民法院根据当事人申请,经调取未能取得相应证据的,应当告知申请人并说明原因。

第二十六条 人民法院需要调取的证据在异地的,可以书面委托证据所在地人民法院调取。受托人民法院应当在收到委托书后,按照委托要求及时完成调取证据工作,送交委托人民法院。受托人民法院不能完成委托内容的,应当告知委托的人民法院并说明原因。

第二十七条 当事人根据行政诉讼法第三十六条的规定向人民法院申请保全证据的,应当在举证期限届满前以书面形式提出,并说明证据的名称和地点、保全的内容和范围、申请保全的理由等事项。

当事人申请保全证据的,人民法院可以要求其提供相应的担保。

法律、司法解释规定诉前保全证据的,依照其规定办理。

第二十八条 人民法院依照行政诉讼法第三十六条规定保全证据的,可以根据具体情况,采取查封、扣押、拍照、录音、录像、复制、鉴定、勘验、制作询问笔录等保全措施。

人民法院保全证据时,可以要求当事人或者其诉讼代理人到场。

第二十九条 原告或者第三人有证据或者有正当理由表明被告据以认定案件事实的鉴定结论可能有错误,在举证期限内书面申请重新鉴定的,人民法院应予准许。

第三十条 当事人对人民法院委托的鉴定部门作出的鉴定结论有异议申请重新鉴定，提出证据证明存在下列情形之一的，人民法院应予准许：

（一）鉴定部门或者鉴定人不具有相应的鉴定资格的；

（二）鉴定程序严重违法的；

（三）鉴定结论明显依据不足的；

（四）经过质证不能作为证据使用的其他情形。

对有缺陷的鉴定结论，可以通过补充鉴定、重新质证或者补充质证等方式解决。

第三十一条 对需要鉴定的事项负有举证责任的当事人，在举证期限内无正当理由不提出鉴定申请、不预交鉴定费用或者拒不提供相关材料，致使对案件争议的事实无法通过鉴定结论予以认定的，应当对该事实承担举证不能的法律后果。

第三十二条 人民法院对委托或者指定的鉴定部门出具的鉴定书，应当审查是否具有下列内容：

（一）鉴定的内容；

（二）鉴定时提交的相关材料；

（三）鉴定的依据和使用的科学技术手段；

（四）鉴定的过程；

（五）明确的鉴定结论；

（六）鉴定部门和鉴定人鉴定资格的说明；

（七）鉴定人及鉴定部门签名盖章。

前款内容欠缺或者鉴定结论不明确的，人民法院可以要求鉴定部门予以说明、补充鉴定或者重新鉴定。

第三十三条 人民法院可以依当事人申请或者依职权勘验现场。

勘验现场时，勘验人必须出示人民法院的证件，并邀请当地基层组织或者当事人所在单位派人参加。当事人或其成年亲属应当到场，拒不到场的，不影响勘验的进行，但应当在勘验笔录中说明情况。

第三十四条 审判人员应当制作勘验笔录，记载勘验的时间、地点、勘验人、在场人、勘验的经过和结果，由勘验人、当事人、在场人签名。

勘验现场时绘制的现场图，应当注明绘制的时间、方位、绘制人姓名和身份等内容。

当事人对勘验结论有异议的，可以在举证期限内申请重新勘验，是否准许由人民法院决定。

四、证据的对质辨认和核实

第三十五条 证据应当在法庭上出示,并经庭审质证。未经庭审质证的证据,不能作为定案的依据。

当事人在庭前证据交换过程中没有争议并记录在卷的证据,经审判人员在庭审中说明后,可以作为认定案件事实的依据。

第三十六条 经合法传唤,因被告无正当理由拒不到庭而需要依法缺席判决的,被告提供的证据不能作为定案的依据,但当事人在庭前交换证据中没有争议的证据除外。

第三十七条 涉及国家秘密、商业秘密和个人隐私或者法律规定的其他应当保密的证据,不得在开庭时公开质证。

第三十八条 当事人申请人民法院调取的证据,由申请调取证据的当事人在庭审中出示,并由当事人质证。

人民法院依职权调取的证据,由法庭出示,并可就调取该证据的情况进行说明,听取当事人意见。

第三十九条 当事人应当围绕证据的关联性、合法性和真实性,针对证据有无证明效力以及证明效力大小,进行质证。

经法庭准许,当事人及其代理人可以就证据问题相互发问,也可以向证人、鉴定人或者勘验人发问。

当事人及其代理人相互发问,或者向证人、鉴定人、勘验人发问时,发问的内容应当与案件事实有关联,不得采用引诱、威胁、侮辱等语言或者方式。

第四十条 对书证、物证和视听资料进行质证时,当事人应当出示证据的原件或者原物。但有下列情况之一的除外:

(一)出示原件或者原物确有困难并经法庭准许可以出示复制件或者复制品;

(二)原件或者原物已不存在,可以出示证明复制件、复制品与原件、原物一致的其他证据。

视听资料应当当庭播放或者显示,并由当事人进行质证。

第四十一条 凡是知道案件事实的人,都有出庭作证的义务。有下列情形之一的,经人民法院准许,当事人可以提交书面证言:

(一)当事人在行政程序或者庭前证据交换中对证人证言无异议的;

(二)证人因年迈体弱或者行动不便无法出庭的;

(三)证人因路途遥远、交通不便无法出庭的;

（四）证人因自然灾害等不可抗力或者其他意外事件无法出庭的；

（五）证人因其他特殊原因确实无法出庭的。

第四十二条 不能正确表达意志的人不能作证。

根据当事人申请，人民法院可以就证人能否正确表达意志进行审查或者交由有关部门鉴定。必要时，人民法院也可以依职权交由有关部门鉴定。

第四十三条 当事人申请证人出庭作证的，应当在举证期限届满前提出，并经人民法院许可。人民法院准许证人出庭作证的，应当在开庭审理前通知证人出庭作证。

当事人在庭审过程中要求证人出庭作证的，法庭可以根据审理案件的具体情况，决定是否准许以及是否延期审理。

第四十四条 有下列情形之一，原告或者第三人可以要求相关行政执法人员作为证人出庭作证：

（一）对现场笔录的合法性或者真实性有异议的；

（二）对扣押财产的品种或者数量有异议的；

（三）对检验的物品取样或者保管有异议的；

（四）对行政执法人员的身份的合法性有异议的；

（五）需要出庭作证的其他情形。

第四十五条 证人出庭作证时，应当出示证明其身份的证件。法庭应当告知其诚实作证的法律义务和作伪证的法律责任。

出庭作证的证人不得旁听案件的审理。法庭询问证人时，其他证人不得在场，但组织证人对质的除外。

第四十六条 证人应当陈述其亲历的具体事实。证人根据其经历所作的判断、推测或者评论，不能作为定案的依据。

第四十七条 当事人要求鉴定人出庭接受询问的，鉴定人应当出庭。鉴定人因正当事由不能出庭的，经法庭准许，可以不出庭，由当事人对其书面鉴定结论进行质证。

鉴定人不能出庭的正当事由，参照本规定第四十一条的规定。

对于出庭接受询问的鉴定人，法庭应当核实其身份、与当事人及案件的关系，并告知鉴定人如实说明鉴定情况的法律义务和故意作虚假说明的法律责任。

第四十八条 对被诉具体行政行为涉及的专门性问题，当事人可以向法庭申请由专业人员出庭进行说明，法庭也可以通知专业人员出庭说明。必要时，法庭可以组织专业人员进行对质。

当事人对出庭的专业人员是否具备相应专业知识、学历、资历等专业资格等有异议的，可以进行询问。由法庭决定其是否可以作为专业人员出庭。

专业人员可以对鉴定人进行询问。

第四十九条 法庭在质证过程中，对与案件没有关联的证据材料，应予排除并说明理由。

法庭在质证过程中，准许当事人补充证据的，对补充的证据仍应进行质证。

法庭对经过庭审质证的证据，除确有必要外，一般不再进行质证。

第五十条 在第二审程序中，对当事人依法提供的新的证据，法庭应当进行质证；当事人对第一审认定的证据仍有争议的，法庭也应当进行质证。

第五十一条 按照审判监督程序审理的案件，对当事人依法提供的新的证据，法庭应当进行质证；因原判决、裁定认定事实的证据不足而提起再审所涉及的主要证据，法庭也应当进行质证。

第五十二条 本规定第五十条和第五十一条中的"新的证据"是指以下证据：

（一）在一审程序中应当准予延期提供而未获准许的证据；

（二）当事人在一审程序中依法申请调取而未获准许或者未取得，人民法院在第二审程序中调取的证据；

（三）原告或者第三人提供的在举证期限届满后发现的证据。

五、证据的审核认定

第五十三条 人民法院裁判行政案件，应当以证据证明的案件事实为依据。

第五十四条 法庭应当对经过庭审质证的证据和无需质证的证据进行逐一审查和对全部证据综合审查，遵循法官职业道德，运用逻辑推理和生活经验，进行全面、客观和公正地分析判断，确定证据材料与案件事实之间的证明关系，排除不具有关联性的证据材料，准确认定案件事实。

第五十五条 法庭应当根据案件的具体情况，从以下方面审查证据的合法性：

（一）证据是否符合法定形式；

（二）证据的取得是否符合法律、法规、司法解释和规章的要求；

（三）是否有影响证据效力的其他违法情形。

第五十六条 法庭应当根据案件的具体情况，从以下方面审查证据的真实性：
（一）证据形成的原因；
（二）发现证据时的客观环境；
（三）证据是否为原件、原物，复制件、复制品与原件、原物是否相符；
（四）提供证据的人或者证人与当事人是否具有利害关系；
（五）影响证据真实性的其他因素。

第五十七条 下列证据材料不能作为定案依据：
（一）严重违反法定程序收集的证据材料；
（二）以偷拍、偷录、窃听等手段获取侵害他人合法权益的证据材料；
（三）以利诱、欺诈、胁迫、暴力等不正当手段获取的证据材料；
（四）当事人无正当事由超出举证期限提供的证据材料；
（五）在中华人民共和国领域以外或者中华人民共和国香港特别行政区、澳门特别行政区和台湾地区形成的未办理法定证明手续的证据材料；
（六）当事人无正当理由拒不提供原件、原物，又无其他证据印证，且对方当事人不予认可的证据的复制件或者复制品；
（七）被当事人或者他人进行技术处理而无法辨明真伪的证据材料；
（八）不能正确表达意志的证人提供的证言；
（九）不具备合法性和真实性的其他证据材料。

第五十八条 以违反法律禁止性规定或者侵犯他人合法权益的方法取得的证据，不能作为认定案件事实的依据。

第五十九条 被告在行政程序中依照法定程序要求原告提供证据，原告依法应当提供而拒不提供，在诉讼程序中提供的证据，人民法院一般不予采纳。

第六十条 下列证据不能作为认定被诉具体行政行为合法的依据：
（一）被告及其诉讼代理人在作出具体行政行为后或者在诉讼程序中自行收集的证据；
（二）被告在行政程序中非法剥夺公民、法人或者其他组织依法享有的陈述、申辩或者听证权利所采用的证据；
（三）原告或者第三人在诉讼程序中提供的、被告在行政程序中未作为具体行政行为依据的证据。

第六十一条 复议机关在复议程序中收集和补充的证据，或者作出原具体行政行为的行政机关在复议程序中未向复议机关提交的证据，不能作为人民法院认定原具体行政行为合法的依据。

第六十二条 对被告在行政程序中采纳的鉴定结论，原告或者第三人提出

证据证明有下列情形之一的,人民法院不予采纳:
（一）鉴定人不具备鉴定资格；
（二）鉴定程序严重违法；
（三）鉴定结论错误、不明确或者内容不完整。

第六十三条　证明同一事实的数个证据,其证明效力一般可以按照下列情形分别认定:
（一）国家机关以及其他职能部门依职权制作的公文文书优于其他书证；
（二）鉴定结论、现场笔录、勘验笔录、档案材料以及经过公证或者登记的书证优于其他书证、视听资料和证人证言；
（三）原件、原物优于复制件、复制品；
（四）法定鉴定部门的鉴定结论优于其他鉴定部门的鉴定结论；
（五）法庭主持勘验所制作的勘验笔录优于其他部门主持勘验所制作的勘验笔录；
（六）原始证据优于传来证据；
（七）其他证人证言优于与当事人有亲属关系或者其他密切关系的证人提供的对该当事人有利的证言；
（八）出庭作证的证人证言优于未出庭作证的证人证言；
（九）数个种类不同、内容一致的证据优于一个孤立的证据。

第六十四条　以有形载体固定或者显示的电子数据交换、电子邮件以及其他数据资料,其制作情况和真实性经对方当事人确认,或者以公证等其他有效方式予以证明的,与原件具有同等的证明效力。

第六十五条　在庭审中一方当事人或者其代理人在代理权限范围内对另一方当事人陈述的案件事实明确表示认可的,人民法院可以对该事实予以认定。但有相反证据足以推翻的除外。

第六十六条　在行政赔偿诉讼中,人民法院主持调解时当事人为达成调解协议而对案件事实的认可,不得在其后的诉讼中作为对其不利的证据。

第六十七条　在不受外力影响的情况下,一方当事人提供的证据,对方当事人明确表示认可的,可以认定该证据的证明效力；对方当事人予以否认,但不能提供充分的证据进行反驳的,可以综合全案情况审查认定该证据的证明效力。

第六十八条　下列事实法庭可以直接认定:
（一）众所周知的事实；
（二）自然规律及定理；

（三）按照法律规定推定的事实；
（四）已经依法证明的事实；
（五）根据日常生活经验法则推定的事实。

前款（一）、（三）、（四）、（五）项，当事人有相反证据足以推翻的除外。

第六十九条 原告确有证据证明被告持有的证据对原告有利，被告无正当事由拒不提供的，可以推定原告的主张成立。

第七十条 生效的人民法院裁判文书或者仲裁机构裁决文书确认的事实，可以作为定案依据。但是如果发现裁判文书或者裁决文书认定的事实有重大问题的，应当中止诉讼，通过法定程序予以纠正后恢复诉讼。

第七十一条 下列证据不能单独作为定案依据：
（一）未成年人所作的与其年龄和智力状况不相适应的证言；
（二）与一方当事人有亲属关系或者其他密切关系的证人所作的对该当事人有利的证言，或者与一方当事人有不利关系的证人所作的对该当事人不利的证言；
（三）应当出庭作证而无正当理由不出庭作证的证人证言；
（四）难以识别是否经过修改的视听资料；
（五）无法与原件、原物核对的复制件或者复制品；
（六）经一方当事人或者他人改动，对方当事人不予认可的证据材料；
（七）其他不能单独作为定案依据的证据材料。

第七十二条 庭审中经过质证的证据，能够当庭认定的，应当当庭认定；不能当庭认定的，应当在合议庭合议时认定。

人民法院应当在裁判文书中阐明证据是否采纳的理由。

第七十三条 法庭发现当庭认定的证据有误，可以按照下列方式纠正：
（一）庭审结束前发现错误的，应当重新进行认定；
（二）庭审结束后宣判前发现错误的，在裁判文书中予以更正并说明理由，也可以再次开庭予以认定；
（三）有新的证据材料可能推翻已认定的证据的，应当再次开庭予以认定。

六、附　则

第七十四条 证人、鉴定人及其近亲属的人身和财产安全受法律保护。

人民法院应当对证人、鉴定人的住址和联系方式予以保密。

第七十五条 证人、鉴定人因出庭作证或者接受询问而支出的合理费用,由提供证人、鉴定人的一方当事人先行支付,由败诉一方当事人承担。

第七十六条 证人、鉴定人作伪证的,依照行政诉讼法第四十九条第一款第(二)项的规定追究其法律责任。

第七十七条 诉讼参与人或者其他人有对审判人员或者证人、鉴定人、勘验人及其近亲属实施威胁、侮辱、殴打、骚扰或者打击报复等妨碍行政诉讼行为的,依照行政诉讼法第四十九条第一款第(三)项、第(五)项或者第(六)项的规定追究其法律责任。

第七十八条 对应当协助调取证据的单位和个人,无正当理由拒不履行协助义务的,依照行政诉讼法第四十九条第一款第(五)项的规定追究其法律责任。

第七十九条 本院以前有关行政诉讼的司法解释与本规定不一致的,以本规定为准。

第八十条 本规定自2002年10月1日起施行。2002年10月1日尚未审结的一审、二审和再审行政案件不适用本规定。

本规定施行前已经审结的行政案件,当事人以违反本规定为由申请再审的,人民法院不予支持。

本规定施行后按照审判监督程序决定再审的行政案件,适用本规定。

最高人民法院关于审理国际贸易行政案件若干问题的规定

(2002年8月27日最高人民法院审判委员会第1239次会议通过)

法释〔2002〕27号

为依法公正及时地审理国际贸易行政案件,根据《中华人民共和国行政诉讼法》(以下简称行政诉讼法)、《中华人民共和国立法法》(以下简称立法法)以及其他有关法律的规定,制定本规定。

第一条 下列案件属于本规定所称国际贸易行政案件:

(一)有关国际货物贸易的行政案件;

(二)有关国际服务贸易的行政案件;

(三)与国际贸易有关的知识产权行政案件;

(四)其他国际贸易行政案件。

第二条 人民法院行政审判庭依法审理国际贸易行政案件。

第三条 自然人、法人或者其他组织认为中华人民共和国具有国家行政职权的机关和组织及其工作人员（以下统称行政机关）有关国际贸易的具体行政行为侵犯其合法权益的，可以依照行政诉讼法以及其他有关法律、法规的规定，向人民法院提起行政诉讼。

第四条 当事人的行为发生在新法生效之前，行政机关在新法生效之后对该行为作出行政处理决定的，当事人可以依照新法的规定提起行政诉讼。

第五条 第一审国际贸易行政案件由具有管辖权的中级以上人民法院管辖。

第六条 人民法院审理国际贸易行政案件，应当依照行政诉讼法，并根据案件具体情况，从以下方面对被诉具体行政行为进行合法性审查：

（一）主要证据是否确实、充分；

（二）适用法律、法规是否正确；

（三）是否违反法定程序；

（四）是否超越职权；

（五）是否滥用职权；

（六）行政处罚是否显失公正；

（七）是否不履行或者拖延履行法定职责。

第七条 根据行政诉讼法第五十二条第一款及立法法第六十三条第一款和第二款规定，人民法院审理国际贸易行政案件，应当依据中华人民共和国法律、行政法规以及地方立法机关在法定立法权限范围内制定的有关或者影响国际贸易的地方性法规。地方性法规适用于本行政区域内发生的国际贸易行政案件。

第八条 根据行政诉讼法第五十三条第一款及立法法第七十一条、第七十二条和第七十三条规定，人民法院审理国际贸易行政案件，参照国务院部门根据法律和国务院的行政法规、决定、命令，在本部门权限范围内制定的有关或者影响国际贸易的部门规章，以及省、自治区、直辖市和省、自治区的人民政府所在地的市、经济特区所在地的市、国务院批准的较大的市的人民政府根据法律、行政法规和地方性法规制定的有关或者影响国际贸易的地方政府规章。

第九条 人民法院审理国际贸易行政案件所适用的法律、行政法规的具体条文存在两种以上的合理解释，其中有一种解释与中华人民共和国缔结或者参加的国际条约的有关规定相一致的，应当选择与国际条约的有关规定相一致的解释，但中华人民共和国声明保留的条款除外。

第十条 外国人、无国籍人、外国组织在中华人民共和国进行国际贸易行政诉讼，同中华人民共和国公民、组织有同等的诉讼权利和义务，但有行政诉讼法第七十一条第二款规定的情形的，适用对等原则。

第十一条 涉及香港特别行政区、澳门特别行政区和台湾地区当事人的国际贸易行政案件，参照本规定处理。

第十二条 本规定自2002年10月1日起施行。

最高人民法院关于审理反倾销行政案件应用法律若干问题的规定

（2002年9月11日最高人民法院审判委员会第1242次会议通过）

法释〔2002〕35号

为依法公正地审理反倾销行政案件，根据《中华人民共和国行政诉讼法》及其他有关法律的规定，制定本规定。

第一条 人民法院依法受理对下列反倾销行政行为提起的行政诉讼：
（一）有关倾销及倾销幅度、损害及损害程度的终裁决定；
（二）有关是否征收反倾销税的决定以及追溯征收、退税、对新出口经营者征税的决定；
（三）有关保留、修改或者取消反倾销税以及价格承诺的复审决定；
（四）依照法律、行政法规规定可以起诉的其他反倾销行政行为。

第二条 与反倾销行政行为具有法律上利害关系的个人或者组织为利害关系人，可以依照行政诉讼法及其他有关法律、行政法规的规定，向人民法院提起行政诉讼。

前款所称利害关系人，是指向国务院主管部门提出反倾销调查书面申请的申请人，有关出口经营者和进口经营者及其他具有法律上利害关系的自然人、法人或者其他组织。

第三条 反倾销行政案件的被告，应当是作出相应被诉反倾销行政行为的国务院主管部门。

第四条 与被诉反倾销行政行为具有法律上利害关系的其他国务院主管部门，可以作为第三人参加诉讼。

第五条 第一审反倾销行政案件由下列人民法院管辖：

（一）被告所在地高级人民法院指定的中级人民法院；

（二）被告所在地高级人民法院。

第六条 人民法院依照行政诉讼法及其他有关反倾销的法律、行政法规，参照国务院部门规章，对被诉反倾销行政行为的事实问题和法律问题，进行合法性审查。

第七条 被告对其作出的被诉反倾销行政行为负举证责任，应当提供作出反倾销行政行为的证据和所依据的规范性文件。

人民法院依据被告的案卷记录审查被诉反倾销行政行为的合法性。被告在作出被诉反倾销行政行为时没有记入案卷的事实材料，不能作为认定该行为合法的根据。

第八条 原告对其主张的事实有责任提供证据。经人民法院依照法定程序审查，原告提供的证据具有关联性、合法性和真实性的，可以作为定案的根据。

被告在反倾销行政调查程序中依照法定程序要求原告提供证据，原告无正当理由拒不提供、不如实提供或者以其他方式严重妨碍调查，而在诉讼程序中提供的证据，人民法院不予采纳。

第九条 在反倾销行政调查程序中，利害关系人无正当理由拒不提供证据、不如实提供证据或者以其他方式严重妨碍调查的，国务院主管部门根据能够获得的证据得出的事实结论，可以认定为证据充分。

第十条 人民法院审理反倾销行政案件，根据不同情况，分别作出以下判决：

（一）被诉反倾销行政行为证据确凿，适用法律、行政法规正确，符合法定程序的，判决维持；

（二）被诉反倾销行政行为有下列情形之一的，判决撤销或者部分撤销，并可以判决被告重新作出反倾销行政行为：

1. 主要证据不足的；
2. 适用法律、行政法规错误的；
3. 违反法定程序的；
4. 超越职权的；
5. 滥用职权的。

（三）依照法律或者司法解释规定作出的其他判决。

第十一条 人民法院审理反倾销行政案件，可以参照有关涉外民事诉讼程序的规定。

第十二条 本规定自 2003 年 1 月 1 日起实施。

最高人民法院关于审理反补贴行政案件应用法律若干问题的规定

(2002年9月11日最高人民法院审判委员会第1242次会议通过)

法释〔2002〕36号

为依法公正地审理反补贴行政案件，根据《中华人民共和国行政诉讼法》及其他有关法律的规定，制定本规定。

第一条 人民法院依法受理对下列反补贴行政行为提起的行政诉讼：

（一）有关补贴及补贴金额、损害及损害程度的终裁决定；

（二）有关是否征收反补贴税以及追溯征收的决定；

（三）有关保留、修改或者取消反补贴税以及承诺的复审决定；

（四）依照法律、行政法规规定可以起诉的其他反补贴行政行为。

第二条 与反补贴行政行为具有法律上利害关系的个人或者组织为利害关系人，可以依照行政诉讼法及其他有关法律、行政法规的规定，向人民法院提起行政诉讼。

前款所称利害关系人，是指向国务院主管机关提出反补贴调查书面申请的申请人，有关出口经营者和进口经营者及其他具有法律上利害关系的自然人、法人或者其他组织。

第三条 反补贴行政案件的被告，应当是作出相应被诉反补贴行政行为的国务院主管部门。

第四条 与被诉反补贴行政行为具有法律上利害关系的其他国务院主管部门，可以作为第三人参加诉讼。

第五条 第一审反补贴行政案件由下列人民法院管辖：

（一）被告所在地高级人民法院指定的中级人民法院；

（二）被告所在地高级人民法院。

第六条 人民法院依照行政诉讼法及其他有关反补贴的法律、行政法规，参照国务院部门规章，对被诉反补贴行政行为的事实问题和法律问题，进行合法性审查。

第七条 被告对其作出的被诉反补贴行政行为负举证责任，应当提供作出反补贴行政行为的证据和所依据的规范性文件。

人民法院依据被告的案卷记录审查被诉反补贴行政行为的合法性。被告在作出被诉反补贴行政行为时没有记入案卷的事实材料,不能作为认定该行为合法的根据。

第八条 原告对其主张的事实有责任提供证据。经人民法院依照法定程序审查,原告提供的证据具有关联性、合法性和真实性的,可以作为定案的根据。

被告在反补贴行政调查程序中依照法定程序要求原告提供证据,原告无正当理由拒不提供、不如实提供或者以其他方式严重妨碍调查,而在诉讼程序中提供的证据,人民法院不予采纳。

第九条 在反补贴行政调查程序中,利害关系人无正当理由拒不提供证据、不如实提供证据或者以其他方式严重妨碍调查的,国务院主管部门根据能够获得的证据得出的事实结论,可以认定为证据充分。

第十条 人民法院审理反补贴行政案件,根据不同情况,分别作出以下判决:

(一)被诉反补贴行政行为证据确凿,适用法律、行政法规正确,符合法定程序的,判决维持;

(二)被诉反补贴行政行为有下列情形之一的,判决撤销或者部分撤销,并可以判决被告重新作出反补贴行政行为:

1. 主要证据不足的;
2. 适用法律、行政法规错误的;
3. 违反法定程序的;
4. 超越职权的;
5. 滥用职权的。

(三)依照法律或者司法解释规定作出的其他判决。

第十一条 人民法院审理反补贴行政案件,可以参照有关涉外民事诉讼程序的规定。

第十二条 本规定自 2003 年 1 月 1 日起实施。

最高人民法院关于规范行政案件案由的通知

法发〔2004〕2 号

各省、自治区、直辖市高级人民法院,新疆维吾尔自治区高级人民法院生产建设兵团分院:

行政诉讼法实施以来,各地法院行政案件案由的确定和表述不尽一致,有些法院在这方面作了积极的探索,积累了一些经验。为规范行政案件案由,根据《中华人民共和国行政诉讼法》等法律的规定和行政案件的特点,结合行政审判实践经验,现就有关行政案件案由问题提出如下意见,请各级人民法院试行:

一、行政案件案由的构成要素和确定方法

行政案件的案由分为:作为类案件、不作为类案件、行政赔偿类案件。其确定方法如下:

(一)作为类案件案由的构成要素和确定方法

确定作为类案件案由的基本方法是划分案件的类别,以行政管理范围为"类",以具体行政行为种类为"别"进行构造。案由的结构应当具备以下两个要素:

1. 行政管理范围。行政管理范围是指行政主体代表国家管理行政事务的领域。以行政管理范围作为行政案件案由的第一个要素,将行政案件初步分为"公安"、"工商"、"税务"等行政纠纷,从类上区别开来。

一般情况下,以行政管理范围作为案由的第一构成要素,分类后无需再作分解,如海关、计划生育、税务等,直接以"海关"、"计划生育"、"税务"作为案由第一构成要素;对个别行政管理范围比较宽泛的领域,如公安行政管理,可细分为治安管理、消防管理等,可以细化、分解后的具体管理范围,将"治安"、"消防"等作为第一构成要素用语。是否分解,应当结合案件实际,以表述简洁、清楚为原则。

2. 具体行政行为种类。以具体行政行为的种类或性质,如"行政处罚"、"行政许可"、"行政确认"等,作为案由的第二个构成要素。具体行政行为的表现形式,如行政处罚中的罚款、拘留等,不以构成要素出现,而均以"行政处罚"代之。

综合上述两个要素,行政作为类案件案由的结构为:管理范围+具体行政行为种类。以诉公安机关所作的行政拘留处罚为例,案由应确定为:"治安行政处罚"。"治安"为公安行政管理范围之下具体的治安管理;"行政处罚"则是具体行政行为的种类,不用具体的处罚形式"拘留"进行表述。以海关作出没收走私物品的行为为例,其案由应确定为"海关行政处罚"。海关管理范围相对窄一些,无需再作分解,可直接以"海关"作为第一构成要素。

（二）不作为类案件案由的构成要素和确定方法

不作为类案件的案由，原则上仍适用上述作为类案件的两种构成要素的结构，但又要体现此类案件的特色，其确定方法是：以"诉"作为此类案件案由的第一个构成要素；以行政主体的类别作为第二个构成要素，如"工商行政管理机关"、"海关"等；以不履行特定行政职责或义务作为第三个构成要素。以公安机关不履行保护人身权法定职责案为例，案由确定为"诉公安机关不履行保护人身权法定职责"。"履行……法定职责"中要求履行的是何种职责，应当根据案件的具体情况确定，如可以具体区分为"诉××（行政主体）不履行保护人身权（财产权）法定职责"、"诉××（行政主体）不履行行政合同义务"、"诉××（房屋管理机关等）不履行登记法定职责"等等。

（三）行政赔偿类案件案由的构成要素和确定方法

行政赔偿类案件分为两种情况，即一并提起行政赔偿和单独提起行政赔偿。对于一并提起的行政赔偿案件，在被诉具体行政行为案件案由后加"及行政赔偿"一语即可。如"工商行政登记及行政赔偿"；"诉公安机关不履行保护人身权法定职责及行政赔偿"等。对于单独提起行政赔偿的案件，案由的确定方法为：行政管理范围+行政赔偿。以税务工作人员在执法中致人伤亡单独提起行政赔偿之诉为例，如"税务行政赔偿"等。

二、案由适用范围和确定时间

在立案审查阶段，可以根据当事人的起诉确定初步案由。在审理阶段，如果发现初步确定的案由不准确时，应当根据审理后确定的法律关系性质来确定结案案由。因此，本规定既适用于审查起诉阶段，也适用于审理阶段，但法律文书和卷宗封面等均应以结案案由为准。

三、难以确定案由情况的处理

当出现行政管理范围和具体行政行为种类难以界定、案由难以确定的情况时，可以作为例外情况酌情确定案由。如起诉乡镇人民政府的一些越权行政行为或者不作为案件，就很难确定管理范围，也很难确定其行政行为的种类，这时，可以用"乡（镇）政府行政处理"、"诉乡（镇）政府不履行法定职责或行政义务"等作为案由。

不属于行政诉讼受案范围的案件，在裁定不予受理或驳回起诉时，案由可通过概括当事人诉讼请求的方式来确定。

各级人民法院在执行该通知的过程中有何问题，请注意总结并及时报告我院。

2004 年 1 月 14 日

行政管理范围

1. 公安行政管理
（1）治安管理（治安）
（2）消防管理（消防）
（3）道路交通管理（道路）
（4）其他（公安）
2. 资源行政管理
（1）土地行政管理（土地）
（2）林业行政管理（林业）
（3）草原行政管理（草原）
（4）地质矿产行政管理（地矿）
（5）能源行政管理（能源管理）
（6）其他（资源）
3. 城乡建设行政管理
（1）城市规划管理（规划）
（2）房屋拆迁管理（拆迁）
（3）房屋登记管理（房屋登记）
（4）其他（城建）
4. 计划生育行政管理（计划生育）
5. 工商行政管理（工商）
6. 商标行政管理（商标）
7. 质量监督检验检疫行政管理
（1）质量监督行政管理（质量监督）
（2）质量检验行政管理（质量检验）
（3）检疫行政管理（检疫）
（4）其他（质量监督）
8. 卫生行政管理（卫生）
9. 食品药品安全行政管理（食品、药品）

10. 农业行政管理（农业）
(1) 渔业行政管理（渔业）
(2) 畜牧行政管理（畜牧）
(3) 其他（农业）
11. 物价行政管理（物价）
12. 环境保护行政管理（环保）
13. 交通运输行政管理（交通）
(1) 公路交通行政管理（公路）
(2) 铁路行政管理（铁路）
(3) 航空行政管理（航空）
(4) 其他（交通）
14. 信息电讯行政管理（信息、电讯）
15. 邮政行政管理（邮政）
16. 专利行政管理（专利）
17. 新闻出版行政管理（新闻、出版）
18. 税务行政管理（税务）
19. 金融行政管理（金融）
20. 外汇行政管理（外汇）
21. 海关行政管理（海关）
22. 财政行政管理（财政）
23. 劳动和社会保障行政管理（劳动、社会保障）
24. 审计行政管理（审计）
25. 经贸行政管理（内贸、外贸）
26. 水利行政管理（水利）
27. 旅游行政管理（旅游）
28. 烟草专卖行政管理（烟草专卖）
29. 司法行政管理（司法行政）
30. 民政行政管理（民政）
31. 教育行政管理（教育）
32. 文化行政管理（文化）
33. 广播电视电影行政管理（广电）
34. 统计行政管理（统计）
35. 电力行政管理（电力）

36. 国有资产行政管理（国资）
37. 外资行政管理（外资管理）
38. 盐业行政管理（盐业）
39. 体育行政管理（体育）
40. 行政监察（监察）
41. 乡政府
42. 其他行政管理

行政行为种类

1. 行政处罚
2. 行政强制
3. 行政裁决
4. 行政确认
5. 行政登记
6. 行政许可
7. 行政批准
8. 行政命令
9. 行政复议
10. 行政撤销
11. 行政检查
12. 行政合同
13. 行政奖励
14. 行政补偿
15. 行政执行
16. 行政受理
17. 行政给付
18. 行政征用
19. 行政征购
20. 行政征收
21. 行政划拨
22. 行政规划
23. 行政救助
24. 行政协助

25. 行政允诺
26. 行政监督
27. 其他行政行为

最高人民法院关于行政案件管辖若干问题的规定

(2007年12月17日最高人民法院审判委员会第1441次会议讨论通过)

为保证人民法院依法公正审理行政案件，切实保护公民、法人和其他组织的合法权益，维护和监督行政机关依法行使职权，根据《中华人民共和国行政诉讼法》制定本规定。

第一条 有下列情形之一的，属于行政诉讼法第十四条第（三）项规定的应当由中级人民法院管辖的第一审行政案件：

（一）被告为县级以上人民政府的案件，但以县级人民政府名义办理不动产物权登记的案件可以除外；

（二）社会影响重大的共同诉讼、集团诉讼案件；

（三）重大涉外或者涉及香港特别行政区、澳门特别行政区、台湾地区的案件；

（四）其他重大、复杂的案件。

第二条 当事人以案件重大复杂为由或者认为有管辖权的基层人民法院不宜行使管辖权，直接向中级人民法院起诉，中级人民法院应当根据不同情况在7日内分别作出以下处理：

（一）指定本辖区其他基层人民法院管辖；

（二）决定自己审理；

（三）书面告知当事人向有管辖权的基层人民法院起诉。

第三条 当事人向有管辖权的基层人民法院起诉，受诉人民法院在7日内未立案也未作出裁定，当事人向中级人民法院起诉，中级人民法院应当根据不同情况在7日内分别作出以下处理：

（一）要求有管辖权的基层人民法院依法处理；

（二）指定本辖区其他基层人民法院管辖；

（三）决定自己审理。

第四条 基层人民法院对其管辖的第一审行政案件，认为需要由中级人民法院审理或者指定管辖的，可以报请中级人民法院决定。中级人民法院应当根据不同情况在 7 日内分别作出以下处理：

（一）决定自己审理；

（二）指定本辖区其他基层人民法院管辖；

（三）决定由报请的人民法院审理。

第五条 中级人民法院对基层人民法院管辖的第一审行政案件，根据案件情况，可以决定自己审理，也可以指定本辖区其他基层人民法院管辖。

第六条 指定管辖裁定应当分别送达被指定管辖的人民法院及案件当事人。本规定第四条的指定管辖裁定还应当送达报请的人民法院。

第七条 对指定管辖裁定有异议的，不适用管辖异议的规定。

第八条 执行本规定的审理期限，提级管辖从决定之日起计算；指定管辖或者决定由报请的人民法院审理的，从收到指定管辖裁定或者决定之日起计算。

第九条 中级人民法院和高级人民法院管辖的第一审行政案件需要由上一级人民法院审理或者指定管辖的，参照本规定。

第十条 本规定施行前已经立案的不适用本规定。本院以前所作的司法解释及规范性文件，凡与本规定不一致的，按本规定执行。

最高人民法院关于行政诉讼撤诉若干问题的规定

（2007 年 12 月 17 日最高人民法院审判委员会第 1441 次会议通过）法释〔2008〕2 号

为妥善化解行政争议，依法审查行政诉讼中行政机关改变被诉具体行政行为及当事人申请撤诉的行为，根据《中华人民共和国行政诉讼法》制定本规定。

第一条 人民法院经审查认为被诉具体行政行为违法或者不当，可以在宣告判决或者裁定前，建议被告改变其所作的具体行政行为。

第二条 被告改变被诉具体行政行为，原告申请撤诉，符合下列条件的，人民法院应当裁定准许：

（一）申请撤诉是当事人真实意思表示；

（二）被告改变被诉具体行政行为，不违反法律、法规的禁止性规定，不超越或者放弃职权，不损害公共利益和他人合法权益；

（三）被告已经改变或者决定改变被诉具体行政行为，并书面告知人民法院；

（四）第三人无异议。

第三条 有下列情形之一的，属于行政诉讼法第五十一条规定的"被告改变其所作的具体行政行为"：

（一）改变被诉具体行政行为所认定的主要事实和证据；

（二）改变被诉具体行政行为所适用的规范依据且对定性产生影响；

（三）撤销、部分撤销或者变更被诉具体行政行为处理结果。

第四条 有下列情形之一的，可以视为"被告改变其所作的具体行政行为"：

（一）根据原告的请求依法履行法定职责；

（二）采取相应的补救、补偿等措施；

（三）在行政裁决案件中，书面认可原告与第三人达成的和解。

第五条 被告改变被诉具体行政行为，原告申请撤诉，有履行内容且履行完毕的，人民法院可以裁定准许撤诉；不能即时或者一次性履行的，人民法院可以裁定准许撤诉，也可以裁定中止审理。

第六条 准许撤诉裁定可以载明被告改变被诉具体行政行为的主要内容及履行情况，并可以根据案件具体情况，在裁定理由中明确被诉具体行政行为全部或者部分不再执行。

第七条 申请撤诉不符合法定条件，或者被告改变被诉具体行政行为后当事人不撤诉的，人民法院应当及时作出裁判。

第八条 第二审或者再审期间行政机关改变被诉具体行政行为，当事人申请撤回上诉或者再审申请的，参照本规定。

准许撤回上诉或者再审申请的裁定可以载明行政机关改变被诉具体行政行为的主要内容及履行情况，并可以根据案件具体情况，在裁定理由中明确被诉具体行政行为或者原裁判全部或者部分不再执行。

第九条 本院以前所作的司法解释及规范性文件，凡与本规定不一致的，按本规定执行。

行政诉讼法教学参考题

(2002—2010年司法考试行政诉讼法历年真题)

一、单项选择题

(2010年)

47. 陈某申请领取最低生活保障费，遭民政局拒绝。陈某诉至法院，要求判令民政局履行法定职责，同时申请法院先予执行。对此，下列哪一说法是正确的？

A. 陈某提出先予执行申请时，应提供相应担保
B. 陈某的先予执行申请，不属于《行政诉讼法》规定的先予执行范围
C. 如法院作出先予执行裁定，民政局不服可以申请复议
D. 如法院作出先予执行裁定，情况特殊的可以采用口头方式
答案：C

48.《环境保护法》规定，当事人对行政处罚决定不服，可以在接到处罚通知之日起十五日内申请复议，也可以在接到处罚通知之日起十五日内直接向法院起诉。某县环保局依据《环境保护法》对违法排污企业作出罚款处罚决定，该企业不服。对此，下列哪一说法是正确的？

A. 如该企业申请复议，申请复议的期限应为六十日
B. 如该企业直接起诉，提起诉讼的期限应为三个月
C. 如该企业逾期不缴纳罚款，县环保局可从该企业的银行账户中划拨相应款项
D. 如该企业逾期不缴纳罚款，县环保局可扣押该企业的财产并予以拍卖
答案：A

49. 关于在行政诉讼中法庭对证据的审查，下列哪一说法是正确的？

A. 从证据形成的原因方面审查证据的合法性
B. 从证人与当事人是否具有利害关系方面审查证据的关联性
C. 从发现证据时的客观环境审查证据的真实性
D. 从复制件与原件是否相符审查证据的合法性
答案：C

50. 2009年2月10日，王某因涉嫌诈骗被县公安局刑事拘留，2月24日，县检察院批准逮捕王某。4月10日，县法院以诈骗罪判处王某三年有期徒刑，缓期二年执行。5月10日，县公安局根据县法院变更强制措施的决定，对王某采取取保候审措施。王某上诉，6月1日，市中级法院维持原判。王某申诉，12月10日，市中级法院再审认定王某行为不构成诈骗，撤销原判。对此，下列哪一说法是正确的？
A. 因王某被判无罪，国家应当对王某在2009年2月10日至12月10日期间的损失承担赔偿责任
B. 因王某被判处有期徒刑缓期执行，国家不承担赔偿责任
C. 因王某被判无罪，国家应当对王某在2009年6月1日至12月10日期间的损失承担赔偿责任
D. 因王某被判无罪，国家应当对王某在2009年2月10日至5月10日期间的损失承担赔偿责任
答案：D

（2009年）
46. 李某从田某处购得一辆轿车，但未办理过户手续。在一次查验过程中，某市公安局认定该车系走私车，予以没收。李某不服，向省公安厅申请复议，后者维持了没收决定。李某提起行政诉讼。下列哪一选项是正确的？
A. 省公安厅为本案的被告
B. 田某不能成为本案的第三人
C. 市公安局所在地的法院对本案有管辖权
D. 省公安厅所在地的法院对本案有管辖权
答案：C

47. 某市工商局发现，某中外合资游戏软件开发公司生产的一种软件带有

暴力和色情内容，决定没收该软件，并对该公司处以三万元罚款。中方投资者接受处罚，但外方投资者认为处罚决定既损害了公司的利益也侵害自己的权益，向法院提起行政诉讼。下列哪一选项是正确的？

A. 外方投资者只能以合资公司的名义起诉

B. 外方投资者可以自己的名义起诉

C. 法院受理外方投资者起诉后，应追加未起诉的中方投资者为共同原告

D. 外方投资者只能以保护自己的权益为由提起诉讼

答案：B

48. 某区公安分局以蔡某殴打孙某为由对蔡某拘留十日并处罚款500元。蔡某向法院起诉，要求撤销处罚决定和赔偿损失。一审法院经审理认定处罚决定违法。下列哪一选项是正确的？

A. 蔡某所在地的法院对本案无管辖权

B. 一审法院应判决撤销拘留决定，返还罚款500元、按照国家上年度职工日平均工资赔偿拘留十日的损失和一定的精神抚慰金

C. 如一审法院的判决遗漏了蔡某的赔偿请求，二审法院应当裁定撤销一审判决，发回重审

D. 如蔡某在二审期间提出赔偿请求，二审法院可以进行调解，调解不成的，应告知蔡某另行起诉

答案：D

49. 2001年5月李某被某县公安局刑事拘留，后某县检察院以证据不足退回该局补充侦查，2002年11月李某被取保候审。2004年，县公安局撤销案件。次年3月，李某提出国家赔偿申请。县公安局于2005年12月作出给予李某赔偿的决定书。李某以赔偿数额过低为由，于2006年先后向市公安局和市法院赔偿委员会提出复议和申请，二者均作出维持决定。对李某被限制人身自由的赔偿金，应按照下列哪个年度的国家职工日平均工资计算？

A. 2002年度

B. 2003年度

C. 2004年度

D. 2005年度

答案：C

（2008年）

43. 某银行以某公司未偿还贷款为由向法院起诉，法院终审判决认定其请求已过诉讼时效，予以驳回。某银行向某县政府发函，要求某县政府落实某公司的还款责任。某县政府复函，请贵行继续依法主张债权，我们将配合做好有关工作。尔后，某银行向法院起诉，请求某县政府履行职责。法院经审理认为，某县政府已履行相应职责，某银行的债权不能实现的原因在于其主张债权时已超过诉讼时效。下列哪一选项是错误的？
   A. 本案应由中级法院管辖
   B. 因法院的生效判决已对某银行与某公司的民事关系予以确认，某县政府不能重新进行确定
   C. 法院应当判决确认某县政府的复函合法
   D. 法院应当判决驳回某银行的诉讼请求
   答案：C

44. 下列哪一选项不属于行政诉讼的受案范围？
   A. 因某企业排污影响李某的鱼塘，李某要求某环保局履行监督职责，遭拒绝后向法院起诉
   B. 某市政府发出通知，要求非本地生产乳制品须经本市技术监督部门检验合格方可在本地销售，违者予以处罚。某外地乳制品企业对通知提起诉讼
   C. 刘某与某公司签订房屋预售合同，某区房管局对此进行预售预购登记。后刘某了解到某公司向其销售的房屋系超出规划面积和预售面积房屋，遂以某区房管局违法办理登记为由提起诉讼
   D. 《公司登记管理条例》规定，设立公司应当先向工商登记管理机关申请名称预先核准。张某对名称预先核准决定不服提起诉讼
   答案：B

45. 某县政府依田某申请作出复议决定，撤销某县公安局对田某车辆的错误登记，责令在30日内重新登记，但某县公安局拒绝进行重新登记。田某可以采取下列哪一项措施？
   A. 申请法院强制执行
   B. 对某县公安局的行为申请行政复议
   C. 向法院提起行政诉讼
   D. 请求某县政府责令某县公安局登记

答案：D

47．某市建设委员会以某公司的房屋占压输油、输气管道线为由，作出限期拆除决定，要求某公司自收到决定之日起10日内自行拆除。但某公司逾期未拆除，亦未在法定期限内提起诉讼，某市建设委员会申请法院强制执行。下列哪一选项是正确的？

A．若法律、法规赋予某市建设委员会有自行强制执行权，法院即应不受理其申请

B．某市建设委员会应当向其所在地的法院申请强制执行

C．接受申请的法院应当在受理申请之日起30日内作出是否准予强制执行的裁定

D．若在某市建设委员会申请强制执行前，某公司已对限期拆除决定提起诉讼，法院无权在诉讼期间执行拆除决定

答案：C

48．某县政府与甲开发公司签定《某地区改造项目协议书》，对某地区旧城改造范围、拆迁补偿费及支付方式和期限等事宜加以约定。乙公司持有经某市政府批准取得的国有土地使用证的第15号地块，位于某地区改造范围。甲开发公司获得改造范围内新建的房屋预售许可证，并向社会公开预售。乙公司认为某县政府以协议形式规划、管理和利用项目改造的行为违法，向法院起诉，法院受理。下列哪一选项是正确的？

A．某县政府与甲开发公司签定的《某地区改造项目协议书》属内部协议

B．某县政府应当依职权先行收回乙公司持有的第15号地块国有土地使用证

C．因乙公司不是《某地区改造项目协议书》的当事人，法院应驳回起诉

D．若法院经审理查明，某县政府以协议形式规划、管理和利用项目改造的行为违法，应当判决确认某县政府的行为违法，并责令采取补救措施

答案：D

49．某区公安局派出所突击检查孔某经营的娱乐城，孔某向正在赌博的人员通风报信，派出所突击检查一无所获。派出所工作人员将孔某带回调查，孔某因受到逼供而说出实情。派出所据此决定对孔某拘留10日，孔某不服提起诉讼。下列哪一选项是正确的？

A. 在作出拘留决定前，孔某有权要求举行听证
B. 对孔某的拘留决定违法
C. 某区公安分局派出所是本案被告
D. 因孔某起诉，公安机关应暂缓执行拘留决定
答案：B

50. 某区城管执法局以甲工厂的房屋建筑违法为由强行拆除，拆除行为被认定违法后，甲工厂要求某区城管执法局予以赔偿，遭到拒绝后向法院起诉。甲工厂除提供证据证明房屋损失外，还提供了甲工厂工人刘某与当地居民谢某的证言，以证明房屋被拆除时，房屋有办公用品、机械设备未搬出，应予赔偿。某区城管执法局提交了甲工厂工人李某和执法人员张某的证言，以证明房屋内没有物品。下列哪一选项是正确的？
A. 法院不能因李某为甲工厂工人而不采信其证言
B. 法院收到甲工厂提交的证据材料，应当出具收据，由经办人员签名并加盖法院印章
C. 张某的证言优于谢某的证言
D. 在庭审过程中，甲工厂要求刘某出庭作证，法院应不予准许
答案：A

(2008年·四川)

41. 某县人口与计划生育局认定段某非法为他人施行计划生育手术，以办"学习班"名义将段某关押5日。之后，该局以涉嫌非法进行节育手术罪将段某移交某县公安局处理，段某被刑事拘留15日。段某被释放后，请求国家赔偿。下列哪一选项是正确的？
A. 某县人口与计划生育局和某县公安局为共同赔偿义务机关
B. 对段某关押5日的每日赔偿金应按照国家上年度职工日平均工资计算
C. 对段某刑事拘留属错误拘留，应为段某消除影响和给予精神损害抚慰金
D. 就段某对某县人口与计划生育局和某县公安局提出的赔偿请求，应适用行政赔偿程序立案受理
答案：B

42. 某省甲市乙县工商局以某企业构成不正当竞争为由，决定予以罚款2

万元。某企业不服,申请行政复议。有关本案复议机关,下列哪一选项是错误的?

A. 复议机关可以为乙县政府

B. 复议机关可以为甲市工商局

C. 若国家工商总局对工商部门作出的具体行政行为申请复议的复议机关作出了规定,则依此规定办理

D. 若某省政府对工商部门作出的具体行政行为申请复议的复议机关作出了规定,则依此规定办理

答案:C

43. 孔某向某县政府提出书面申请,请求为其核发土地使用证,但某县政府以申请办证引起与张某发生土地权属纠纷为由立案,在组织孔某与张某多次协商未果的情况下对双方的土地权属争议作出决定,认定土地属于孔某。张某认为该土地使用权应确定由其享有,向法院提起诉讼,要求撤销县政府的处理决定。下列哪一选项是正确的?

A. 本案应由某县法院管辖

B. 本案的审理对象是县政府为孔某核发土地使用证的行为

C. 县政府的处理决定合法,应判决驳回张某的诉讼请求

D. 若孔某作为本案的第三人,对法院的一审判决不服,有权提起上诉

答案:D

44. 李某与张某因工作产生矛盾。自 2006 年 11 月至 2007 年 1 月期间,李某不断向张某发送手机短信,对张某进行人身攻击,但张某考虑到自己的干部身份未向公安机关报案。2007 年 10 月 8 日上午,李某醉酒后将张某打成轻微伤,张某随即向公安机关报案,并要求公安机关对李某以前的短信辱骂行为一并处罚。下列哪一选项是正确的?

A. 公安机关到现场后即应对李某采取保护性约束措施,但不得超过24小时

B. 公安机关无法当场向李某宣告处罚决定书的,应在 2 日内送达李某

C. 公安机关对张某的询问笔录应交给张某核对,张某确认无误后应签名,并由询问的警察在笔录上签名,公安机关加盖印章

D. 公安机关对李某用短信辱骂张某和伤害张某的行为,应分别作出处罚决定,合并执行

答案：B

46．柴某因涉嫌贪污犯罪被某县检察院逮捕，某县法院以柴某犯贪污罪判处有期徒刑4年。柴某不服提起上诉，市中级法院改判柴某有期徒刑3年，缓刑4年。后经省高级法院再审，柴某被改判无罪，遂请求国家赔偿。下列哪一选项是正确的？
　　A．县法院为赔偿义务机关
　　B．对有期徒刑3年、缓刑4年的判决，应予赔偿
　　C．若此案依程序由法院赔偿委员会审理，审理应依法不公开进行
　　D．若此案最终由法院赔偿委员会作出决定，决定书应由法院赔偿委员会主任审核签发，加盖法院赔偿委员会印章
　　答案：C

47．某县环保局与水利局在联合执法过程中，发现某化工厂排污口建在行洪通道上，并对下游河水造成污染，遂联合作出责令该厂限期拆除其排污口的决定。某县水利局工作人员田某向该厂送达决定书时，遭到该厂职工围攻而受伤。该厂不服，以某县水利局为被告向法院提起行政诉讼。下列哪一选项是正确的？
　　A．法院应当通知某化工厂变更被告
　　B．某县水利局可以对田某被打一事提起反诉
　　C．田某可以成为本案的第三人
　　D．若法院追加且某化工厂同意，某县环保局为本案的被告
　　答案：D

49．林某不服甲县环保局的处罚决定提起行政诉讼，甲县法院以超过起诉期限为由裁定不予受理。林某向乙市中级法院上诉，乙市中级法院经审理发现林某的起诉并未超过起诉期限，符合行政诉讼起诉条件。乙市中级法院应如何处理？
　　A．判决撤销甲县法院的裁定
　　B．自行受理此案
　　C．指令乙市丙县法院依法受理此案
　　D．指令甲县法院依法立案受理
　　答案：D

（2007年）

39. 甲、乙两村分别位于某市两县境内，因土地权属纠纷向市政府申请解决，市政府裁决争议土地属于甲村所有。乙村不服，向省政府申请复议，复议机关确认争议的土地属于乙村所有。甲村不服行政复议决定，提起行政诉讼。下列哪个法院对本案有管辖权？
　　A. 争议土地所在地的基层人民法院
　　B. 争议土地所在地的中级人民法院
　　C. 市政府所在地的基层人民法院
　　D. 省政府所在地的中级人民法院
　　答案：B

40. 甲市政府批复同意本市乙区政府征用乙区某村丙小组非耕地63亩，并将其中48亩使用权出让给某公司用于建设商城。该村丙小组袁某等村民认为，征地中有袁某等32户村民的责任田32亩，区政府虽以耕地标准进行补偿但以非耕地报批的做法违法，遂向法院提起行政诉讼。下列哪一选项是正确的？
　　A. 袁某等32户村民可以以某村丙小组的名义起诉
　　B. 袁某等32户村民可以以自己名义起诉
　　C. 应当以乙区人民政府为被告
　　D. 法院经审理如果发现征地批复违法，应当判决撤销
　　答案：B

41. 某建筑公司雇工修建某镇农贸市场，但长期拖欠工资。县劳动局作出《处理决定书》，要求该公司支付工资，并加付应付工资50%的赔偿金。该公司在法定期限内既未履行处理决定，也未申请行政复议和提起诉讼。下列哪一选项是正确的？
　　A. 县劳动局申请法院强制执行，应当自该公司的法定起诉期限届满之日起90日内提出
　　B. 县劳动局申请法院强制执行，由该县法院受理
　　C. 县劳动局申请执行应当提交的全部材料包括申请执行书、据以执行的行政法律文书、证明该具体行政行为合法的材料
　　D. 法院受理申请执行案件后，应当在30日内由执行庭对行政处理决定

的合法性进行审查

答案：B

42. 李某和钱某参加省教委组织的"省中小学教师自学考试"。后省教委以"通报"形式，对李某、钱某等4名作弊考生进行了处理，并通知当次考试各科成绩作废，三年之内不准报考。李某、钱某等均得知该通报内容。李某向省政府递交了行政复议申请书，省政府未予答复。李某诉至法院。下列哪一选项是错误的？
    A. 法院应当受理李某对通报不服提起的诉讼
    B. 李某对省教委提起诉讼后，法院可以通知钱某作为第三人参加诉讼
    C. 法院应当受理李某对省政府不予答复行为提起的诉讼
    D. 钱某在诉讼程序中提供的、被告在行政程序中未作为处理依据的证据可以作为认定被诉处理决定合法的依据
答案：D

43. 甲有乙、丙两子。甲与乙曾订立赡养协议，并将自己的10棵荔枝树全部给乙。县政府向乙颁发了10棵荔枝树的林权证。甲去世后，丙认为自己的继承权受到侵犯，要求镇政府处理。镇政府重新分割了荔枝树，还派员将荔枝果摘下变卖，保存价款3000元，烂果400斤交由乙处理。乙不服，向法院提起行政诉讼。下列哪一选项是错误的？
    A. 诉讼过程中，县政府颁发给乙的林权证仍然有效
    B. 如果乙撤诉后，以同一事实和理由重新起诉的，法院不予受理
    C. 法院将起诉状副本送达被告后，乙提出被告应赔偿荔枝烂果损失的诉讼请求，法院应予准许
    D. 镇政府变卖荔枝果并保存价款的行为没有法律依据
答案：C

44. 某派出所以扰乱公共秩序为由扣押了高某的拖拉机。高不服，以派出所为被告提起行政诉讼。诉讼中，法院认为被告应是县公安局，要求变更被告，高不同意。法院下列哪种做法是正确的？
    A. 以派出所为被告继续审理本案
    B. 以县公安局为被告审理本案
    C. 裁定驳回起诉

D. 裁定终结诉讼

答案：C

45. 关于行政诉讼中的证据保全申请，下列哪一选项是正确的？
A. 应当在第一次开庭前以书面形式提出
B. 应当在举证期限届满前以书面形式提出
C. 应当在举证期限届满前以口头形式提出
D. 应当在第一次开庭前以口头形式提出
答案：B

47. 张某因打伤李某被公安局处以行政拘留15天的处罚，张某不服，申请行政复议。不久，受害人李某向法院提起刑事自诉，法院经审理认为张某的行为已经构成犯罪，判决拘役2个月。下列哪一选项是正确的？
A. 本案调查中，警察经出示工作证件，可以检查张某的住所
B. 如果在法院判决时张某的行政拘留已经执行完毕，则对其拘役的期限为一个半月
C. 如果张某之父为其提供担保，则公安机关可暂缓执行行政拘留
D. 由公安局将张某送到看守所执行行政拘留
答案：B

48. 齐某不服市政府对其作出的决定，向省政府申请行政复议，市政府在法定期限内提交了答辩，但没有提交有关证据、依据。开庭时市政府提交了作出行政行为的法律和事实依据，并说明由于市政府办公场所调整，所以延迟提交证据。下列哪一选项是正确的？
A. 省政府应接受市政府延期提交的证据材料
B. 省政府应中止案件的审理
C. 省政府应撤销市政府的具体行政行为
D. 省政府应维持市政府的具体行政行为
答案：C

49. 下列哪些情形下当事人必须先申请复议，对复议决定不服的才能提起行政诉讼？
A. 县政府为汪某颁发集体土地使用证，杨某认为该行为侵犯了自己已有

的集体土地使用权
   B. 高某因为偷税被某税务机关处罚，高某不服
   C. 派出所因顾某打架对其作了处罚，顾某认为处罚太重
   D. 对县国土资源局作出的处罚不服
   答案：B

50. 李某涉嫌盗窃被公安局刑事拘留，后检察院批准将其逮捕。法院审理时发现，李某系受人教唆，且是从犯，故判处李某有期徒刑2年，缓期3年执行。后李某以自己年龄不满16周岁为由提起上诉，二审法院因此撤销原判，改判李某无罪并解除羁押。下列哪一选项是正确的？
   A. 对于李某受到的羁押损失，国家不予赔偿
   B. 对于一审有罪判决至二审无罪判决期间李某受到的羁押损失，国家应当给予赔偿
   C. 对于一审判决前李某受到的羁押损失，国家应当给予赔偿
   D. 对于检察院批准逮捕之前李某受到的羁押损失，国家应当给予赔偿
   答案：A

（2006年）
40. 下列哪一选项是关于具体行政行为拘束力的正确理解？
   ①具体行政行为具有不再争议性，相对人不得改变具体行政行为
   ②行政主体非经法定程序不得任意改变或撤销具体行政行为
   ③相对人必须遵守和实际履行具体行政行为规定的义务
   ④具体行政行为在行政复议或行政诉讼期间不停止执行
   A. ①②
   B. ①②④
   C. ②③
   D. ③④
   答案：C

41. 甲村与乙村相邻，甲村认为乙村侵犯了本村已取得的林地所有权，遂向省林业局申请裁决。省林业局裁决该林地所有权归乙村所有，甲村不服。按照《行政复议法》和《行政诉讼法》规定，关于甲村寻求救济的下列哪种说法是正确的？

A．只能申请行政复议

B．既可申请行政复议，也可提起行政诉讼

C．必须先经过行政复议，才能够提起行政诉讼

D．只能提起行政诉讼

答案：B

42．某县公安局民警甲在一次治安检查中被乙打伤，公安局认定乙的行为构成妨碍公务，据此对乙处以200元罚款。甲认为该处罚决定过轻。下列哪种说法是正确的？

A．对乙受到的处罚决定，甲既不能申请复议，也不能提起行政诉讼

B．甲可以对乙提起民事诉讼

C．对乙受到的处罚决定，甲可以申请复议，但不能提起行政诉讼

D．对乙受到的处罚决定，甲应当先申请复议，对复议决定不服可提起行政诉讼

答案：A

43．区工商局以涉嫌虚假宣传为由扣押了王某财产，王某不服诉至法院。在此案的审理过程中，法院发现王某涉嫌受贿犯罪需追究刑事责任。法院的下列哪种做法是正确的？

A．终止案件审理，将有关材料移送有管辖权的司法机关处理

B．继续审理，待案件审理终结后，将有关材料移送有管辖权的司法机关处理

C．中止案件审理，将有关材料移送有管辖权的司法机关处理，待刑事诉讼程序终结后，恢复案件审理

D．继续审理，将有关材料移送有管辖权的司法机关处理

答案：D

44．2005年4月5日，县交通局执法人员甲在整顿客运市场秩序的执法活动中，滥用职权致使乘坐在非法营运车辆上的孕妇乙重伤，检察机关对甲提起公诉。为保障自己的合法权益，乙的下列哪种做法是正确的？

A．提起刑事附带民事诉讼，要求甲承担民事赔偿责任

B．提起行政赔偿诉讼，要求甲所在行政机关承担国家赔偿责任

C．提起刑事附带行政赔偿诉讼，要求甲所在行政机关承担国家赔偿责任

D．提起刑事附带民事诉讼，要求甲及其所在的行政机关承担民事

赔偿责任

答案：B

45．法院在审理某药品行政处罚案时查明，药品监督管理局在作出处罚决定前拒绝听取被处罚人甲的陈述申辩。下列关于法院判决的哪种说法是正确的？

　　A．拒绝听取陈述申辩属于违反法定程序，应判决撤销行政处罚决定，并判令被告重新作出具体行政行为
　　B．拒绝听取陈述申辩属于程序瑕疵，应判决驳回原告的诉讼请求
　　C．拒绝听取陈述申辩属于违反法定程序，应判决确认行政处罚决定无效
　　D．拒绝听取陈述申辩属于违反法定程序，应判决确认行政处罚决定不能成立

答案：C

46．法院因主要证据不足判决撤销被诉具体行政行为并判令被告重新作出具体行政行为后，被告以同一事实与理由作出与原具体行政行为基本相同的具体行政行为，原告向法院提起诉讼的，法院下列哪种做法是正确的？

　　A．确认被告重新作出的具体行政行为违法
　　B．确认被告重新作出的具体行政行为无效
　　C．判决撤销该具体行政行为，并判令被告重新作出具体行政行为
　　D．判决撤销该具体行政行为，并向该行政机关的上一级行政机关或者监察、人事机关提出司法建议

答案：B

47．因甲公司不能偿还到期债务，贷款银行向法院提起民事诉讼。2004年6月7日，银行在诉讼中得知市发展和改革委员会已于2004年4月6日根据申请，将某小区住宅项目的建设业主由甲公司变更为乙公司。后银行认为行政机关的变更行为侵犯了其合法债权，于2006年1月9日向法院提起行政诉讼，请求确认市发展和改革委员会的变更行为违法。下列关于起诉期限的哪种说法符合法律规定？

　　A．原告应当在知道具体行政行为内容之日起5年内提起行政诉讼
　　B．原告应当在知道具体行政行为内容之日起20年内提起行政诉讼
　　C．原告应当在知道具体行政行为内容之日起2年内提起行政诉讼

D. 原告应当在知道具体行政行为内容之日起 3 个月内提起行政诉讼
答案：D

50. 行政诉讼中，起诉状副本送达被告后，下列关于行政诉讼程序的哪种说法是正确的？
   A. 原告可以提出新的诉讼请求，但变更原诉讼请求的，法院不予准许
   B. 法庭辩论终结前，原告提出新的诉讼请求的，法院应予准许
   C. 法庭辩论终结前，原告提出新的诉讼请求或变更原诉讼请求的，法院应予准许
   D. 原告提出新的诉讼请求的，法院不予准许，但有正当理由的除外
   答案：D

(2005 年)

39. 谢某对某公安局以其实施盗窃为由处以 15 日拘留的处罚不服，向法院提起行政诉讼。该局向法院提供的证据有：报案人的报案电话记录、公安人员询问笔录、失窃现场勘验笔录、现场提取指纹一枚，及该指纹系谢某左手拇指所留的鉴定书。下列哪一种说法是正确的？
   A. 对报案人所作的询问笔录应当加盖某公安局、公安人员和报案人印章
   B. 现场提取的指纹为物证
   C. 某公安局提供的证据均为直接证据
   D. 根据某公安局所提供的证据，可以认定其处罚决定证据确实充分
   答案：B

40. 一小区已建有 A 幼儿园，为满足需要，某区人民政府拟在该小区内再建一所幼儿园。张某和李某先后向某区人民政府提出申请，张某获批准。下列哪一种说法是正确的？
   A. 某区人民政府必须在受理李某和张某的申请之日起 20 日内作出批准与否的决定
   B. 某区人民政府按照张某和李某申请的先后顺序作出批准决定是不合法的
   C. 李某有权对某区人民政府批准张某申请的行为提起行政诉讼
   D. A 幼儿园有权对某区人民政府批准再建幼儿园的决定提起行政诉讼
   答案：C

41．潘某不服某卫生局的行政处罚决定向法院提起诉讼。诉讼过程中，卫生局撤销了原处罚决定，潘某遂向法院申请撤诉，法院作出准予撤诉的裁定。一周后，卫生局又以同一事实和理由作出了与原处罚决定相同的决定。下列哪一种说法是正确的？
   A．潘某可以撤回撤诉申请，请求法院恢复诉讼，继续审理该案
   B．潘某可以对法院所作的准予撤诉裁定提出上诉
   C．潘某可以申请再审，请求法院撤销准予撤诉的裁定
   D．潘某可以对卫生局新的处罚决定提起诉讼
   答案：D

42．某乡人民政府对程某征收农民负担费用 500 元，县人民政府经复议将费用减为 400 元。程某不服遂向法院提起诉讼。法院经审理认为征收 400 元的费用违反了国家规定的不得超过上年度农民人均纯收入 5% 的标准。法院应如何处理此案？
   A．变更县政府的决定，确定应交纳费用的具体标准
   B．确认县政府的决定违法，责令乡政府重新作出决定
   C．撤销县政府的决定，责令乡政府重新作出决定
   D．撤销县政府的决定，责令县政府重新作出决定
   答案：D

44．甲省乙市人民政府决定征用乙市某村全部土地用于建设，甲省人民政府作出了批准乙市在该村征用土地的批复。其后，乙市规划建设局授予丁公司拆迁许可证，决定拆除该村一组住户的房屋。一组住户不服，欲请求救济。下列哪一种说法不正确？
   A．住户对甲省人民政府征用土地的批复不服，应当先申请复议再提起诉讼
   B．住户可以对乙市人民政府征用补偿决定提起诉讼
   C．……住户可以对乙市规划建设局授予丁公司拆迁许可证的行为提起诉讼
   D．住户可以请求甲省人民政府撤销乙市规划建设局授予丁公司拆迁许可证的行为
   答案：A

45. 黄某在与陈某的冲突中被陈某推倒后摔成轻微伤，甲市乙县公安局以此对陈某作出行政拘留 15 日的决定。陈某不服申请复议，甲市公安局经调查并补充了王某亲眼看到黄某摔伤的证言后维持了原处罚决定。陈某向法院提起诉讼。庭审中，陈某提出该处罚未经过负责人集体讨论，一审法院遂要求被告补充提供该处罚由负责人集体讨论决定的记录。下列哪一种说法是正确的？
   A. 此案应由甲市公安局所在地人民法院管辖
   B. 王某的证言只能作为证明甲市公安局的复议决定合法的证据
   C. 法院要求被告补充记录的做法不符合法律规定
   D. 法院对被告提供的记录形成时间所作的审查属于对证据的关联性审查
   答案：B

47. A 市某县土地管理局以刘某非法占地建住宅为由，责令其限期拆除建筑，退还所占土地。刘某不服，申请行政复议。下列哪一种说法是正确的？
   A. 复议机关只能为 A 市土地管理局
   B. 若刘某撤回复议申请，则无权再提起行政诉讼
   C. 刘某有权委托代理人代为参加复议
   D. 若复议机关维持了某县土地管理局的决定，刘某逾期不履行的，某县土地管理局可以自行强制执行
   答案：C

48. 1995 年田某向原国家专利局申请 A 发明专利，次年 4 月与胡某签订了"关于创办 B 厂协议书"。在田某不知情的情况下，1998 年 4 月 20 日某区工商局根据胡某的申请向胡某颁发了 B 厂企业法人营业执照，胡某为法定代表人。1999 年 5 月 11 日，某区工商局根据 B 厂的申请注销了该厂的登记。2000 年 10 月 20 日田某向某区工商局了解 B 厂情况，同年 11 月 2 日该局告知该厂登记、注销情况。2003 年 7 月 31 日国家专利行政部门授予田某 A 专利权并予以公告。2004 年 8 月 10 日，田某以某区工商局向胡某颁发企业法人营业执照行为侵犯其专利权为由向法院提起诉讼。下列哪一种说法是正确的？
   A. 田某的专利权保护期自 2004 年 7 月 31 日开始起算
   B. 田某起诉期限自 2000 年 10 月 20 日开始起算
   C. 如果《专利法》对起诉期限有特别规定时，田某提起诉讼的起诉期限应从其规定

D. 对田某的起诉，法院不予受理

答案：D

50. 王某户籍所在地是甲市 A 区，工作单位所在地是甲市 B 区。2002 年 1 月王某在乙市出差时因涉嫌嫖娼被乙市 A 区公安分局传唤，后被该公安分局以嫖娼为由处以罚款 500 元。在被处罚以前，王某被留置于乙市 B 区两天。经复议王某对罚款和留置措施提起行政诉讼，下列哪一法院对本案没有管辖权？

A. 甲市 A 区人民法院
B. 甲市 B 区人民法院
C. 乙市 A 区人民法院
D. 乙市 B 区人民法院

答案：B

(2004 年)

42. 田某对某市房管局向李某核发房屋所有权证的行为不服，以自己是房屋所有权人为由请求法院判决撤销某市房管局的发证行为。田某向法院提交了房屋所有权证，李某向法院提交了该房屋买卖合同，某市房管局向法院提交了李某的房屋产权登记申请、契税完税证等证据。下列哪一说法是正确的？

A. 房屋所有权证、房屋买卖合同、房屋产权登记申请、契税完税证均系书证
B. 李某可以在一审庭审结束前向法院提交房屋买卖合同
C. 田某向法院提交其房屋所有权证是承担举证责任的表现
D. 法院在收到被告提交的证据后应当出具收据，加盖法院印章和经办人员印章

答案：A

43. 某化工企业生产国家明令淘汰的产品，某技术监督局依据《产品质量法》某条的规定作出罚款 2000 元的处罚决定。该企业不服，提起行政诉讼，法院经审查以技术监督局的处罚决定适用法律不当为由判决撤销了处罚决定。下列哪一说法是正确的？

A. 技术监督局不得再对该企业作出行政处罚
B. 技术监督局不得再对该企业作出罚款决定，但可以作出其他行政处罚
C. 技术监督局可以依据原处罚决定适用的《产品质量法》条文规定作出

与原来不同的处罚决定

D. 技术监督局可以依据原处罚决定适用的《产品质量法》条文规定以外的相关条款作出与原来相同的处罚决定

答案：D

44. 1997年5月，万达公司凭借一份虚假验资报告在某省工商局办理了增资的变更登记，此后连续四年通过了工商局的年检。2001年7月，工商局以办理变更登记时提供虚假验资报告为由对万达公司作出罚款1万元，责令提交真实验资报告的行政处罚决定。2002年4月，工商局又作出撤销公司变更登记，恢复到变更前状态的决定。2004年6月，工商局又就同一问题作出吊销营业执照的行政处罚决定。关于工商局的行为，下列哪一种说法是正确的？

A. 2001年7月工商局的处罚决定违反了行政处罚法关于时效的规定

B. 2002年4月工商局的处罚决定违反了一事不再罚原则

C. 2004年6月工商局的处罚决定是对前两次处罚决定的补充和修改，属于合法的行政行为

D. 对于万达公司拒绝纠正自己违法行为的情形，工商局可以违法行为处于持续状态为由作出处罚

答案：A

45. 在行政诉讼过程中，下列哪一行为人民法院须征得原告同意才能实施？

A. 允许被告改变具体行政行为

B. 通知第三人参加诉讼

C. 追加被告

D. 决定合并审理

答案：C

46. 依据行政诉讼的有关规定，下列哪一证据材料在原告不能自行收集，但能够提供确切线索时，可以申请人民法院调取？

A. 涉及公共利益的证据材料

B. 涉及个人隐私的证据材料

C. 涉及中止诉讼事项的证据材料

D. 涉及回避事项的证据材料

答案：B

47. 关于行政诉讼证据，下列哪一说法是正确的？
A. 人民法院依职权调取的证据，应当在法庭出示，由当事人质证
B. 涉及商业秘密的证据，可以不公开质证
C. 第二审程序中，所有第一审认定的证据无须再质证
D. 生效的人民法院判决书认定的事实无须质证，可以作为定案的证据
答案：D

48. 2004年6月2日，某县第一中学发生学生集体食物中毒，按照《突发公共卫生事件应急条例》的规定，下列哪种措施是合法的？
A. 第一中学在事发后2小时向县卫生局报告
B. 省人民政府接到报告后2小时内向卫生部报告
C. 县医院收治中毒学生后对中毒严重的学生采取就地隔离观察措施
D. 县政府对当地水源和食物采取紧急控制措施
答案：A

49. 刘某与高达公司签订内销商品房预售契约，后某区房地产管理局对该预售契约作出预售预购备案登记。后刘某了解到高达公司向其销售的房屋系超出规划面积和预售面积的超层部分，刘某遂以区房地产管理局违法办理备案登记，造成自己购买的房屋为违法建筑为由提起行政诉讼。下列哪一说法不正确？
A. 区房地产管理局的备案登记行为不是对预售合同效力的确认行为
B. 备案登记行为没有对刘某的权利义务产生实际影响，不属于人民法院行政诉讼的受案范围
C. 高达公司与本案的审理结果有利害关系，可以作为第三人参加诉讼
D. 区房地产管理局在备案登记时没有尽到审查职责，应当对刘某的损失承担部分赔偿责任
答案：D

50. 王某擅自使用机动渔船渡客。渔船行驶过程中，被某港航监督站的执法人员发现，当场对王某作出罚款50元的行政处罚，并立即收缴了该罚款。关于缴纳罚款，下列哪一做法是正确的？

A. 执法人员应当自抵岸之日起 2 日内将罚款交至指定银行

B. 执法人员应当自抵岸之日起 5 日内将罚款交至指定银行

C. 执法人员应当自抵岸之日起 2 日内将罚款交至所在行政机关，由行政机关在 2 日内缴付指定银行

D. 执法人员应当自抵岸之日起 2 日内将罚款交至所在行政机关，由行政机关在 5 日内缴付指定银行

答案：C

(2003 年)

24. 某市某区人民政府决定将区建材工业局管理的国有小砖厂出售。小砖厂的承包人以侵犯其经营自主权为由提出行政复议申请，本案的行政复议机关应当是下列哪一个？

A. 市国有资产管理局

B. 市经济贸易局

C. 市人民政府

D. 区人民政府

答案：C

25. 某大学对教师甲的工资和职称问题作出处理意见。甲不服多次向有关部门上访。3 年后，某大学根据市教委的要求，对甲反映的问题再次调查研究，形成材料后报市教委。市教委拟写了《关于甲反映问题及处理情况》的报告，呈报省教委，并抄送甲。该报告载明："我委原则上同意该校对甲的处理意见，现将此材料报请你委阅示。"甲不服，就市教委的报告向市政府申请行政复议。下列关于甲的复议申请的表述哪一个是正确的？

A. 属于行政复议范围，因该报告抄送甲，已经涉及甲的权益

B. 不属于行政复议范围，因该报告还没有经过上级机关批准，没有对甲发生法律效力

C. 不属于行政复议范围，因该报告是下级向上级的报告，是内部行为

D. 不属于行政复议范围，因该报告是重复处理行为

答案：B

27. 甲向法院提起行政诉讼，诉称某公安分局在他不在家的情况下，撬锁对其租住的房屋进行治安检查，之后未采取任何保护措施即离开，致使其丢失

现金 5000 元，要求被告赔偿损失。甲向法院提供了其工资收入证明、银行取款凭单复印件、家中存有现金的同乡证言和房东听到其丢失现金的证言。下列说法哪一个是正确的？

  A. 上述证据均系直接证据
  B. 银行取款凭单复印件应加盖银行的印章
  C. 房东的证言必须有房东的签名和租房协议原件
  D. 上述证据在开庭审理前提交法院才有效
  答案：B

28. 某市政府依王某申请，作出行政复议决定，撤销市国土房管局对王某房屋的错误登记，并责令市国土房管局在一定期限内重新登记。市国土房管局拒不执行该行政复议决定，王某有权采取下列哪一种措施？

  A. 要求市政府责令市国土房管局限期履行
  B. 申请市政府强制执行
  C. 申请人民法院强制执行
  D. 对市国土房管局不作为再次申请行政复议
  答案：A

29. 两刑警在追捕某犯罪嫌疑人的过程中，租了一辆出租车。出租车不幸被犯罪嫌疑人炸毁，司机被炸伤，犯罪嫌疑人被刑警击毙。该司机正确的救济途径是下列哪一项？

  A. 请求两刑警给予民事赔偿
  B. 请求两刑警所在的公安局给予国家赔偿
  C. 请求两刑警所在的公安局给予国家补偿
  D. 要求犯罪嫌疑人的家属给予民事赔偿
  答案：C

30. 张某被县公安局处以 15 日行政拘留，3 个月后张某向县政府申请行政复议，县政府以超过申请期限为由决定不予受理。张某遂以县公安局为被告向县法院提起行政诉讼，要求撤销县公安局的处罚决定。对于张某提起的诉讼，县法院的哪一种做法是正确的？

  A. 以原告未经行政复议程序为由裁定不予受理
  B. 通知原告变更诉讼被告，原告拒绝变更的，应当驳回诉讼请求

C. 通知原告变更诉讼请求，原告拒绝变更的，裁定不予受理
D. 予以受理
答案：B

（2002年）
24．李某在某特区打工时被机器轧断手臂，就赔偿问题与企业发生争议起诉至法院。根据该特区依据全国人大授权制定的地方性法规，李某只能得到20个月工资的赔偿额而根据该特区所在省的地方性法规，他可以得到25个月的赔偿额。法院应如何处理本案？
A. 直接依据省地方性法规审理判决此案
B. 直接依据特区地方性法规审理判决此案
C. 提请全国人大常委会作出裁决后审理判决此案
D. 提请国务院作出裁决后审理判决此案
答案：B

26．王某因不服区公安分局行政拘留10天的处罚申请复议，市公安局认为处罚过轻，遂改为行政拘留15天的处罚，王某以市公安局为被告提起行政诉讼。对王某的诉讼请求，法院应当如何处理？
A. 决定受理此案
B. 要求原告将区公安分局列为共同被告
C. 要求原告将被告变更为区公安分局
D. 以被告不适格为由裁定不予受理
答案：A

27．某县人民法院以受贿罪判处陈某有期徒刑7年，陈某不服提出上诉。市中级人民法院经审理认为原判事实不清、证据不足，发回原审法院重新审判。原审法院经审理退回县人民检察院补充侦查。县人民检察院经补充侦查认定陈某构成犯罪证据不足，遂作出不起诉决定。陈某提起国家赔偿请求，本案的赔偿义务机关应为下列哪一机关？
A. 县人民检察院和县人民法院
B. 县人民法院和市中级人民法院
C. 市中级人民法院
D. 县人民检察院

答案：A

28．张某因不服税务局查封财产决定向上级机关申请复议，要求撤销查封决定，但没有提出赔偿请求。复议机关经审查认为该查封决定违法，决定予以撤销。对于查封决定造成的财产损失，复议机关正确的做法是什么？

A．解除查封的同时决定被申请人赔偿相应的损失

B．解除查封并告知申请人就赔偿问题另行申请复议

C．解除查封的同时就损失问题进行调解

D．解除查封的同时要求申请人增加关于赔偿的复议申请

答案：A

29．某公安派出所对张某作出罚款200元的行政处罚决定，张某不服。张某向县人民政府和县公安局同时申请行政复议，但两机关超过复议期限后均未作出任何决定。张某遂决定向法院提起行政诉讼，要求撤销派出所的处罚决定。本案的适格被告应当是谁？

A．公安派出所

B．县公安局

C．市公安局

D．县人民政府

答案：A

30．高某因不服市国土局行政处罚决定向法院提起诉讼。诉讼过程中，国土局撤销了原处罚决定，高某遂向法院申请撤诉，法院作出准予撤诉的裁定。两天以后，市国土局又以同一事实和理由作出了与原来相同的处罚决定，高某应当如何处理？

A．重新起诉

B．申请再审，请求法院撤销原准予撤诉的裁定

C．撤回撤诉申请，请求法院恢复诉讼，继续审理本案

D．对法院所作的撤诉裁定提出上诉

答案：A

二、多项选择题

（2010年）

83. 公安局认定朱某嫖娼，对其拘留十五日并处罚款5 000元。关于此案，下列哪些说法是正确的？

　　A. 对朱某的处罚决定书应载明处罚的执行方式和期限

　　B. 如朱某要求听证，公安局应当及时依法举行听证

　　C. 朱某有权陈述和申辩，公安局必须充分听取朱某的意见

　　D. 如朱某对拘留和罚款处罚不服起诉，该案应由公安局所在地的法院管辖

　　答案：ABC

84. 关于行政复议有关事项的处理，下列哪些说法是正确的？

　　A. 申请人因不可抗力不能参加行政复议致行政复议中止满六十日的，行政复议终止

　　B. 复议进行现场勘验的，现场勘验所用时间不计入复议审理期限

　　C. 申请人对行政拘留不服申请复议，复议期间因申请人同一违法行为涉嫌犯罪，该行政拘留变更为刑事拘留的，行政复议中止

　　D. 行政复议期间涉及专门事项需要鉴定的，当事人可以自行委托鉴定机构进行鉴定

　　答案：BD

85. 某县工商局认定王某经营加油站系无照经营，予以取缔。王某不服，向市工商局申请复议，在该局作出维持决定后向法院提起诉讼，要求撤销取缔决定。关于此案，下列哪些说法是正确的？

　　A. 市工商局审理王某的复议案件，应由二名以上行政复议人员参加

　　B. 此案的被告应为某县工商局

　　C. 市工商局所在地的法院对此案有管辖权

　　D. 如法院认定取缔决定违法予以撤销，市工商局的复议决定自然无效

　　答案：ABD

86. 县计生委认定孙某违法生育第二胎，决定对孙某征收社会抚养费40 000元。孙某向县政府申请复议，要求撤销该决定。县政府维持该决定，并

在征收总额中补充列入遗漏的 3 000 元未婚生育社会抚养费。孙某不服，向法院起诉。下列哪些选项是正确的？

A. 此案的被告应为县计生委与县政府

B. 此案应由中级法院管辖

C. 此案的复议决定违法

D. 被告应当在收到起诉状副本之日起十日内提交答辩状

答案：BCD

87. 某公司向区教委申请《办学许可证》，遭拒后向法院提起诉讼，法院判决区教委在判决生效后三十日内对该公司申请进行重新处理。判决生效后，区教委逾期拒不履行，某公司申请强制执行。关于法院可采取的执行措施，下列哪些选项是正确的？

A. 对区教委按日处一百元的罚款

B. 对区教委的主要负责人处以罚款

C. 经法院院长批准，对区教委直接责任人予以司法拘留

D. 责令由市教委对该公司的申请予以处理

答案：AB

88. 关于行政赔偿诉讼，下列哪些选项是正确的？

A. 当事人在提起行政诉讼的同时一并提出行政赔偿请求，法院应分别立案

B. 除特殊情形外，法院单独受理的一审行政赔偿案件的审理期限为三个月

C. 如复议决定加重损害，赔偿请求人只对复议机关提出行政赔偿诉讼的，复议机关为被告

D. 提起行政诉讼时一并提出行政赔偿请求的，可以在提起诉讼后至法院一审判决前提出

答案：ABC

89. 市城管执法局委托镇政府负责对一风景区域进行城管执法。镇政府接到举报并经现场勘验，认定刘某擅自建房并组织强制拆除。刘某父亲和嫂子称房屋系二人共建，拆除行为侵犯合法权益，向法院起诉，法院予以受理。关于此案，下列哪些说法是正确的？

A. 此案的被告是镇政府
B. 刘某父亲和嫂子应当提供证据证明房屋为二人共建或与拆除行为有利害关系
C. 如法院对拆除房屋进行现场勘验，应当邀请当地基层组织或当事人所在单位派人参加
D. 被告应当提供证据和依据证明有拆除房屋的决定权和强制执行的权力
答案：BCD

90. 关于行政诉讼，下列哪些情形法院可以认定下位法不符合上位法？
A. 下位法延长上位法规定的履行法定职责的期限
B. 下位法以参照方式限缩上位法规定的义务主体的范围
C. 下位法限制上位法规定的权利范围
D. 下位法超出上位法规定的强制措施的适用范围
答案：ABCD

（2009年）

84. 段某拥有两块山场的山林权证。林改期间，王某认为该山场是自家的土改山，要求段某返还。经村委会协调，段某同意把部分山场给与王某，并签订了协议。事后，段某反悔，对协议提出异议。王某请镇政府调处，镇政府依王某提交的协议书复印件，向王某发放了山林权证。段某不服，向县政府申请复议，在县政府作出维持决定后向法院起诉。下列哪些选项是正确的？
A. 对镇政府的行为，段某不能直接向法院提起行政诉讼
B. 县政府为本案第三人
C. 如当事人未能提供协议书原件，法院不能以协议书复印件单独作为定案依据
D. 如段某与王某在诉讼中达成新的协议，可视为本案被诉具体行政行为发生改变
答案：AC

85. 甲公司将承建的建筑工程承包给无特种作业操作资格证书的邓某，邓某在操作时引发事故。某省建设厅作出暂扣甲公司安全生产许可证三个月的决定，市安全监督管理局对甲公司罚款三万元。甲公司对市安全监督管理局罚款

不服，向法院起诉。下列哪些选项是正确的？

A．如甲公司对某省建设厅的决定也不服，向同一法院起诉的，法院可以决定合并审理

B．市安全监督管理局不能适用简易程序作出罚款三万元的决定

C．某省建设厅作出暂扣安全生产许可证决定前，应为甲公司组织听证

D．因市安全监督管理局的罚款决定违反一事不再罚要求，法院应判决撤销

答案：AB

86．黄某与张某之妻发生口角，被张某打成轻微伤。某区公安分局决定对张某拘留五日。黄某认为处罚过轻遂向法院起诉，法院予以受理。下列哪些选项是正确的？

A．某区公安分局在给予张某拘留处罚后，应及时通知其家属

B．张某之妻为本案的第三人

C．本案既可以由某区公安分局所在地的法院管辖，也可以由黄某所在地的法院管辖

D．张某不符合申请暂缓执行拘留的条件

答案：AD

87．许某与汤某系夫妻，婚后许某精神失常。二人提出离婚，某县民政局准予离婚。许某之兄认为许某为无民事行为能力人，县民政局准予离婚行为违法，遂提起行政诉讼。县民政局向法院提交了县医院对许某作出的间歇性精神病的鉴定结论。许某之兄申请法院重新进行鉴定。下列哪些选项是正确的？

A．原告需对县民政局准予离婚行为违法承担举证责任

B．鉴定结论应有鉴定人的签名和鉴定部门的盖章

C．当事人申请法院重新鉴定可以口头提出

D．当事人申请法院重新鉴定应当在举证期限内提出

答案：BD

88．某县公安局接到有人在薛某住所嫖娼的电话举报，遂派员前往检查。警察到达举报现场，敲门未开破门入室，只见薛某一人。薛某拒绝在检查笔录上签字，警察在笔录上注明这一情况。薛某认为检查行为违法，提起行政诉讼。下列哪些选项是正确的？

A. 某县公安局应当对电话举报进行登记
B. 警察对薛某住所进行检查时不得少于二人
C. 警察对薛某住所进行检查时应当出示工作证件和县级以上政府公安机关开具的检查证明文件
D. 因薛某未在警察制作的检查笔录上签字，该笔录在行政诉讼中不具有证据效力

答案：ABC

89. 2006年12月5日，王某因涉嫌盗窃被某县公安局刑事拘留，同月11日被县检察院批准逮捕。2008年3月4日王某被一审法院判处有期徒刑二年，王某不服提出上诉。2008年6月5日，二审法院维持原判，判决交付执行。2009年3月2日，法院经再审以王某犯罪时不满16周岁为由撤销生效判决，改判其无罪并当庭释放。王某申请国家赔偿，下列哪些选项是错误的？

A. 国家应当对王某从2008年6月5日到2009年3月2日被羁押的损失承担赔偿责任
B. 国家应当对王某从2006年12月11日到2008年3月4日被羁押的损失承担赔偿责任
C. 国家应当对王某从2006年12月5日到2008年3月4日被羁押的损失承担赔偿责任
D. 国家应当对王某从2008年3月4日到2009年3月2日被羁押的损失承担赔偿责任

答案：BCD

(2008年)
80. 对下列哪些情形，行政复议机关可以进行调解？
A. 市政府征用某村土地，该村居民认为补偿数额过低申请复议
B. 某企业对税务机关所确定的税率及税额不服申请复议
C. 公安机关以张某非法种植罂粟为由对其处以拘留10日并处1000元罚款，张某申请复议
D. 沈某对建设部门违法拆除其房屋的赔偿决定不服申请复议

答案：ACD

82. 肖某提出农村宅基地用地申请，乡政府审核后报县政府审批。肖某收

到批件后，不满批件所核定的面积。下列哪些选项是正确的？
　　A．肖某须先申请复议，方能提起行政诉讼
　　B．肖某申请行政复议，复议机关为县政府的上一级政府
　　C．肖某申请行政复议，应当自签收批件之起60日内提出复议申请
　　D．肖某提起行政诉讼，县政府是被告，乡政府为第三人
　　答案：BC

83．A市李某驾车送人前往B市，在B市甲区与乙区居民范某的车相撞，并将后者打伤。B市甲区公安分局决定扣留李某的汽车，对其拘留5日并处罚款300元。下列哪些选项是正确的？
　　A．李某可向B市公安局申请行政复议
　　B．对扣留汽车行为，李某可向甲区人民法院起诉
　　C．李某应先申请复议，方能提起行政诉讼
　　D．范某可向乙区人民法院起诉
　　答案：AB

84．为严格本地生猪屠宰市场管理，某县政府以文件形式规定，凡本县所有猪类屠宰单位和个人，须在规定期限内到生猪管理办公室申请办理生猪屠宰证，违者予以警告或罚款。个体户张某未按文件规定申请办理生猪屠宰证，生猪管理办公室予以罚款200元。下列哪些说法是错误的？
　　A．若张某在对罚款不服申请复议时一并对县政府文件提出审查申请，复议机关应当转送有权机关依法处理
　　B．某县政府的文件属违法设定许可和处罚，有权机关应依据《行政处罚法》和《行政许可法》对相关责任人给予行政处分
　　C．生猪管理办公室若以自己名义作出罚款决定，张某申请复议应以其为被申请人
　　D．若张某直接向法院起诉，应以某县政府为被告
　　答案：ABC

85．某县地税局将个体户沈某的纳税由定额缴税变更为自行申报，并在认定沈某申报税额低于过去纳税额后，要求沈某缴纳相应税款、滞纳金，并处以罚款。沈某不服，对税务机关下列哪些行为可以直接向法院提起行政诉讼？
　　A．由定额缴税变更为自行申报的决定

B. 要求缴纳税款的决定
C. 要求缴纳滞纳金的决定
D. 罚款决定
答案：CD

86. 甲厂是某市建筑装潢公司下属的独立核算的集体企业，2007年1月某市建筑装潢公司经批准与甲厂脱离隶属关系。2007年4月，行政机关下达文件批准某市建筑装潢公司的申请，将甲厂并入另一家集体企业乙厂。对此行为，下列何者有权向法院起诉？
A. 甲厂
B. 乙厂
C. 甲厂法定代表人
D. 乙厂法定代表人
答案：ABCD

87. 对下列哪些情形，行政机关应当办理行政许可的注销手续？
A. 张某取得律师执业证书后，发生交通事故成为植物人
B. 田某违法经营的网吧被吊销许可证
C. 李某依法向国土资源管理部门申请延续采矿许可，国土资源管理部门在规定期限内未予答复
D. 刘某通过行贿取得行政许可证后，被行政机关发现并撤销其许可
答案：ABD

88. 甲公司向某区法院起诉要求乙公司返还货款15万元，并请求依法保全乙公司价值10万元的汽车。在甲公司提供担保后，法院准予采取保全措施。二审法院最终维持某区法院要求乙公司返还货款10万元的判决。甲公司在申请强制执行时，发现诉讼期间某区法院在乙公司没有提供担保的情况下已解除保全措施，乙公司已变卖汽车、转移货款，致判决无法执行。甲公司要求某区法院赔偿损失。下列哪些说法是正确的？
A. 《国家赔偿法》未明确规定法院在民事诉讼过程中违法解除保全措施应承担赔偿责任，故甲公司的请求不成立
B. 违法采取保全措施应包括依法不应当解除而解除保全措施
C. 就某区法院的措施是否属国家赔偿范围问题，受理赔偿诉讼的法院可

以进行调解

D. 甲公司应当先申请确认某区法院解除保全措施的行为违法

答案：BD

89. 某市卫生局经调查取证，认定某公司实施了未经许可擅自采集血液的行为，依据有关法律和相关规定，决定取缔该公司非法采集血液的行为，同时没收5只液氮生物容器。下列哪些说法是正确的？

A. 市卫生局在调查时，执法人员不得少于两人，并应当向当事人出示证件

B. 若市卫生局当场作出决定，某公司不服申请复议的期限应自决定作出之日起计算

C. 若某公司起诉，市卫生局向法院提供的现场笔录的效力，优于某公司的证人对现场的描述

D. 没收5只液氮生物容器属于保全措施

答案：ABC

90. 因一高压线路经过某居民小区，该小区居民李某向某市规划局申请公开高压线路图。下列哪些说法是正确的？

A. 李某提交书面申请时应出示本人有效身份证明

B. 李某应说明申请信息的用途

C. 李某可以对公开信息方式提出自己要求

D. 某市规划局公开信息时，可以向李某依法收取相关成本费

答案：CD

（2008年·四川）

81. 甲市乙县地税局认定丁公司有偷税行为，决定追缴税款、滞纳金，并予以罚款。复议机关维持地税局决定后，丁公司以案件重大复杂为由，直接向甲市中级法院起诉。甲市中级法院采取的下列哪些做法是正确的？

A. 可以指定甲市丙县法院管辖

B. 可以书面告知丁公司向乙县法院起诉

C. 可以决定由自己审理

D. 针对丁公司的起诉应当在7日内作出处理

答案：ABCD

82. 下列哪些事项不属于政府信息公开年度报告应载明的内容？
   A. 主动公开政府信息情况
   B. 政府信息公开指南
   C. 政府信息公开目录
   D. 因政府信息公开申请行政复议情况
   答案：BC

83. 崔某不服甲市乙县政府向谭某发放集体土地建设用地使用证，向甲市政府申请行政复议。甲市政府驳回崔某的复议请求，但改变了集体土地建设用地使用证所认定的主要事实。崔某不服，提起行政诉讼。下列哪些说法是正确的？
   A. 崔某可向乙县法院提起诉讼
   B. 崔某可向甲市中级法院提起诉讼
   C. 被告为乙县政府
   D. 谭某为第三人
   答案：BD

84. 被申请行政复议的具体行政行为有下列哪些情形的，行政复议机关可以作出变更决定？
   A. 事实清楚，证据确凿，适用依据正确，程序违法的
   B. 事实清楚，证据确凿，适用依据错误，程序合法的
   C. 事实清楚，证据确凿，适用依据正确，程序合法，但是明显不当的
   D. 事实不清，证据不足，复议机关经审理查明事实清楚，证据确凿的
   答案：BCD

85. 甲取得了县房产局颁发的扩大原地基和建筑面积的建房许可证，阻碍了邻居乙的正常通行，乙与甲协商未果，向市房产局提起行政复议。下列哪些说法是正确的？
   A. 乙可以委托两名代理人参加行政复议
   B. 市房产局应当通知甲作为第三人参加行政复议
   C. 若复议过程中第三人甲意外死亡，行政复议即应终止
   D. 复议过程中，乙和县房产局达成和解协议，协议内容不违法并且甲也

同意该协议，则市房产局应当准予

答案：AD

86. 张某是持有合法运输矿石手续的个体户，一日经过某矿务局检查站时被认定所运货物与其所持手续不符，汽车与矿石被押。某矿务局决定没收全部矿石，罚款 500 元。张某缴纳罚款后，检查站迟迟未归还张某车辆，汽车遭到损坏。某矿务局的行为后被法院确认违法，张某提出国家赔偿。关于赔偿范围和方式，下列哪些说法是正确的？

　A. 返还没收的矿石

　B. 返还 500 元罚款

　C. 赔偿张某汽车被扣押期间的营业收入

　D. 修理被损坏的汽车

答案：ABD

87. 某小区按照开发时间分为两个区域，后某区房屋管理局发出通知，将该小区分为三个物业管理区域，对各区域的物业管理用房作了重新划分。叶某等 25 户居民不服提起行政诉讼，认为通知违反《物业管理条例》有关规定，要求予以撤销。下列哪些说法是正确的？

　A. 若叶某等 25 户居民在指定期限内未选定诉讼代表人，法院有权依职权指定诉讼代表人

　B. 叶某等 25 户居民提供证据证明通知不符合《物业管理条例》的规定，是承担举证责任的表现

　C. 若在诉讼期间叶某有妨害诉讼行为，法院可以责令其具结悔过

　D. 若法院经审理认为通知没有考虑《物业管理条例》规定的应考虑的建筑物规模和社区建设因素，可以认定通知主要证据不足

答案：AC

88. 某县质量技术监督局以某食品公司生产销售的葡萄酒生产日期标注不真实，违反《产品质量法》为由，决定责令该公司停止生产销售，罚款 3 000 元，没收违法所得。下列哪些说法是正确的？

　A. 若某县质量技术监督局在调查时，为防止证据灭失，对某食品公司生产销售的葡萄酒先行登记保存，应经该局负责人批准

　B. 若对某县质量技术监督局的决定不服，某食品公司应先申请复议才能

提起行政诉讼

C. 某食品公司对某县质量技术监督局的决定不服申请复议，须以某县政府为复议机关

D. 某县质量技术监督局向法院申请强制执行时，某食品公司的财产状况是应提交的材料之一

答案：AD

89. 下列哪些情形属于间接强制执行措施？

A. 张某患传染病，拒绝住院治疗，卫生机关将其强制送入传染病医院治疗

B. 某单位拒绝拆除违章建筑，城建行政主管部门委托某工程队拆除该违章建筑

C. 某交通管理局将没收的黑车委托某停车场管理

D. 某公司拖欠罚款，行政机关决定每日按罚款数额的3%加处罚款

答案：BD

90. 甲公司不服工商局处罚决定向法院提起行政诉讼，法院受理后通知乙公司作为第三人参加诉讼。开庭审理时，乙公司法定代表人和委托代理人未到庭。下列哪些说法是正确的？

A. 若乙公司经合法传唤无正当理由不到庭，不影响案件的审理

B. 若甲公司经合法传唤无正当理由不到庭，法院可以按撤诉处理

C. 若甲公司经两次合法传唤未到庭，法院应当缺席判决

D. 若甲公司未经法庭许可中途退庭，法院可以按撤诉处理

答案：ABD

（2007年）

80. 区城乡建设局批复同意某银行住宅楼选址，并向其颁发许可证。拟建的住宅楼与张某等120户居民居住的住宅楼间距为9.45米。张某等20人认为该批准行为违反了国家有关规定，向法院提起了行政诉讼。对此，下列哪些选项是错误的？

A. 因该批准行为涉及张某等人相邻权，故张某等人有权提起行政诉讼

B. 张某等20户居民应当推选2至5名诉讼代表人参加诉讼

C. 法院可以通知未起诉的100户居民作为第三人参加诉讼

D. 张某等 20 户居民应当提供符合法定起诉条件的证据材料
答案：BC

83. 罗某受到朱某的人身威胁，向公安机关报案，公安机关未采取任何措施。三天后，罗某了解到朱某因涉嫌抢劫被刑事拘留。罗某以公安机关不履行法定职责为由向法院提起行政诉讼，同时提出行政赔偿请求，要求赔偿精神损失。法院经审理认为，公安机关确未履行法定职责。下列哪些选项是正确的？
   A. 因朱某已被刑事拘留，法院应当判决驳回罗某起诉
   B. 法院应当判决确认公安机关不履行职责行为违法
   C. 法院应当判决公安机关赔偿罗某的精神损失
   D. 法院应当判决驳回罗某的行政赔偿请求
   答案：BD

84. 县烟草专卖局发现刘某销售某品牌外国香烟，执法人员表明了自己的身份，并制作了现场笔录。因刘某拒绝签名，随行电视台记者张某作为见证人在笔录上签名，该局当场制作《行政处罚决定书》，没收 15 条外国香烟。刘某不服该决定，提起行政诉讼。诉讼中，县烟草专卖局向法院提交了现场笔录、县电视台拍摄的现场录像、张某的证词。下列哪些选项是正确的？
   A. 现场录像应当提供原始载体
   B. 张某的证词有张某的签字后，即可作为证人证言使用
   C. 现场笔录必须有执法人员和刘某的签名
   D. 法院收到县烟草专卖局提供的证据应当出具收据，由经办人员签名或盖章
   答案：AD

86. 运输公司指派本单位司机运送白灰膏。由于泄漏，造成沿途路面大面积严重污染。司机发现后即向公司汇报。该公司即组织人员清扫被污染路面。下列哪些选项是正确的？
   A. 路面被污染的沿途三个区的执法机关对本案均享有管辖权，如发生管辖权争议，由三个区的共同上级机关指定管辖
   B. 对该运输公司应当依法从轻或者减轻行政处罚
   C. 本案的违法行为人是该运输公司
   D. 本案的违法行为人是该运输公司和司机

答案：ABC

87. 秦某租住江某房屋，后伪造江某的身份证和房屋所有权证，将房屋卖给不知情的吴某。房屋登记部门办理过户时未发现材料有假，便向吴某发放了房屋所有权证。江某发现房屋被卖时秦某已去向不明。江某以登记错误为由，提起行政诉讼要求撤销登记。下列哪些选项是正确的？
A. 法院应判决房屋登记部门撤销颁发给吴某的房屋所有权证
B. 吴某是善意第三人，房屋登记部门不应当撤销给吴某颁发的房屋所有权证
C. 江某应当先申请行政复议，对复议决定不服的，才能向法院起诉
D. 江某提起行政诉讼最长期限是 20 年，自房屋登记机关作出过户登记之日起计算

答案：AD

89. 李某租用一商店经营服装。某区公安分局公安人员驾驶警车追捕时，为躲闪其他车辆，不慎将李某服装厅的橱窗玻璃及模特衣物撞坏。事后，公安分局与李某协商赔偿不成，李某请求国家赔偿。下列哪些选项是错误的？
A. 公安分局应作为赔偿义务机关，因为李某曾与其协商赔偿
B. 公安分局不应作为赔偿义务机关，因该公安人员行为属于与行使职权无关的个人行为
C. 公安分局不应作为赔偿义务机关，因为该公安人员的行为不是违法行使职权，应按行政补偿解决
D. 公安分局应作为赔偿义务机关，因为该公安人员的行为属于与行使职权有关的行为

答案：ABD

90. 县工商部门以办理营业执照存在问题为由查封了张某开办的美容店。查封时，工商人员将美容店的窗户、仪器损坏。张某向法院起诉，法院撤销了工商部门的查封决定。张某要求行政赔偿。下列哪些损失属于县工商部门应予赔偿的费用？
A. 张某因美容店被查封损坏而生病支付的医疗费
B. 美容店被损坏仪器及窗户所需修复费用
C. 美容店被查封停业期间必要的经常性费用开支

D. 张某根据前一个月利润计算的被查封停业期间的利润损失

答案：BC

（2006年）

80. 李某购买中巴车从事个体客运，但未办理税务登记，且一直未缴纳税款。某县国税局要求李某限期缴纳税款1 500元并决定罚款1 000元。后因李某逾期未缴纳税款和罚款，该国税局将李某的中巴车扣押，李某不服。下列哪些说法是不正确的？

A. 对缴纳税款和罚款决定，李某应当先申请复议，再提起诉讼

B. 李某对上述三行为不服申请复议，应向某县国税局的上一级国税局申请

C. 对扣押行为不服，李某可以直接向法院提起诉讼

D. 该国税局扣押李某中巴车的措施，可以交由县交通局采取

答案：AD

82. 2006年5月2日，吴某到某县郊区旅社住宿，拒不出示身份证件，与旅社工作人员争吵并强行住入该旅社。该郊区派出所以扰乱公共秩序为由，决定对吴某处以300元罚款。下列哪些说法是正确的？

A. 派出所可以自己的名义作出该处罚决定

B. 派出所可以当场作出该处罚决定

C. 公安机关应当将此决定书副本抄送郊区旅社

D. 吴某对该罚款决定不服，应当先申请复议才能提起行政诉讼

答案：AC

83. 1997年沈某取得一房屋的房产证。2001年5月其儿媳李某以委托代理人身份到某市房管局办理换证事宜，在申请书一栏中填写"房屋为沈某、沈某某（沈某的儿子）共有"，但沈某后领取的房产证中在共有人一栏空白。2005年沈某将此房屋卖给赵某，并到某市房管局办理了房屋转移登记手续，赵某领取了房产证。沈某某以他是该房屋的共有人为由向某市人民政府申请复议，某市人民政府以房屋转移登记事实不清撤销了房屋登记。赵某和沈某不服，向法院提起行政诉讼。下列哪些说法是正确的？

A. 沈某某和李某为本案的第三人

B. 某市房管局办理此房屋转移登记行为是否合法不属本案的审查对象

C. 某市房管局为沈某办理换证行为是否合法不属本案的审查对象
D. 李某是否有委托代理权是法院审理本案的核心
答案：BC

85. 甲乙公司签订了甲公司向乙公司购买5辆"五星牌"汽车的合同。乙公司按约定将汽车运至甲公司所在地火车站。某市工商局接举报扣押了汽车，并最终认定乙公司提供的五辆"三星"牌汽车是某国外某一品牌汽车，乙公司将其冒充国产车进行非法销售，遂决定没收该批汽车。乙公司在提起行政诉讼后，向法院提供了该批汽车的技术参数，某市工商局则提供了某省商检局对其中一辆车的鉴定结论。下列哪些说法是正确的？
    A. 甲乙公司在提供图片及技术参数时，应附有说明材料
    B. 若乙公司提供证据证明某省商检局的鉴定结论内容不完整，法院应不采纳该鉴定结论
    C. 某省商检局的鉴定结论为某市工商局处罚乙公司的证据，是法院采纳此鉴定结论的条件之一
    D. 对某市工商局的没收决定，甲公司具有原告资格
    答案：ABC

87. 某省甲市南区人民政府为改造旧城建设，成立一公司负责旧房拆除。郭某因与该公司达不成协议而拒不搬迁。南区人民政府决定对其住房强制拆迁。郭某对强制拆迁行为不服向南区人民法院提出行政诉讼，一个月未得到南区人民法院答复；下列哪些说法是正确的？
    A. 郭某可以向甲市中级人民法院起诉
    B. 郭某可以向甲市中级人民法院申诉
    C. 郭某可以向某省高级人民法院起诉
    D. 因此案不属行政诉讼受案范围，南区人民法院不予答复是正确的
    答案：AB

88. 经张某申请并缴纳了相应费用后，某县土地局和某乡政府将一土地（实为已被征用的土地）批准同意由张某建房。某县土地局和某乡政府还向张某发放了建设用地规划许可证和建设工程许可证。后市规划局认定张某建房违法，责令立即停工。张某不听，继续施工。市规划局申请法院将张某所建房屋拆除，张某要求赔偿。下列哪些说法是正确的？

A．某县土地局、某乡政府和市规划局为共同赔偿义务机关

B．某县土地局和某乡政府向张某发放规划许可证和建设工程许可证的行为系超越职权的行为

C．市规划局有权撤销张某的规划许可证

D．对张某继续施工造成的损失，国家不承担赔偿责任

答案：BCD

90．甲公司与乙公司签订建设工程施工合同，甲公司向乙公司支付工程保证金 30 万元。后由于情况发生变化，原合同约定的工程项目被取消，乙公司也无资金退还甲公司，甲公司向县公安局报案称被乙公司法定代表人王某诈骗 30 万元。公安机关立案后，将王某传唤到公安局，要求王某与甲公司签订了还款协议书，并将扣押的乙公司和王的财产移交给甲公司后将王某释放。下列哪些说法是正确的？

A．县公安局的行为有刑事诉讼法明确授权，依法不属于行政诉讼的受案范围

B．县公安局的行为属于以办理刑事案件为名插手经济纠纷，依法属于行政诉讼的受案范围

C．乙公司有权提起行政诉讼，请求确认县公安局行为违法并请求国家赔偿，法院应当受理

D．甲公司获得乙公司还款是基于两公司之间的债权债务关系，乙公司的还款行为有效

答案：BC

（2005 年）

81．根据《最高人民法院关于行政诉讼证据若干问题的规定》，在二审程序中，对当事人依法提供的新证据，法庭应当进行质证。这里新证据是指：

A．在一审程序中应当准予延期提供而未获准许的证据

B．当事人在一审程序中依法申请调取而未获准许，人民法院在二审程序中调取的证据

C．原告或者第三人提供的在举证期限届满后发现的证据

D．原告或第三人在诉讼过程中提出的其在被告实施行政行为过程中所没有反驳的证据

答案：ABC

85．金某因举报单位负责人贪污问题遭到殴打，于案发当日向某区公安分局某派出所报案，但派出所久拖不理。金某向区公安分局申请复议，区公安分局以未成立复议机构为由拒绝受理，并告知金某向上级机关申请复议。下列哪些说法是正确的？
　　A．金某可以向某区人民政府申请复议
　　B．金某可以以某派出所为被告向法院提起行政诉讼
　　C．金某可以以某区公安分局为被告向法院提起行政诉讼
　　D．应当对某区公安分局相关责任人给予行政处分
　　答案：ABCD

87．甲县人民政府在强行拆除乙厂未经批准建造的房屋时，未及时通知乙厂，也未制作物品清单，房屋内的物品被毁损。该强制拆除行为后因违反法定程序被法院判决确认违法。2002年12月，乙厂被工商部门吊销营业执照，2003年4月乙厂的企业法人登记被注销。2003年1月乙厂向法院提起行政诉讼，要求甲县人民政府赔偿建房投入和物品损失。下列哪些说法不正确？
　　A．乙厂具有原告资格
　　B．乙厂提起行政赔偿诉讼的时效为自该强制拆除行为被确认违法之日起两年
　　C．因乙厂被拆房屋为违法建筑，乙厂的请求不成立
　　D．因甲县人民政府的拆除行为只存在程序违法，乙厂的请求不成立
　　答案：BCD

89．对下列哪些案件人民法院可以适用先予执行？
　　A．10岁孤儿王某起诉要求乡人民政府颁发孤儿生活供养证的
　　B．伤残军人罗某起诉要求县民政局发放抚恤金的
　　C．张某被工商执法人员殴打致残起诉要求赔偿的
　　D．王某因公致残起诉要求某市社会保险管理局支付保险金的
　　答案：BD

（2004年）
72．位于大王乡的多金属硫铁矿区是国家出资勘察形成的大型硫铁矿基地。2003年5月，百乐公司向法定发证机关省国土资源厅申请办理该矿区采

矿许可证。2003年11月1日,某市国土资源局以解决遗留问题为由向另一家企业强力公司颁发了该矿区的采矿许可证。2004年1月,省国土资源厅答复百乐公司,该矿区已设置矿权,不受理你公司的申请。关于百乐公司的救济途径,下列哪些说法是正确的?

  A. 就省国土资源厅的拒绝发证行为应当先申请行政复议才能提起诉讼
  B. 就省国土资源厅的拒绝发证行为可以直接向人民法院提起诉讼
  C. 就市国土资源局向强力公司的发证行为应当先申请行政复议才能提起诉讼
  D. 就市国土资源局向强力公司的发证行为可以直接向人民法院提起诉讼
  答案:BD

73. 2002年4月2日,某银行与某公司签订贷款合同,约定银行贷款给公司,公司以土地使用权为抵押。2002年6月1日,公司办理土地使用权抵押登记手续,并取得土地管理局签发的抵押证书。后因公司未依约还款,某银行提起诉讼。2003年2月4日,法院作出民事判决,认定土地管理局在办理抵押证书时某公司并未取得土地使用权,该项抵押无效,判定银行无权主张土地使用权。关于本案,下列哪些说法是正确的?

  A. 办理抵押登记的土地管理局应对银行损失承担赔偿责任
  B. 法院的民事判决可以作为确认抵押登记行为无效的依据
  C. 银行须在2005年2月4日之前行使赔偿请求权
  D. 银行在向土地管理局请求赔偿之前,应当先确认抵押登记行为违法
  答案:AD

76. 商务部根据中国四家公司的申请并经调查公布了反倾销调查的终裁决定,认定从A国进口苯酚存在倾销,有关公司倾销幅度为6%~144%,决定自2004年2月1日起,对A国甲公司征收6%、乙公司征收144%的反倾销税,期限均为5年。下列哪些说法是正确的?

  A. 甲公司可以对商务部关于倾销幅度的终裁决定提起行政诉讼
  B. 乙公司可以对商务部征收144%的反倾销税的决定提起行政诉讼
  C. 法院应当参照国务院部门规章和地方政府规章对被诉行政行为进行审查
  D. 法院可以参照有关涉外民事诉讼程序规定审理反倾销行政案件
  答案:ABD

77. 某区 12 户居民以某区规划局批准太平居委会搭建的自行车棚影响通风、采光和通行权为由,向法院提起行政诉讼,要求法院撤销规划局的批准决定。法院经审查,认定经规划局批准搭建的车棚不影响居民的通风、采光和通行权,且适用法律正确,程序合法。下列哪些说法是正确的?
   A. 原告应推选 2 至 5 名诉讼代表人参加诉讼
   B. 太平居委会为本案的第三人
   C. 法院应判决驳回原告的诉讼请求
   D. 法院应判决维持某区规划局的批准决定
   答案:BD

78. 某市技术监督局根据举报,对力青公司进行突击检查,发现该公司正在生产伪劣产品,立即查封了厂房和设备,事后作出了没收全部伪劣产品并处罚款的决定。力青公司既不申请行政复议,也不提起行政诉讼,且逾期拒绝履行处罚决定。对于力青公司拒绝履行处罚决定的行为,技术监督局可以采取下列哪些措施?
   A. 申请人民法院强制执行
   B. 将查封的财物拍卖抵缴罚款
   C. 通知银行将力青公司的存款划拨抵缴罚款
   D. 每日按罚款数额的 3% 加处罚款
   答案:AD

79. 2002 年 7 月 3 日,张某驾驶车辆携带所承包金矿自产 30 公斤黄金前往甲市销售,途中被甲市公安局截获。公安局以张某违反《金银管理条例》,涉嫌经营国家限制买卖物品为由,对张某采取刑事拘留措施,并扣押了涉案黄金。随后检察院批准对张某逮捕。2003 年 2 月,国务院发布决定,取消了涉及黄金生产销售的许可证,检察院遂以认定犯罪的法律、法规已经发生变化为由,作出不起诉决定,但并未返还扣押的黄金。张某不服,提出国家赔偿请求。关于此案,下列哪些说法是不正确的?
   A. 检察院应当责令公安局返还扣押的黄金
   B. 公安局与检察院为共同赔偿义务机关
   C. 对张某被羁押期间的损失,国家应当承担赔偿责任
   D. 对张某被扣押的黄金,应当返还

答案：ABC

80. 1983年3月2日，13岁的张某被公安局传唤，当晚被放回。此后张某报名参军，参加招工、招干都因政审不合格而被拒绝。后了解到，当年县公安局在传唤后，因工作失误错误地将张某列为"监控对象"进行监控达17年。张某提出国家赔偿请求，对于张某的赔偿请求，下列哪些说法是正确的？

A. 将张某列为监控对象的行为，是一种不影响其权利义务的非强制行为

B. 对于张某在参军、招工、招干中遭受的损失，因法律没有明确规定，不予赔偿

C. 对于张某提出的精神损失，公安局不承担金钱赔偿责任

D. 对于张某为撤销错误监控打官司支付的2 000元交通费损失，国家应予赔偿

答案：BCD

(2003年)

69. 某区公安分局因追赃将甲厂的机器设备连同其产品、工具等物品一并扣押，经评估价值10万元。甲厂雇人看管扣押的设备等物品，共花费900元。后市公安局通过复议决定撤销区公安分局的扣押决定，区公安分局将全部扣押物品退还甲厂。甲厂将所退物品运回厂内安装，自付运输、装卸费800元。甲厂提出国家赔偿请求。依据国家赔偿法的规定，下列哪些损失应予赔偿？

A. 5000元的购买设备贷款利息

B. 设备被扣押期间2万元的企业利润损失

C. 800元的运输、装卸费

D. 900元的看管费

答案：CD

71. 下列哪些情形属于国家赔偿的范围？

A. 警察王某之子玩弄王某手枪走火，致人伤残的

B. 章某因盗窃被判刑后，为达到保外就医目的而自伤的

C. 民事诉讼中，申请人提供担保后，法院未及时采取保全措施致使判决无法执行，给申请人造成损失的

D. 警察接到报警后，拒不出警造成财物被抢劫的

答案：CD

72. 公安局以徐某经营的录像厅涉嫌播放淫秽录像为由，将录像带、一台VCD机和一台彩色电视机扣押，对徐某作出罚款500元的决定。徐某不服提起行政诉讼后，公安局向法院提交了有关录像带的鉴定结论。下列说法哪些是正确的？
   A. 该鉴定结论中应当载明鉴定所使用的科学技术手段
   B. 徐某认为鉴定结论有误口头申请重新鉴定，人民法院应予准许
   C. 徐某要求鉴定人出庭接受询问，除有正当事由外鉴定人应当出庭
   D. 徐某证明鉴定结论内容不完整，人民法院应不予采纳
   答案：ACD

73. 甲乙两村因某一土地所有权发生争议，县人民政府将该土地确定为甲村所有，乙村在法定期限内没有向法院起诉，但仍继续占有并使用该片土地。下列说法哪些是正确的？
   A. 甲村无权向人民法院申请强制执行
   B. 县政府可以向人民法院申请强制执行
   C. 甲村可以要求县政府履行法定职责
   D. 甲村可以对乙村提起民事诉讼
   答案：BCD

74. 甲市刘某违反《治安管理处罚条例》，被乙市铁路公安分局给予拘留10天的处罚，刘某不服向乙市公安局申请复议，乙市公安局将处罚结果更改为罚款200元。刘某不服向法院提起行政诉讼。对此案有管辖权的法院有哪些？
   A. 乙市铁路运输法院
   B. 甲市刘某所在地基层人民法院
   C. 乙市铁路公安分局所在地基层人民法院
   D. 乙市公安局所在地基层人民法院
   答案：CD

75. 某市某区公安分局认定赵某有嫖娼行为，对其处以拘留15天，罚款3 000元。赵某不服申请复议，市公安局维持了原处罚决定。赵某提起行政诉讼。在第一审程序中，原处罚机关认定赵某有介绍嫖娼行为，将原处罚决定变

更为罚款1 000元。赵某对改变后的处罚决定仍不服。下列说法哪些是正确的？

A．法院应继续审理原处罚决定

B．法院应审理改变后的处罚决定

C．审理原处罚决定还是改变后的处罚决定由法院决定

D．原告对原处罚决定不申请撤诉的，法院应当对原处罚决定作出相应判决

答案：BD

78．市城市规划局批准建设的居住小区整体结构设计违反了国家的有关法律规定，给原告甲村的利益造成严重损害，但是房屋及其配套设施等已经建成交付使用。撤销批准建设的具体行政行为将会给公共利益造成重大损失，人民法院应当如何处理？

A．判决确认被诉具体行政行为违法

B．判决被告对原告承担赔偿责任

C．责令被诉行政机关采取相应的补救措施

D．维持被诉具体行政行为

答案：ABC

79．上市公司蓝索公司因严重违规操作被证券监督管理委员会终止股票交易，对于该项决定，能够以蓝索公司名义提起行政诉讼的主体有哪些？

A．拥有蓝索公司股票的股民

B．蓝索公司的股东代表大会

C．蓝索公司的主要债权人

D．蓝索公司的董事会

答案：BD

80．下列哪些国家侵权行为不适用消除影响、恢复名誉、赔礼道歉的责任方式？

A．公安人员盘问过程中殴打刘某

B．海关违法扣留张某5小时

C．法院以转移被查封财产为由错误拘留陈某15日

D．镇政府公布本镇有不良嗜好人员名单

答案：ACD

（2002年）

70. 人民法院审理上诉行政案件，在哪些情况下必须作出发回重审裁定？
A. 原审判决遗漏被告的
B. 原审判决遗漏必须参加诉讼的第三人的
C. 原审判决遗漏诉讼请求的
D. 原审不予受理裁定确有错误的
答案：ABC

71. 在哪些情况下，赔偿义务机关拒不确认致害行为违法，赔偿请求人可以直接向人民法院提起行政赔偿诉讼？
A. 看守所干警唆使被羁押人员殴打他人的
B. 乡政府违反国家规定向农民征收提留款的
C. 镇政府对超生妇女集中教育不许回家的
D. 商检局错发商检证明导致出口商品被退货的
答案：AD

72. 刘某对市辖区土地局依据省国土资源厅的规定作出的一项行政处理决定不服提起行政复议，同时要求审查该规定的合法性。在此情况下，下列哪些说法是正确的？
A. 市政府作为复议机关无权对省国土资源厅的规定进行处理
B. 区政府作为复议机关应当将省国土资源厅的规定转送市政府处理
C. 省政府有权对该规定进行处理
D. 市土地局作为复议机关应当将审查省国土资源厅规定的请求转送省国土资源厅处理
答案：BCD

73. 市规划局批准房地产企业大力公司在一片旧居民区开发商品房，规划范围内的居民认为自己由于历史原因没有办理土地使用权证，但已经在该片土地上居住40年，规划局在大力公司尚未取得土地使用权证的情况下批准建房是违法的。如果居民不服提起诉讼，下列有关本案原告资格的说法，哪些是错误的？

A. 居民不是土地合法使用权人，不具备原告资格

B. 法院审查的对象是行政行为的合法性，居民权益是否合法不影响其享有原告资格

C. 规划行为是针对大力公司的，居民不是规划行为的相对人，故不具备原告资格

D. 居民在批准规划阶段不具备原告资格，一旦实施强制拆迁行为便享有原告资格

答案：ABCD

74. 某房地产开发公司未经有关部门批准在河道边建造起价值 5 000 万元的商品房。市防洪指挥部领导小组认为该片住宅违反了《防洪法》的有关规定，作出予以拆除的处罚决定并于第二天强行爆破拆除，但没有下达任何书面决定。房地产开发公司认为该处罚决定主体和程序均不合法，遂向法院提起行政诉讼。法院经审理发现具体行政行为确实违法。对此，下列哪些处理是错误的？

A. 撤销该处罚决定，并判令被告赔偿原告损失

B. 确认处罚决定违法，责令被告采取相应的补救措施

C. 撤销该处罚决定，判令被告重新作出处罚决定

D. 驳回原告诉讼请求

答案：ACD

75. 刘某因超载被公路管理机关执法人员李某拦截，李某口头作出罚款 20 元的处罚决定，并要求当场缴纳。刘某要求出具书面处罚决定和罚款收据，李某认为其要求属于强词夺理，拒绝其申辩。关于该处罚决定，下列哪些说法是错误的？

A. 该处罚决定不成立，刘某可以拒绝

B. 该处罚决定违法，刘某缴纳罚款后可以申请复议或者提起诉讼

C. 该处罚决定不成立，刘某缴纳罚款后可以申请复议或者提起诉讼

D. 该处罚决定无效，刘某可以拒绝

答案：BD

76. 根据《国家赔偿法》的规定，下列哪些情形，国家承担赔偿责任？

A. 公安干警追捕逃犯时依法鸣枪示警误伤过路行人的

B. 领有工商局颁发的营业执照的个体户制售伪劣产品造成消费者人身损害的

C. 王某因犯盗窃罪被判处 3 年有期徒刑，刑期执行 2 年后经审判监督程序被认定犯罪时不满 14 周岁而不负刑事责任的

D. 法院在执行过程中未经评估机构估价而低价格财物变卖给他人的

答案：CD

77. 被告人经审判监督程序改判无罪前的哪些情形，国家不承担赔偿责任？

A. 执行刑罚中被依法减刑的，对于被减刑部分的刑罚

B. 执行刑罚中被保外就医的，对于保外就医期间的刑罚

C. 被判处有期徒刑缓刑的

D. 被判处管制刑罚的

答案：ACD

78. 行政诉讼过程中，在哪些情形下，人民法院可以按照撤诉处理？

A. 原告经合法传唤无正当理由拒不到庭的

B. 上诉人认为法院偏袒被告未经法庭许可中途退庭的

C. 原告申请撤诉，法院裁定不予准许，经合法传唤拒不到庭的

D. 被告改变原具体行政行为，原告不撤诉的

答案：AB

79. 下列哪些情形下复议机关和行政诉讼的被告是重合的？

A. 公安派出所作出劳动教养决定的

B. 街道办事处向居民摊派管理费的

C. 税务所未经税务局局长批准拍卖扣押的货物抵缴税款的

D. 市政府打假办公室以自己的名义对企业给予没收企业营业执照处罚的

答案：AC

三、不定项选择题

(2010)

99. 张某通过房产经纪公司购买王某一套住房并办理了转让登记手续，后

王某以房屋买卖合同无效为由，向法院起诉要求撤销登记行为。行政诉讼过程中，王某又以张某为被告就房屋买卖合同的效力提起民事诉讼。下列选项正确的是：

A．本案行政诉讼中止，等待民事诉讼的判决结果
B．法院可以决定民事与行政案件合并审理
C．如法院判决房屋买卖合同无效，应当判决驳回王某的行政诉讼请求
D．如法院判决房屋买卖合同有效，应当判决确认转让登记行为合法
答案：A

100．2006年5月9日，县公安局以甲偷开乙的轿车为由，向其送达1 000元罚款的处罚决定书。甲不服，于当月19日向市公安局申请行政复议。6月8日，复议机关同意甲撤回复议申请。6月20日，甲就该处罚决定向法院提起行政诉讼。下列说法正确的是：

A．对甲偷开的轿车县公安局可以扣押
B．如甲能够证明撤回复议申请违背其真实意思表示，可以同一事实和理由再次对该处罚决定提出复议申请
C．甲逾期不缴纳1 000元罚款，县公安局可以每日按罚款数额的3%加处罚款
D．法院不应当受理甲的起诉
答案：BC

（2009年）

98．2002年底，王某按照县国税局要求缴纳税款12万元。2008年初，王某发现多缴税款2万元。同年7月5日，王某向县国税局提出退税书面申请。7月13日，县国税局向王某送达不予退税决定。王某在复议机关维持县国税局决定后向法院起诉。下列选项正确的是：

A．复议机关是县国税局的上一级国税局
B．复议机关应自收到王某复议申请书之日起二个月内作出复议决定
C．被告为县国税局
D．是否适用《税收征收管理法》"纳税人自结算缴纳税款之日起三年内发现的，可以向税务机关要求退还多缴的税款"的规定，是本案审理的焦点之一
答案：ABCD

99. 下列情况属于或可以视为行政诉讼中被告改变被诉具体行政行为的是：
    A. 被诉公安局把拘留三日的处罚决定改为罚款500元
    B. 被诉土地局更正被诉处罚决定中不影响决定性质和内容的文字错误
    C. 被诉工商局未在法定期限答复原告的请求，在二审期间作出书面答复
    D. 县政府针对甲乙两村土地使用权争议作出的处理决定被诉后，甲乙两村达成和解，县政府书面予以认可
    答案：ACD

100. 郑某因某厂欠缴其社会养老保险费，向区社保局投诉。2004年9月22日，该局向该厂送达《决定书》，要求为郑某缴纳养老保险费1万元。当月30日，该局向郑某送达告知书，称其举报一事属实，并要求他缴纳养老保险费（个人缴纳部分）2 000元。郑某不服区社保局的《决定书》向法院起诉，法院的生效判决未支持郑某的请求。2005年4月19日，郑某不服告知书向市社保局申请复议，后者作出不予受理决定，郑某不服提起诉讼。下列选项正确的是：
    A. 郑某向市社保局提出的复议申请已超过申请期限
    B. 区社保局所在地的法院和市社保局所在地的法院对本案均有管辖权
    C. 郑某的起诉属重复起诉
    D. 如郑某对告知书不服直接向法院起诉，法院可以被诉行为系重复处理行为为由不受理郑某的起诉
    答案：A

(2008年)
98. 某行政机关负责人孙某因同时违反财经纪律和玩忽职守被分别给予撤职和记过处分。下列说法正确的是：
    A. 应只对孙某执行撤职处分
    B. 应同时降低孙某的级别
    C. 对孙某的处分期为36个月
    D. 解除对孙某的处分后，即应恢复其原职务
    答案：AB

99. 张某租用农贸市场一门面从事经营。因赵某提出该门面属于他而引起争议，工商局扣缴张某的营业执照，致使张某停业2个月之久。张某在工商局返还营业执照后，提出赔偿请求。下列属于国家赔偿范围的是：
A. 门面租赁费
B. 食品过期不能出售造成的损失
C. 张某无法经营的经济损失
D. 停业期间张某依法缴纳的税费
答案：AD

100. 甲公司与乙公司开办中外合资企业丙公司，经营房地产。因急需周转资金，丙公司与某典当行签订合同，以某宗国有土地作抵押贷款。典当期满后，丙公司未按约定回赎，某典当行遂与丁公司签订协议，将土地的使用权出售给丁公司。经丁公司申请，2001年4月17日市国土局的派出机构办理土地权属变更登记。丙公司未参与变更土地登记过程。2008年3月3日甲公司查询土地抵押登记情况，得知该土地使用权已变更至丁公司名下。甲公司对变更土地登记行为不服向法院起诉。下列说法正确的是：
A. 甲公司有权以自己的名义起诉
B. 若丙公司对变更土地登记行为不服，应当自2008年3月3日起3个月内起诉
C. 丙公司与某典当行签订的合同是否合法，是本案的审理对象
D. 对市国土局与派出机构之间的关系性质，法院可以依法调取证据
答案：AD

（2008年·四川）

99. 甲与乙婚后购买一套房屋，产权证载明所有权人为乙。后双方协议离婚，约定房屋赠与女儿，甲可以居住房屋至女儿满18岁，但未办理房屋所有权转移登记。不久，乙与丙签订抵押借款协议，将房屋抵押给丙，2005年10月8日丙取得房产局发放的房屋他项权利证书。2006年11月7日，丙在联系不到乙的情况下，找到甲并出示抵押相关材料和证书，甲才知该房屋已被抵押，遂要求房产局解决。未获得满意答复后于2007年1月16日向法院起诉请求注销该证书，并同时以丙为被告向法院提起民事诉讼，请求确认抵押借款协议无效。下列说法正确的是：
A. 甲提起行政诉讼的起诉期限应自2005年10月8日起计算

B. 甲的起诉已过起诉期限
C. 法院应当中止行政诉讼，待民事诉讼审结后再恢复诉讼
D. 法院应当中止民事诉讼，待行政诉讼审结后再恢复诉讼
答案：C

100. 某县食品药品监管局认定张某销售假药，作出罚款5 000元的决定（1号决定）。该局将决定书送达张某后发现有文字错误，遂予以撤销并作出处罚内容相同的决定（2号决定），但决定书上加盖了该局前身某县药品监督管理局的印章。张某不服提起行政诉讼，诉讼期间，该局撤销了2号决定书，作出罚款3 000元的决定（3号决定）。下列说法正确的是：
A. 2号决定与1号决定错误性质相同，属于文字错误
B. 对同一行为给予三次处罚，既违反一事不再罚要求又构成反复无常
C. 某县食品药品监管局撤销2号决定书、作出3号决定应在一审期间内进行
D. 张某对3号决定不服起诉的，法院应当依法审查3号决定
答案：D

(2007年)

91. 安某放的羊吃了朱某家的玉米秸，二人争执。安某殴打朱某，致其左眼部青紫、鼻骨骨折，朱某被鉴定为轻微伤。在公安分局的主持下，安某与朱某达成协议，由安某向朱某赔偿500元。下列说法正确的是：
A. 安某与朱某达成协议后，仍可以对安某进行治安处罚
B. 如果安某拒不履行协议，朱某可以直接向法院提起行政诉讼
C. 如果安某拒不履行协议，朱某应当先向区公安分局的上一级机关申请行政复议，对复议决定不服再提起行政诉讼
D. 如果安某拒不履行协议，朱某可以向法院提起民事诉讼
答案：D

92. 甲公司从澳大利亚某公司购买了2万吨化肥运抵某市。海关认定甲公司在无进口许可证等报关单证的情况下进口货物，且未经海关许可擅自提取货物，遂以保证金的名义向甲公司收缴人民币200万元。随后作出罚款1 000万元的行政处罚决定。甲公司认为处罚过重，但既未缴纳罚款，也未申请行政复议或者提起行政诉讼。下列说法错误的是：

A. 海关可以直接将甲公司缴纳的保证金抵缴部分罚款
B. 海关只能申请法院强制执行其处罚决定
C. 海关应当自甲公司起诉期限届满之日起 180 日内提出行政强制执行申请
D. 海关申请强制执行其处罚决定，应当由海关所在地的中级人民法院受理

答案：BD

93. 某公司提起行政诉讼，要求撤销区教育局作出的《关于不同意申办花蕾幼儿园的批复》，并要求法院判令该局在 20 日内向花蕾幼儿园颁发独立的《办学许可证》。一审法院经审理后作出确认区教育局批复违法的判决，但未就颁发《办学许可证》的诉讼请求作出判决。该公司不服一审判决，提起上诉。下列说法正确的是：
A. 二审法院应当裁定撤销一审判决
B. 二审法院应当维持一审判决
C. 二审法院可以裁定发回一审法院重审
D. 二审法院应当裁定发回一审法院重审，一审法院应当另行组成合议庭进行审理

答案：AD

（2006 年）

94. 下列有关信访的何种做法是正确的？
A. 田某对乡政府的决定不服，可以采用走访形式到市政府提出信访事项
B. 某县人民政府信访局收到李某提出的信访事项，应当予以登记，并在 15 日内决定是否受理并书面告知李某
C. 某县工商局不设立专门的信访工作机构，违反了信访规定
D. 沈某对某县人民政府作出的信访事项处理意见不服，可以请求市政府复查

答案：D

95. 某县工商局以某厂擅自使用专利申请号用于产品包装广告进行宣传、销售为由，向某厂发出扣押封存该厂胶片带成品通知书。该厂不服，向法院起诉要求撤销某县工商局的扣押财物通知书，并提出下列赔偿要求：返还扣押财

物、赔偿该厂不能履行合同损失 100 万元、该厂名誉损失和因扣押财物造成该厂停产损失 100 万元。后法院认定某县工商局的扣押通知书违法，该厂提出的下列何种请求事项不属于国家赔偿的范围？

A．返还扣押财物
B．某厂不能履行合同损失 100 万元
C．某厂名誉损失
D．某厂停产损失 100 万元

答案：BCD

（2005 年）

98．下列案件属于行政诉讼受案范围的有：

A．某区房屋租赁管理办公室向甲公司颁发了房屋租赁许可证，乙公司以此证办理程序不合法为由要求该办公室撤销许可证被拒绝。后乙公司又致函该办公室要求撤销许可证，办公室作出"许可证有效，不予撤销"的书面答复。乙公司向法院起诉要求撤销书面答复。

B．某区审计局对丙公司的法定代表人进行离任审计过程中，对丙、丁公司协议合作开发的某花园工程的财务收支情况进行了审计，后向丙、丁公司发出了丁公司应返还丙公司利润 30 万元的通知。丁公司对通知不服向法院提起诉讼。

C．某市经济发展局根据 A 公司的申请，作出鉴于 B 公司自愿放弃其在某合营公司的股权，退出合营公司，恢复 A 公司在合营公司的股东地位的批复。B 公司不服向法院提起诉讼。

D．某菜市场为挂靠某行政机关的临时市场，没有产权证。某市某区工商局向在该市场内经营的 50 户工商户发出通知，称自通知之日起某菜市场由 C 公司经营，各工商户凭与该公司签订的租赁合同及个人资料申办经营许可证。50 户工商户对通知不服向法院提起诉讼。

答案：BCD

99．张某与林某同为甲市田山有限公司的股东，林某以个人名义在甲市免税进口一辆轿车，由张某代办各类手续，平时归张某使用。后张某将轿车卖给甲市国浩公司，并将所得款 35 万元人民币划入田山有限公司的账户内。甲市某区工商局认为张某的行为构成倒卖国家禁止或者限制自由买卖的物资、物品行为，决定没收张某销售款；此后又冻结田山有限公司的账款。张某不服，向甲市工商局申请复议。甲市工商局以张某的行为构成偷税为由，维持了原处罚决定。张某遂向法院提起行政诉讼。下列说法不正确的是：

A. 林某也有权对处罚决定提起行政诉讼

B. 张某可以田山有限公司的名义提起诉讼

C. 本案的被告为甲市某区工商局

D. 冻结账款行为不属于本案的审理对象

答案：ABC

100. 兴汇有限公司申报进口人工草坪，某海关征收关税和代征增值税后放行。后某海关发现兴汇有限公司进口人工草坪税则归类错误导致税率差异，遂又向兴汇有限公司补征关税和代征增值税近5万元。兴汇有限公司以第一次征税行为违法致使其未能将税款纳入成本造成损失为由要求某海关赔偿，在遭拒绝后，兴汇有限公司遂向法院提起行政赔偿诉讼。下列说法正确的是：

A. 此案为涉外行政案件

B. 因兴汇有限公司提起诉讼，补征税款的决定停止执行

C. 兴汇有限公司的起诉符合单独提起行政赔偿诉讼的程序要求

D. 兴汇有限公司应当对所遭受的损失承担举证责任

答案：CD

（2004年）

97. 某县公安局以郭某因邻里纠纷殴打并致邱某轻微伤为由，对郭某作出拘留10天的处罚。郭某向法院提起诉讼。某县公安局向法院提交了处罚的主要证据，华某和邱某舅舅叶某二人的证言及该县中心医院出具的邱某的伤情证明。下列说法正确的是：

A. 华某的证言的证明效力优于叶某的证言

B. 某县公安局申请华某出庭作证，应当在开庭前提出

C. 若华、叶二人的证言相互矛盾，法庭应判决撤销某县公安局的处罚决定

D. 若一审法庭未通知邱某参加诉讼，二审法院应将案件发回重审

答案：ACD

98. 关于行政处罚和刑罚的折抵，下列说法正确的是：

A. 行政拘留可以折抵拘役

B. 行政拘留可以折抵有期徒刑
C. 没收违法所得可以折抵没收财产
D. 罚款可以折抵罚金
答案：ABD

99. 某合资企业的甲、乙两股东就股权转让达成协议。后因情况发生变化，甲、乙两股东又签订了一项合同修正案，约定在该合同批准后一年内甲有权以一定的价格向乙回购已经出让的股权。2001年4月1日，股权转让合同以及合同修正案一同获得批准。7月2日，甲提出回购，乙不同意，并告知甲原审查批准机关于2001年6月1日又作出一批复，该批复指出，2001年4月1日批复只是批准股权转让合同，未批准股权回购条款，股权回购时仍需报批。下列说法正确的是：
A. 甲有权申请法院强制执行审批机关2001年4月1日确认股权回购的批复
B. 甲乙之间关于股权回购的约定有效，甲可以对乙的违约行为提起诉讼
C. 审批机关2001年6月作出的批复并未设定新的权利义务，法院不应受理甲对该批复提起的诉讼
D. 甲在2003年8月对审批机关2001年6月1日作出的批复提起诉讼已经超过诉讼期限
答案：BCD

100. 下列何种情形不符合法律、法规有关公务员任职和辞职的规定？
A. 李副市长兼任公安局长和安全局长
B. 市经济委员会张主任兼任投资公司董事长
C. 教育局高副局长辞职一年后经教育局批准到教育局所属的教育培训中心担任主任
D. 市政府批准办公厅机要处王处长辞职出国
答案：ABD

(2003年)
96. 甲乙两人互殴，公安机关依据《治安管理处罚条例》进行调解处理。双方就医疗费赔付达成调解协议。事后，甲履行了协议而乙没有履行。甲依法可以选择的救济途径是：

A. 提起民事诉讼要求乙赔偿损失

B. 提起行政诉讼要求撤销该调解协议

C. 要求公安机关强制执行该调解协议

D. 提起行政附带民事诉讼要求撤销调解协议并判决乙赔偿损失

答案：A

97. 公安局对甲作出治安拘留 10 天处罚决定后随即执行。甲申请复议，上级公安局作出维持原处罚的复议决定。甲向法院提起诉讼，第一审法院判决维持拘留决定，甲在上诉中又提出行政赔偿请求。第二审人民法院经审理，认定公安局对甲的拘留违法，应如何处理此案？

A. 撤销第一审判决，并撤销拘留决定，判令公安局赔偿甲的损失

B. 撤销第一审判决，并确认拘留决定违法，就赔偿问题进行调解，调解不成应将全案发回重审

C. 撤销第一审判决，并确认拘留决定违法，就赔偿问题进行调解，调解不成应将行政赔偿部分发回重审

D. 撤销第一审判决，并撤销拘留决定，并就赔偿问题进行调解，调解不成的，告知甲就赔偿问题另行起诉

答案：D

98. 卫生防疫站对王某经营的餐馆进行卫生检查，发现厨师在操作间未戴帽子，备用餐具有油腻及小飞虫，当场制作了检查笔录。两天后对王某处以 200 元罚款。王某不服向法院起诉，卫生防疫站向法院提供了检查笔录。下列何种说法是正确的？

A. 检查笔录应至少有 2 名执法人员的签名

B. 检查笔录应加盖卫生防疫站的公章

C. 检查笔录必须有当事人的签名

D. 法院对检查笔录进行审查时，制作笔录的执法人员必须出庭

答案：A

99. 2001 年 5 月某市公安局以涉嫌诈骗为由对甲进行刑事立案侦查。公安局将甲带至局内留置盘问 48 小时，搜查了甲的住处，扣押了搜出的现金 10 万元，冻结了搜出的 20 万元银行存款，并对甲实行监视居住。次年 1 月，公安局以甲刊登虚假广告、骗取学生学费为由，决定没收非法所得 10 万元，解

除冻结。此后公安局一直未对甲诈骗一事作出处理,甲向法院提起行政诉讼。下列何种行为可以成为法院的审理对象?

A. 没收非法所得 10 万元

B. 扣押现金 10 万元

C. 冻结 20 万元银行存款

D. 留置盘问 48 小时

答案:A

100. 在某法院受理的一起交通处罚案件中,被告提供了当事人闯红灯的现场笔录。该现场笔录载明了当事人闯红灯的时间、地点和拒绝签名的情况,但没有当事人的签名,也没有其他证人签名。原告主张当时不在现场,并有一朋友为其出庭作证。根据原被告双方提供的证据,法院应如何认定?

A. 法院可以认定原告闯红灯

B. 法院可以认定原告没有闯红灯

C. 法院对原告是否闯红灯无法认定

D. 法院需进一步调查后再作认定

答案:A

(2002 年)

A 市张某到 C 市购货,因质量问题,张某拒绝支付全部货款,双方发生纠纷后货主即向公安机关告发。C 市公安机关遂以诈骗嫌疑将张某已购货物扣留,并对张某采取留置盘问审查措施。两天后释放了张某,但并未返还所扣财物。张某欲提起行政诉讼。根据案情回答 95—97 题。

95. 哪些法院对此案有管辖权?

A. C 市基层人民法院

B. C 市中级人民法院

C. A 市基层人民法院

D. A 市中级人民法院

答案:AC

96. 如张某寻求救济,下列哪种说法是正确的?

A. 张某可直接向法院起诉

B. 张某可先提起复议,对复议决定不服再起诉

C. 张某只能申请复议,不能提起行政诉讼
D. 张某既可以直接起诉,也可以先经复议,对复议决定不服再起诉。
答案:ABD

97. 如果法院受理起诉,可能作出的是何种判决?
A. 维持判决
B. 撤销判决
C. 赔偿判决
D. 确认判决
答案:BD

某村村民吴某因家里人口多,住房紧张,向乡政府提出建房申请。经乡人民政府土地员刘某批准后,即开始划线动工。周围左邻申某与右邻崔某发现吴某占用了自己使用多年的宅基地,即同吴某交涉。吴某申辩说建房是按批准文件划线动工,不同意改变施工计划。据此请回答98—100题。

98. 如申某与崔某申请复议,应当向下列什么机关提出?
A. 乡政府作为复议机关
B. 县政府作为复议机关
C. 县政府土地管理局作为复议机关
D. 县政府法制局作为复议机关
答案:BC

99. 经过复议后,谁有可能作为原告提起行政诉讼?
A. 如果维持原决定,申某有权提起行政诉讼
B. 如果维持原决定,崔某有权提起行政诉讼
C. 如果改变原决定,吴某有权提起行政诉讼
D. 如果改变原决定,土地管理员刘某有权提起行政诉讼
答案:ABC

100. 如果提起行政诉讼。法院对此事应如何处理?
A. 受理,因属于行政诉讼的受案范围
B. 不受理,因土地权属纠纷属于民事纠纷
C. 受理,可以行政诉讼附带解决权属纠纷

D. 受理，但只解决行政纠纷，对于权属纠纷，告知当事人提起民事诉讼
答案：AC

四、案例与分析题

（2010年）七、材料 近年来，为妥善化解行政争议，促进公民、法人或者其他组织与行政机关相互理解沟通，维护社会和谐稳定，全国各级法院积极探索运用协调、和解方式解决行政争议。2008 年，最高人民法院发布《关于行政诉讼撤诉若干问题的规定》，从制度层面对行政诉讼的协调、和解工作机制作出规范，为促进行政争议双方和解，通过原告自愿撤诉实现"案结事了"提供了更大的空间。

近日，最高人民法院《人民法院工作年度报告（2009）》披露，"在 2009 年审结的行政诉讼案件中，通过加大协调力度，行政相对人与行政机关和解后撤诉的案件达 43 280 件，占一审行政案件的 35.91%"。

总体上看，法院的上述做法取得了较好的社会效果，赢得了公众和社会的认可。但也有人担心，普遍运用协调、和解方式解决行政争议，与行政诉讼法规定的合法性审查原则不完全一致，也与行政诉讼的功能与作用不完全相符。

问题：请对运用协调、和解方式解决行政争议的做法等问题谈谈你的意见。

答题要求：
1. 观点明确，逻辑严谨，说理充分，层次清晰，文字通畅；
2. 字数不少于 500 字。

（2009年）六、案情：高某系 A 省甲县个体工商户，其持有的工商营业执照载明经营范围是林产品加工，经营方式是加工、收购、销售。高某向甲县工商局缴纳了松香运销管理费后，将自己加工的松香运往 A 省乙县出售。当高某进入乙县时，被乙县林业局执法人员拦截。乙县林业局以高某未办理运输证为由，依据 A 省地方性法规《林业行政处罚条例》以及授权省林业厅制定的《林产品目录》（该目录规定松香为林产品，应当办理运输证）的规定，将高某无证运输的松香认定为"非法财物"，予以没收。高某提起行政诉讼要求撤销没收决定，法院予以受理。

有关规定：
《森林法》及行政法规《森林法实施条例》涉及运输证的规定如下：除国

家统一调拨的木材外，从林区运出木材，必须持有运输证，否则由林业部门给予没收、罚款等处罚。

省地方性法规《林业行政处罚条例》规定"对规定林产品无运输证的，予以没收"。

问题：

1．如何确定本案的管辖法院？如高某经过行政复议再提起诉讼，如何确定管辖法院？

2．如高某在起诉时一并提出行政赔偿请求，法院应如何立案？对该请求可否进行单独审理？

3．省林业厅制定的《林产品目录》的性质是什么？可否适用于本案？理由是什么？

4．高某运输的松香是否属于"非法财物"？理由是什么？

5．（1）法院审理本案时应如何适用法律、法规？理由是什么？

（2）依《行政处罚法》，法律、行政法规对违法行为已经作出行政处罚规定，地方性法规需要作出具体规定的，应当符合什么要求？本案《林业行政处罚条例》关于没收的规定是否符合该要求？

（2008年）六、案情：因某市某区花园小区进行旧城改造，区政府作出《关于做好花园小区旧城改造房屋拆迁补偿安置工作的通知》，王某等205户被拆迁户对该通知不服，向区政府申请行政复议，要求撤销该通知。区政府作出《行政复议告知书》，告知王某等被拆迁户向市政府申请复议。市政府作出《行政复议决定书》，认为《通知》是抽象行政行为，裁定不予受理复议申请。王某等205户被拆迁户不服市政府不予受理复议申请的决定，向法院提起诉讼。一审法院认为，在非复议前置前提下，当事人对复议机关不予受理决定不服而起诉，要求法院立案受理缺乏法律依据，裁定驳回原告起诉。

问题：

1．本案是否需要确定诉讼代表人？如何确定？

2．行政诉讼中以复议机关为被告的情形主要包括哪些？

3．若本案原告不服一审裁定，提起上诉的主要理由是什么？

4．如果二审法院认为复议机关不予受理行政复议申请的理由不成立，应当如何判决？

5．本案一、二审法院审理的对象是什么？为什么？

6．若本案原告不服一审裁定提起上诉，在二审期间市政府会同区政府调整了补偿标准，上诉人申请撤回上诉，法院是否应予准许？理由是什么？

（2008年·四川）六、案情：2006年10月11日晚，王某酒后在某酒店酗酒闹事，砸碎店里玻璃数块。此时某区公安分局太平派出所民警任某、赵某执勤路过酒店，任某等人欲将王某带回派出所处理，王某不从，与任某发生推搡。双方在扭推过程中，王某被推倒，头撞在水泥地上，当时失去知觉，送往医院途中死亡，后被鉴定为颅内出血死亡。2006年12月20日，王某之父申请国家赔偿。

问题：

1. 公安机关是否应当对王某的死亡承担国家赔偿责任？为什么？
2. 王某的父亲是否有权以自己的名义提出国家赔偿请求？
3. 本案请求国家赔偿的时效如何计算？
4. 本案国家赔偿义务机关是谁？
5. 若本案公安机关需承担赔偿责任，赔偿方式和标准是什么？
6. 如果公安机关对受害人赔偿后，对民警如何处理？
7. 若王某的父亲获得国家赔偿，他能否再要求民警任某承担刑事附带民事责任？

（2006年）五、论述题：2002年7月，某港资企业投资2.7亿元人民币与内地某市自来水公司签订合作合同，经营该市污水处理。享有规章制定权的该市政府为此还专门制定了《污水处理专营管理办法》，对港方作出一系列承诺，并规定政府承担污水处理费优先支付和差额补足的义务，该办法至合作期结束时废止。

2005年2月市政府以合作项目系国家明令禁止的变相对外融资举债的"固定回报"项目，违反了《国务院办公厅关于妥善处理现有保证外方投资固定回报项目有关问题的通知》的精神，属于应清理、废止、撤销的范围为由，作出"关于废止《污水处理专营管理办法》的决定"，但并未将该决定告知合作公司和港方。港方认为市政府的做法不当，理由是：其一，国务院文件明确要求，各级政府对涉及固定回报的外商投资项目应"充分协商"、"妥善处理"，市政府事前不做充分论证，事后也不通知对方，违反了文件精神；其二，1998年9月国务院通知中已明令禁止审批新的"固定回报"项目，而污水处理合作项目是2002年经过市政府同意、省外经贸厅审批、原国家外经贸部备案后成立的手续齐全、程序合法的项目。

行政诉讼法教学参考题

请：
1. 运用行政法原理对某市政府的上述做法进行评论；
2. 结合上述事件论述依法治国和公平正义的法治理念。

答题要求：
1. 观点明确，论证充分，逻辑严谨，文字通顺；
2. 不少于 600 字。

（2005 年）一、案情：甲市人民政府在召集有关职能部门、城市公共交通运营公司（以下简称城市公交公司）召开协调会后，下发了甲市人民政府《会议纪要》，明确：城市公交公司的运营范围，界定在经批准的城市规划区内；城市公交公司在城市规划区内开通的线路要保证正常运营，免缴交通规费，在规划区范围内，原由交通部门负责的对城市公交公司违法运营的查处，交由建设部门负责。《会议纪要》下发后，甲市城区交通局按照《会议纪要》的要求，中止了对城市公交公司违法运营的查处。

田某、孙某和王某是经交通部门批准的三家运输经营户，他们运营的线路与《会议纪要》规定免缴交通规费的城市公交公司的两条运营线路重叠，但依《会议纪要》，不能享受免缴交通规费的优惠。三人不服，向法院提起诉讼，要求撤销《会议纪要》中关于城市公交公司免缴交通规费的规定，并请求确认市政府《会议纪要》关于中止城区交通局对城市公交公司违法运营查处的内容违法。

问题：

1. 甲市人民政府《会议纪要》所作出的城市公交公司免缴交通规费的内容是否属于行政诉讼受案范围？为什么？

2. 田某、孙某和王某三人是否具有原告资格？为什么？

3. 田某、孙某和王某三人提出的确认甲市人民政府中止城区交通局对城市公交公司违法运营查处的内容违法的请求，是否属于法院的审理范围？为什么？

（2003 年）七、案情：甲公司于 1995 年获得国家专利局颁发的 9518 号实用新型专利权证书，后因未及时缴纳年费被国家专利局公告终止其专利权。1999 年 3 月甲公司提出恢复其专利权的申请，国家专利局于同年 4 月作出恢复其专利的决定。2000 年 3 月，甲公司以专利侵权为由对乙公司提起民事诉讼。诉讼过程中，乙公司向专利复审委员会提出请求，要求宣告 9518 号专利权无效。2001 年 3 月 1 日，专利复审委员会作出维持该专利有效的审查决定并通知乙公司。

问题：

1. 如乙公司对恢复甲公司专利权的决定提起行政诉讼，其是否具有原告资格？为什么？

2. 如乙公司于2002年4月对恢复甲公司专利权的决定提起行政诉讼，是否超过行政诉讼的起诉期限？为什么？

3. 2000年8月25日修正的《专利法》对专利复审委员会的决定的效力是如何规定的？

4. 1992年9月4日修正的《专利法》对专利权的恢复未作出任何规定，假设被告在诉讼中提出"恢复专利权的行为属于合法的自由裁量行为"，你认为是否成立？为什么？

（2002年）九、某县医院根据上级文件的规定和主管部门批准，向县邮电局申请开通"120"急救电话，县邮电局拒绝开通，致使县医院购置的急救车辆和其他设施至今不能正常运转，而遭受损失。县医院遂以县邮电局为被告向县法院提起诉讼，请求判令县邮电局立即履行开通"120"急救电话的职责，并赔偿县医院的经济损失。县邮电局辩称："120"急救电话属于全社会，不属于县医院。根据文件的规定，县邮电局确对本县开通"120"急救电话承担义务，但是不承担对某一医院开通"120"急救电话的义务。原告申办"120"急救电话，不符合文件的规定，请求法院驳回县医院诉讼请求。县人民法院经审理查明：医疗机构申请开通"120"急救电话的程序是：经当地卫生行政部门指定并提交书面报告，由地、市卫生行政部门审核批准后，到当地邮电部门办理"120"急救电话开通手续。原告县医院是一所功能较全、急诊科已达标的二级甲等综合医院，具备设置急救中心的条件。县卫生局曾指定县医院开办急救中心，开通"120"急救电话。县医院向被告县邮电局提交了开通"120"急救专用电话的报告，县邮电局也为县医院安装了"120"急救电话，但是该电话一直未开通。县医院曾数次书面请求县邮电局开通"120"急救电话，县邮电局仍拒不开通。

现问：

1. 本案县医院与县邮电局之间的争议属于民事争议还是行政争议，为什么？

2. 原告的赔偿请求应否得到支持？为什么？

3. 如果法院判令县邮电局自判决生效之日起15天内为原告开通"120"急救电话，县邮电局拒不开通，法院可以采取哪些措施？

行政诉讼法学教学参考案例

台湾"光大二号"轮船长蔡增雄不服拱北海关行政处罚上诉案①

上诉人:蔡增雄,男,52岁,江苏省南京市人,台湾"光大二号"货轮船长,住台湾省高雄市登山街90巷11号。

委托代理人:叶青、叶乃夫,广东南粤律师事务所律师。

被上诉人:中华人民共和国拱北海关。

法定代表人:杨俊声,拱北海关关长。

委托代理人:徐作朴,拱北海关高级关务监督。

委托代理人:罗平隆,珠海市律师事务所律师。

上诉人蔡增雄因走私香烟受到拱北海关行政处罚一案,不服广东省珠海市中级人民法院(1989)珠中法行审字第1号行政判决,于1989年10月16日向广东省高级人民法院提出上诉。该院依法组成合议庭,经审理查明:

1989年3月3日凌晨,拱北海关缉私艇在位于我国内海东经114°35′45″,北纬22°10′50″,即珠海市担杆岛附近海域,查获截停"光大二号"货轮。该轮的载重量为3 000吨,船上有船员31人,船舱内装有废铁500吨、瓷土500吨,甲板上堆放有用塑料袋加封特别包装的"555"、"健牌"等外国产香烟4 760箱(23.8万条)。随船携带的载货清单只列明船上所载废铁、瓷土的数量,对4 760箱香烟没有记载。1989年3月11日,拱北海关依照《中华人民共和国海关法》和《中华人民共和国海关行政处罚实施细则》的规定,认定蔡增雄没有合法证明,运载大量外国香烟进入内海,其行为属走私,故对其作出处罚决定:一、对在扣的走私香烟4760箱,予以没收;二、对"光大二号"轮的全体船员、船只和所载瓷土、废铁予以放行。

---

① 《最高人民法院公报》1990年第1期。

蔡增雄对拱北海关的处罚决定不服,向珠海市中级人民法院提出诉讼。珠海市中级人民法院经公开审理认为:原告驾驶的"光大二号"轮,在我国内海运载大量香烟,没有合法证明,依照海关法的规定,应以走私论处。拱北海关所作的处罚决定,证据确凿,处罚有据,程序合法,1989年8月17日判决维持拱北海关的行政处罚决定,驳回原告的诉讼请求。

蔡增雄不服珠海市中级人民法院的判决,向广东省高级人民法院提出上诉,诉称:第一审认定"光大二号"轮被海关缉私艇截停的地点,并非在中华人民共和国内海水域,所运载的香烟有合法证明,请求撤销原审判决和撤销拱北海关的处罚决定;判令被上诉人负担本案第一、二审的诉讼费用和上诉人为诉讼所付出的律师费和其他有关费用。被上诉人拱北海关答辩称:海关查获"光大二号"轮的地点是在我国内海水域,此有上诉人亲笔定位的海图为证;"光大二号"轮装载大量外国香烟,没有任何合法证明,请求维持原处罚决定和第一审判决。

广东省高级人民法院审理认为,被上诉人拱北海关查获"光大二号"轮的地点,是在我国内海水域,上诉人蔡增雄签字的拱北海关缉私艇测定截停方位的图纸、笔录,"光大二号"轮被截停时蔡增雄亲自用铅笔在海图上标明的截停地点和时间,均证明该轮是在我国内海水域东经114°35′45″、北纬22°10′50″的海域被查获。上诉人称"光大二号"轮运载的大量外国香烟,有"香港政府出口许可证"一节,经查这只能证明所运载的香烟是香港允许出口的,不能证明该轮装载运输合法。"光大二号"轮的载货清单上根本没有运载香烟的记录。依照海关法第四十九条第一款第(二)项规定,在内海、领海运输、收购、贩卖国家限制进出口的货物、物品,数额较大,没有合法证明的,根据该法实施细则第四条第一款第二项的规定,按走私行为论处,海关有权没收走私货物。上诉人蔡增雄的上诉理由不能成立,原审判决认定事实清楚,适用法律正确。据此,1989年12月15日,广东省高级人民法院判决:驳回上诉人蔡增雄的上诉请求,维持原审判决。

陈迎春不服离石县公安局收容审查决定案①

原告:陈迎春,女,18岁,山西省吕梁地区工业局打字员。

委托代理人:段希平、李云清,山西省太原市第三律师事务所律师。

---

① 《最高人民法院公报》1992年第2期。

被告：山西省离石县公安局。

法定代表人：张兴华，代局长。

委托代理人：张全生、高占奎，山西省离石县公安局干部。

原告陈迎春因不服山西省离石县公安局的收容审查决定，向山西省离石县人民法院提起诉讼。

原告陈迎春诉称：被告离石县公安局于1991年3月11日开始对原告非法收容审查24天，严重侵犯了原告的人身权利及其他合法权益，给原告造成精神痛苦和经济损失。请求法院依法撤销被告的收容审查决定，判令被告公开向原告赔礼道歉，恢复名誉，消除影响，并赔偿原告因此而遭受的误工、医疗等经济损失。

被告离石县公安局辩称：原告陈迎春是被告所侦查的一起诽谤案的涉案人。因此，被告以结伙作案嫌疑人为由决定对原告收容审查。这个决定既有事实根据，又符合国务院国发（1980）56号文件的规定，因而是合法的，法院应当予以维持。

离石县人民法院受理该案后，被告离石县公安局认识到对原告陈迎春作出的收容审查决定确有错误，于1991年6月11日（离石县人民法院决定开庭审理的前一天）作出撤销对陈迎春收容审查的决定。原告收到此决定后，仍坚持原来的起诉。离石县人民法院审理查明：

1991年3月10日，被告离石县公安局在侦查一起案件中，以原告陈迎春为一份匿名打印件的重大作案嫌疑人为由，决定对其收容审查。3月11日上午9时许，原告在吕梁地区工业局打字室上班时，被告所属工作人员身着便服，未出示任何法律手续，将原告诱离工作岗位后，强行押至离石县信义派出所，让原告在一张传唤证上签名。3月12日，被告又让原告在3月10日填写的《收容审查通知书》上签名。3月14日下午6时许，被告才将《对被收容审查人家属通知书》送达原告的父亲。在收容审查期间，被告所属工作人员就匿名打印件是谁打印一事，多次讯问原告，原告均予以否认，并提出此件并非自己使用的打字机打印的几点辩解理由。3月30日，被告以"暂时审查不清，有待进一步调查"为由，决定对原告解除收容审查。此决定于4月3日向原告宣布。

原告陈迎春被解除收容审查后，因感胸闷、心慌、恶心而住院治疗，诊断为"神经官能症"，医生建议：避免精神刺激，继续治疗。

上述事实，除被告的举证外，均有证人证言、当事人陈述等为证。

离石县人民法院认为：国务院国发（1980）56号文件《关于将强制劳动

和收容审查两项措施统一于劳动教养的通知》第二条规定："对于有轻微违法犯罪行为又不讲真实姓名、住址、来历不明的人，或者有轻微违法犯罪行为又有流窜作案、多次作案、结伙作案嫌疑需收容查清罪行的人，送劳动教养场所专门编队进行审查。"本案原告陈迎春没有轻微违法犯罪行为，而且既不是不讲真实姓名、住址、来历不明的人，也不是有流窜作案、多次作案、结伙作案嫌疑需收审查清罪行的人，不属收容审查的对象。被告离石县公安局以重大作案嫌疑为由，决定对原告予以收容审查，不符合国务院的规定。依照《中华人民共和国行政诉讼法》第五十四条第二项第二目的规定，被告的行政行为属适用法律、法规错误。

被告对原告的收容审查，在执行程序上也是违法的。3月10日，被告已决定对原告收容审查，并填写了《收容审查通知书》，可是在执行时不向原告出示，出示的却是公安机关让违反治安管理的人在指定时间、到指定场所接受讯问的"传唤证"。被告的上述行政行为，依照行政诉讼法第五十四条第（二）项第三目的规定，是违反法定程序的。

由于被告的违法行政行为，侵犯了原告的合法权益，并造成一定损害，依照行政诉讼法第六十八条第一款的规定，被告应当承担赔偿责任。据此，离石县人民法院于1991年6月16日判决：

一、撤销被告离石县公安局1991年3月10日对原告陈迎春作出的收容审查决定；

二、被告离石县公安局赔偿原告陈迎春在被收容审查期间的误工损失和解除收容审查后的医药费、营养费、住院费、陪住费等共计4913元。

诉讼费100元由被告离石县公安局负担。

第一审宣判后，当事人双方均未提出上诉，并已按判决执行。

桐梓县农资公司诉桐梓县技术监督局行政处罚抗诉案[①]

抗诉机关：最高人民检察院。

原审上诉人（一审被告）：贵州省桐梓县技术监督局（原名桐梓县标准计量局）。

法定代表人：蔡永华，该局局长。

原审被上诉人（一审原告）：贵州省桐梓县农资公司。

---

① 《最高人民法院公报》1995年第4期。

法定代表人：王飞跃，该公司经理。

最高人民检察院于1995年2月11日就贵州省高级人民法院（92）行监字第02号行政判决以（1995）高检民行抗字第1号抗诉书向最高人民法院提出抗诉。最高人民法院依照《中华人民共和国行政诉讼法》第六十四条的规定，依法进行了审理。

原审上诉人桐梓县技术监督局（以下简称技术监督局）确认原审被上诉人桐梓县农资公司（以下简称农资公司）1989年10月购进的180吨复混肥为劣质商品，根据国务院《关于严禁打击在商品中掺杂使假的通知》第二条、《工业产品质量责任条例》第二十四条、《贵州省产品商品质量奖励处罚暂行条例》第十五条的规定，于1990年4月28日作出桐标计质（1990）07号行政处罚决定：

（一）对农资公司已调拨销售151.5吨劣质复混肥的非法收入49651.97元予以没收，并按非法收入的20%罚款9930.39元，合并执行罚没款59582.36元；

（二）对调往花秋供销社的28.35吨劣质复混肥必须重新依质论价，挂牌销售；

（三）检测费450元由农资公司承担。

农资公司不服该决定，于1990年5月10日向桐梓县人民法院提起诉讼。该院于1990年8月29日作出（1990）桐法行字第4号行政判决：

（一）撤销技术监督局所作出的没收农资公司经销的151.5吨复混肥非法所得和罚款的决定；

（二）维持技术监督局所作的依质论价，挂牌销售28.35吨劣质复混肥决定；

（三）抽样送检的检测费由农资公司负担。

技术监督局不服桐梓县人民法院的判决，向遵义地区中级人民法院提出上诉。遵义地区中级人民法院经审理，于1990年12月13日作出（1990）行上字第66号行政判决：维持一审判决中的第（二）项和第（三）项；撤销第（一）项改判为，没收农资公司调拨销售的151.5吨劣质复混肥的非法收入49651.97元、并处以该非法收入的15%的罚款。贵州省人民检察院就第二审判决于1991年7月5日向贵州省高级人民法院提出抗诉。贵州省高级人民法院经再审审理，于1992年6月16日作出（92）行监字第02号行政判决。该行政判决认定，技术监督局确认已销售151.5吨复混肥与被抽查检测为劣质的复混肥是同一批次产品，证据是充分的。农资公司作为产品经销单位在进货时,没有对产品质量进行验收,违反了《工业产品质量责任条例》第十四条的规定,以致销售了劣质复混肥,应当受到处罚。技术监督局依照《工业产品质量责任条例》第二十五条的规定,对其进行查处是合法的;遵义地区中级人民法院第二审判决给予支持是正确的,但引用国家关于复混肥料专业标准的内容没有根据,应予纠正;技术监督局在桐梓县工商行政管理局(以下简称工商行政管理局)行使职权中未能查出农资公司经销的该批复混肥为劣质商品,并允许其继续销售的情况下,查出农资公司经销的该批复混肥不符合国家标准并作出处罚决定,不属于重复处理;农资公司在被查处过程中态度较好,可以免除罚款。据此,判决:

(一)维持二审法院支持技术监督局没收农资公司经销劣质复混肥的非法收入49651.97元,对已调往花秋供销社的28.35吨劣质复混肥依质论价挂牌销售和农资公司应负担抽样送检费的判决;

(二)撤销技术监督局对农资公司的罚款决定。

最高人民检察院对贵州省高级人民法院(92)行监字第02号行政判决提出抗诉,其理由是:再审判决确认农资公司经销的180吨复混肥均为劣质商品没有充分的证据;认定技术监督局的后一次处理不属于重复处理依据不足;适用法律错误;程序违反了有关法律规定。

最高人民法院再审查明,农资公司于1989年10月依合同从湖北省黄梅县沙岭化工厂购进复混肥360吨,其中第三批到货180吨(实到179.85吨)。生产单位随该批复混肥仅出具了一张盖有"仅对化验样品负责"字样的检验报告单。该单上注明取样袋数为20袋,没有批次和吨数,也没有检验人员的签名。因该批复混肥在销售过程中,有人反映质量有问题。农资公司即取样送贵阳红岩化工厂检测,结论为,总养分含12.6%(按国家标准,总养分≥25%)。1989年10月,工商行政管理局得知情况后,查封了农资公司库存的50吨复混肥。10月20日,工商行政管理局、农资公司和黄梅县沙岭化工厂共同对查封的复混肥抽样,参加抽样的人员均没有取得市场商品监督员的资格证,抽样后也没有填写抽样联单。抽样后送遵义地区产品质量监督检验所检测,该所出具的"仅对来样负责"的产品质量检验报告单的样品检测结果为总养分25.50%。10月25日,工商行政管理局出具书面通知,确认该批复混肥符合部颁标准,通知农资公司继续销售。

11月18日,技术监督局根据举报,派质量检查员到农资公司仓库对尚未销售的28.35吨复混肥进行抽样,并送遵义地区产品质量监督检验所检测,检测结果总养分为7.3%。技术监督局遂口头通知农资公司停止销售该批复混肥。农资公司为此询问工商行政管理局,该局坚持原检测通知有效。于是,农资公司将剩余的28.35吨复混肥全部调往该县花秋供销社销售。因技术监督局与工商行政管理局对复混肥检测结果不一致,桐梓县严厉惩处经销伪劣商品责任者工作领导小组于1990年1月20日召集技术监督局、工商行政管理局等单位研究决定,对该批剩余的复混肥重新抽样检测,并确定以此次检测结果为处理依据。1990年1月22日,桐梓县严厉惩处经销伪劣商品责任者工作领导小组、技术监督局、工商行政管理局、农资公司、花秋供销社等单位联合对农资公司调往花秋供销社的该批复混肥尚未销售的6.72吨进行了抽样,并将样品送贵州省无机化工产品质量监督检验站检验,检验结果总养分为7.13%,结论为劣质复混肥。技术监督局遂作出行政处罚决定。

最高人民法院认为:贵州省高级人民法院对该案所作的再审判决,认定的事实清楚,证据充分,适用法律、法规正确,程序合法。其理由是:

第一,关于180吨复混肥的质量问题。《工业产品质量责任条例》第七条、第九条、第十四条和国务院转发的国家技术监督局《关于严厉惩处经销伪劣商品责任者意见的通知》第三条规定:不合格的产品不准出厂和销售。经销复混肥必须有检验合格证。检验合格证上应注明生产厂名称、产品名称、批号、产品质量、生产日期及标准号,并须检验人员签名,加盖检验机关公章。经销无检验合格证的商品,视为伪劣商品。原审被上诉人农资公司购进的第三批180吨复混肥,只有一张盖有"仅对化验样品负责"字样的检验报告单,且未注明批号、吨数,也没有检验负责人的签字,属无效检验合格单,因此,该批复混肥应视为无检验合格证的劣质产品。不仅如此,该批复混肥经多次检验均不合格。农资公司在工商行政管理局检验前,自己曾送复混肥到贵阳红岩化工厂检测,结果为不合格。之后,技术监督局的检验结果和最后一次联合抽样检验,认定该批复混肥均不合格。另外,该批复混肥的生产厂——黄梅县沙岭化工厂因长期生产劣质复混肥,已于1990年4月倒闭。以上说明,再审判决确认农资公司经销的180吨复混肥为劣质产品的证据是充分的。

第二,关于技术监督局的后一次处理是否重复的问题。根据《工业产品质量责任条例》及有关文件规定,对倒卖骗卖劣质商品的行为,工商行政管理部门和技术监督机关均有权处理,但不得重复查处。但是,国务院《关于贯彻〈工业产品质量责任条例〉原则分工意见》中规定,在生产流通领域中,有关产品质量责任问题,应由技术监督机关负责处理。经查,工商行政管理局组织的抽样和检测,参加人员没有取得市场监督员的资格;进行抽样的人员不知道抽样公式,抽样后没有填写抽样联单;该次检验报告上盖有"仅对来样负责"的字样,不符合法定抽检程序。尽管这次检测结论为合格,但只能证明来样是合格的,不能证明其库存的50吨复混肥是合格的,故不能作为该案的定案依据。技术监督局与工商行政管理局的检测结论不一致,后经桐梓县严厉惩处经销伪劣商品责任者领导小组召集技术监督局、工商行政管理局等单位协调,确定以重新抽样检测的结论作为处理该批复混肥质量问题的依据。贵州省高级人民法院依据此次鉴定结论及其他有关证据,认定技术监督局对180吨复混肥以劣质复混肥进行处理是正确的,不是重复处理。该院再审判决并无不当。

第三,关于审判判决适用法律、法规问题。

《工业产品质量责任条例》第二十四条规定,生产、经销企业违反本条例规定,生产、经销掺假产品、冒牌产品,以"处理品"冒充合格产品,没有产品检验合格证的产品等违法行为的,应给予行政处罚。农资公司经销的该批复混肥,没有合格的检验合格证,并经法定鉴定部门检测结果确认该批复混肥为劣质肥。再审判决认定技术监督局依照该条例第二十四条的规定,作出的处罚决定,适用法律、法规正确,不存在适用法律、法规错误的问题。

第四,关于再审判决在程序上是否违法问题。《行政诉讼法》第三十二条规定:被告对作出的具体行政行为负有举证责任,应当提供作出该具体行政行为的证据和所依据的规范性文件。技术监督局在一审时已向法院提供了《中华人民共和国专业标准复混肥 ZBG-21002-87》规范性文件和对此文件的解释意见,但是在其处罚决定中并未引用,而是作为阐述处罚决定正确的理由,不属作出处罚决定的主要证据和依据,也未影响案件的定性和处理。二审判决书中引用了上述文件,实属不当。对此,再审判决已予纠正,故再审判决不存在违反法定程序的问题。

据此,最高人民法院于1995年9月21日判决:最高人民检察院的抗诉理由不能成立,维持贵州省高级人民法院(92)行监字第02号行政判决。

黄梅县振华建材物资总公司不服黄石市公安局扣押财产及侵犯企业财产权行政上诉案①

上诉人(原审被告):湖北省黄石市公安局。

法定代表人:赵志飞,局长。

委托代理人:徐海深,黄石市公安局法制科科长。

---

① 《最高人民法院公报》1996年第4期。

委托代理人：晏学文，黄石市公安局公安指挥中心办公室副主任。

被上诉人（原审原告）：湖北省黄梅县振华建材物资总公司。

法定代表人：桂林枫，总经理。

上诉人黄石市公安局因不服湖北省高级人民法院（94）鄂行初字第4号行政判决，向最高人民法院提起上诉。原审法院在审理黄梅县振华建材物资总公司（以下简称黄梅振华公司）诉黄石市公安局违法扣押财产一案所作的行政判决中认定，被上诉人黄梅振华公司利用银行贷款所购钢材属该企业合法财产，上诉人黄石市公安局在所扣钢材所有权关系明确、有关证据足以证明与其所称犯罪嫌疑人无关的情况下，对被上诉人合法财产强制扣押的行为违法；上诉人在扣押钢材期间，向被上诉人施加压力，并在其办公地点主持被上诉人与无经济合同关系的浙江省瑞安市生产资料服务公司（以下简称瑞安生资公司）签订违背被上诉人真实意愿的合同，强迫被上诉人用其合法财产偿还他人所欠债务，侵犯了被上诉人财产所有权，应当承担由此产生的赔偿责任。根据《中华人民共和国行政诉讼法》第五十四条第（二）项第5目、第六十七条第一款之规定作出判决：（一）撤销被告黄石市公安局1993年4月15日扣押原告黄梅振华公司133.38吨钢材的行为；（二）被告向原告赔偿被扣钢材损失357 371元，其他损失5 100元；（三）被告向原告赔偿被扣钢材贷款利息。黄石市公安局对一审判决不服提起上诉，主要理由是：扣押钢材的行为是公安机关办理诈骗犯罪案件采取的刑事侦查措施，不属人民法院行政诉讼受案范围。被上诉人答辩称：黄石市公安局扣押的钢材与其所谓犯罪嫌疑人无关，其目的不是为了查清犯罪事实，而是为了"搞点钱作为办案经费"；一审判决公正，应予维持。

最高人民法院经审理查明：被上诉人黄梅振华公司于1993年4月初，与黄梅县工商联建安公司签订钢材订货合同，合同约定被上诉人于1993年4月24日前向黄梅工商联建安公司提供钢材200吨。同年4月5日，被上诉人从信用社贷款74万元，4月12日在鄂州市购买钢材193.27吨，分装两船停泊在鄂州市熊家沟码头待运。当日下午3时许，上诉人黄石市公安局刑侦支队工作人员，到码头将正在办理结算手续的被上诉人所聘副总经理张卖席带走，并口头通知码头管理部门两船钢材不得离港。被上诉人法定代表人桂林枫闻讯后，即与监督该项贷款使用情况的信贷员赶到黄石市，并于4月13日从上诉人处得知：张卖席在原任黄梅县建材供销公司经理期间，在与瑞安生资公司等单位的经济活动中，拖欠货款，涉嫌诈骗被收容审查，其经办的上述钢材被扣押。桂林枫当即向上诉人表明：黄梅振华公司成立于1992年11月，张卖席1993

年2月才受聘于本公司,其与瑞安生资公司等单位发生业务往来时,本公司尚未成立;被扣钢材是本公司贷款所购,与张卖席被控行为无关。随后,又向上诉人出示了银行贷款凭证及购买钢材发票等有关证明材料,请求放行被扣钢材。上诉人未予理睬,并于1993年4月15日出具"扣押物品清单",将两船中大船的全部钢材133.38吨运至黄石市继续扣押。被上诉人多次请求解除扣押,上诉人未予解除。此间,张卖席之妻为了使丈夫能够被解除收容审查,筹款10万元送交上诉人,上诉人提出要交40万元。上诉人拟就地处理钢材未成,又多次动员瑞安生资公司买下所扣钢材,以抵偿张卖席欠款,并迫使被上诉人将钢材卖给瑞安生资公司,为张卖席还债。

1993年4月29日,上诉人通知瑞安生资公司到其办公室与被上诉人签订合同,在瑞安生资公司与张卖席之间欠款账目尚不清楚的情况下,主持并参与双方"订货合同"的签订,并在合同鉴证单位处盖章。钢材价格、运费承担及汇款数额等亦由上诉人确定。同年5月12日,瑞安生资公司将24万元汇到上诉人账户,当日上诉人将张卖席解除收容审查。5月20日,上诉人未通知被上诉人到场过磅,即将所扣钢材交付瑞安生资公司。此后,被上诉人多次向上诉人索要货款,上诉人先后三次退给被上诉人13.3万元。其余款项仍留在上诉人处,其中部分款项已被其使用。

最高人民法院认为,上诉人黄石市公安局以张卖席涉嫌诈骗被收容审查,需进行刑事侦查为名,扣押了被上诉人黄梅振华公司所购钢材,其行为无论从事实上或者法律上,均不属于刑事诉讼法所规定的侦查措施。上诉人在对张卖席收容审查的同时,以同一事实和理由扣押被上诉人财产,被上诉人对扣押财产不服依法提起行政诉讼,符合《中华人民共和国行政诉讼法》第十一条第一款第(二)项规定的受案范围。上诉人明知所扣钢材既非赃物,亦非可用以证明所称嫌疑人有罪或无罪的证据,而是被上诉人的合法财产,与其所办案件无关,却继续扣押,拒不返还,并一手操纵被上诉人与无任何经济关系的瑞安生资公司签订经济合同,用被上诉人合法财产为他人还债,违反了《中华人民共和国刑事诉讼法》第八十七条关于"对于扣押的物品、文件、邮件、电报,经查明确实与案件无关的,应当迅速退还原主或者原邮电机关"和公安部《关于公安机关不得非法越权干预经济纠纷案件处理的通知》第二条"对经济纠纷问题,应由有关企事业及其行政主管部门、仲裁机关和人民法院依法处理,公安机关不要去干预,更不允许以查处诈骗等经济犯罪为名,以收审、扣押人质等非法手段去插手经济纠纷问题"的规定;由此给被上诉人造成的经济损失,应当由上诉人依照行政诉讼法第六十七条第一款的规定,承担赔偿责任。

原判认定事实清楚，证据充分，适用法律正确；上诉人上诉理由不能成立。依照《中华人民共和国行政诉讼法》第六十一条第（一）项之规定，判决如下：

驳回上诉，维持原判。

一审诉讼费 12714 元、二审诉讼费 12714 元，均由上诉人黄石市公安局承担。

汤晋诉当涂县劳动局不履行保护人身权、财产权法定职责案①

原告：汤晋，男，36 岁，安徽省当涂县建材公司职工。

被告：安徽省当涂县劳动局。

法定代表人：管其才，局长。

原告汤晋以被告安徽省当涂县劳动局不履行保护人身权、财产权的法定职责为由，向当涂县人民法院提起行政诉讼。

原告诉称：原告向当涂县劳动局递交书面申请，请求劳动局履行保护劳动者合法权益的法定职责，要求劳动局给予答复。但是，两个多月过去了，劳动局对原告的申请不予答复。请求责令劳动局履行其法定职责。

被告辩称：被告已将原告的申请作为人民来信转交当涂县物资局处理，依法履行了自己的法定职责。原告的起诉不能成立。

当涂县人民法院经审理查明：原告汤晋写了一份反映其所在的工作单位——当涂县建材公司有违反劳动法律、法规、滥用职权，停发及乱扣其经济收入，要求当涂县劳动局依法调查处理的申请，于 1996 年 1 月 1 日寄交当涂县劳动局。1 月 4 日，当涂县劳动局局长管其才在此信上批示："将此文转交物资局处理。"事后，既未对申请信中所反映的问题进行监督检查，也未给汤晋本人作出答复。

上述事实，有双方当事人的陈述以及书证证明，事实清楚，证据确实、充分，足以认定。

当涂县人民法院认为：《中华人民共和国劳动法》第八十八条第二款规定："任何组织和个人对于违反劳动法律、法规的行为有权检举和控告。"原

---

① 《最高人民法院公报》1996 年第 4 期。

告汤晋认为建材公司违反劳动法律、法规，侵害了自己的合法权益，写信要求查处，是行使公民的正当权利。劳动法第九条第二款规定："县级以上地方人民政府劳动行政部门主管本行政区域内的劳动工作。"被告当涂县劳动局是当涂县行政区域内劳动工作的主管部门，汤晋就劳动工作方面的问题向其投诉，是适当的。劳动法第八十五条规定："县级以上各级人民政府劳动行政部门依法对用人单位遵守劳动法律、法规的情况进行监督检查，对违反劳动法律、法规的行为有权制止，并责令改正。"第八十六条规定了劳动行政部门执行监督检查公务的权力，第十二章规定了劳动行政部门对用人单位违反劳动法律、法规的行为进行处理的各种权限。这些规定说明，当涂县劳动局有责任、也有权力对用人单位遵守劳动法律、法规的情况进行监督、检查和处理。劳动法第八十七条规定："县级以上各级人民政府有关部门在各自职责范围内，对用人单位遵守劳动法律、法规的情况进行监督。"物资局是人民政府的一个部门，对其主管的建材公司遵守劳动法律、法规的情况有权进行监督，但是无权对违法行为进行处理。当涂县劳动局把要求查处违法行为的来信批转无处理权的物资局去处理，自己既不履行监督检查的职责，也不向物资局了解监督的结果如何，并且不给来信人答复，不能认为其已履行了法定职责。如果允许行政机关对自己主管业务范围内收到的公民来信，只要批出后就可了事，就可以认为履行了职责，再不必检查、落实和给来信人作出答复，那么，法律赋予公民的检举、控告权利就会形同虚设。当涂县劳动局已经履行了法定职责的辩解理由，不能成立。据此，当涂县人民法院依照《中华人民共和国行政诉讼法》第五十四条第（三）项的规定，于 1996 年 4 月 23 日判决：

责成被告当涂县劳动局依法对当涂县建材公司遵守劳动法律、法规的情况进行监督检查，并在两个月内对原告汤晋本人作出书面答复。

案件受理费 100 元，其他诉讼费用 200 元，由被告当涂县劳动局承担。

宣判后，原告、被告均未提出上诉，判决已发生法律效力。

福建省水电勘测设计研究院不服省地矿厅行政处罚案①

原告：福建省水利水电勘测设计研究院。
法定代表人：徐在民，院长。
委托代理人：黄冰光，福建省水利水电勘测设计研究院干部。

---

① 《最高人民法院公报》1998 年第 1 期。

委托代理人：游劝荣，福建省第二律师事务所律师。
被告：福建省地质矿产厅。
法定代表人：毕振纲，厅长。
委托代理人：宋伯钟，福建省地质矿产厅干部。
委托代理人：杨鹏，福建省第二律师事务所律师。
第三人：福建省福州市城乡建设委员会
法定代表人：林新国，主任。
委托代理人：林金荣，福建省地热管理处干部。
委托代理人：周耿东，福建省第二律师事务所律师。

原告福建省水利水电勘测设计研究院（以下简称设计院）不服被告福建省地质矿产厅（以下简称地矿厅）对其作出的行政处罚，向福建省福州市中级人民法院提起诉讼。因本案与福建省福州市城乡建设委员会（以下简称城建委）有行政法律上的权利义务关系，福州市中级人民法院通知其以第三人身份参加诉讼。

原告诉称：一、《中华人民共和国矿产资源法实施细则》（以下简称实施细则）第四十四条规定："地下水资源具有水资源和矿产资源的双重属性。地下水资源的勘查，适用〈矿产资源法〉和本细则；地下水资源的开发、利用、保护和管理，适用〈水法〉和有关的行政法规。"地下温泉属于水资源。对于原告开发、利用地下温泉的行为，应当依照《中华人民共和国水法》（以下简称水法）的规定，并根据《福州市地下热水（温泉）管理办法》（以下简称地下热水管理办法），由第三人予以调整。被告对不由自己主管的事务进行管理，其具体行政行为超越职权。二、《中华人民共和国矿产资源法》（以下简称矿产资源法）第四十五条规定，依照这个法律进行的行政处罚，应当由市、县人民政府决定。被告不顾管辖权限对原告处罚，其具体行政行为超越职权。三、原告没有矿山，也没有从事过开采矿产资源的活动，不属于《全民所有制矿山企业采矿登记管理暂行办法》（以下简称采矿登记办法）的适用范围。被告根据这个规定对原告进行处罚，是适用法律错误。四、被告在处罚前未调查取证，处罚后也未将处罚决定书直接送交原告，违反了法定的行政处罚程序。请求法院撤销被告的行政处罚决定。

被告辩称：地热是能源矿产，应当由矿产资源法、实施细则和采矿登记办法调整。原告作为全民所有制事业单位，必须依法取得采矿权后才能采矿。被告依据采矿登记办法将原告作为行政管理相对人进行行政管理，是合法的。被告对原告两次发出通知后，原告仍不履行通知规定的义务，是违法行为，应当进行处罚。被告的行政处罚适用法规正确,程序并无不妥。法院应当依法维持该行政处罚决定。

第三人称:按照地下热水管理办法的规定,福州市地下热水的保护、开发和利用,应当由第三人进行管理。同意原告对被告的辩护诉讼请求。

福州市中级人民法院经审理查明:原告设计院拥有用于开采地下热水的地热井两口。1994年5月4日,被告地矿厅在向知情人进行调查,掌握了基本证据后,对设计院发出了闽地矿监(94)017号《关于开采地热必须依法办理采矿许可证的通知》,要求设计院携带有关资料到该厅办理有关地热井的采矿登记手续。同年7月18日,地矿厅又以无证开采地热为由向设计院发出闽地矿监〔94〕081号《限期办理采矿许可证通知书》,限其于接到通知之日起三日内,向地矿厅申请办理采矿登记手续,并告知其逾期将依法进行处理。设计院对上述通知均未履行。地矿厅于1994年7月27日向设计院发出第03号《违反矿产资源法规行政处罚决定书》,以设计院"无采矿许可证开采地热"、"在限定期限内未办理采矿登记、领取采矿许可证",违反了采矿登记办法第二条的规定为由,依照该办法第二十七条第(一)项的规定,决定对设计院处以人民币五千元的罚款。该处罚决定通过邮寄送达。

另查明,福州市中心地区地下热水可开采利用的范围约5平方公里,平均取水温度为72℃,可开采量9800立方米/日。

以上事实,有全国矿储量委员会全储决字(1986)0100号决议书、被告地矿厅的有关通知、立案表、调查笔录、审批表和第03号《违反矿产资源法规行政处罚决定书》为证。

福州市中级人民法院认为,本案当事人争议的问题归纳起来是:温度为72℃的地下热水是地热还是地下水?它属于矿产资源还是水资源?它应当由矿产资源法调整还是由《水法》调整?它应当由哪一个行政管理部门主管?应当由哪一级行政管理机关管辖?如果被告地矿厅有权管辖,其具体行政行为是否符合法定程序?

国务院根据矿产资源法制定并发布、1994年3月27日起施行的实施细则第二条规定:"矿产资源是指由地质作用形成的,具有利用价值的,呈固态、液态、气态的自然资源。矿产资源的矿种和分类见本细则所附〈矿产资源分类细目〉。"所附的细目(一)能源矿产中,列有地热;细目(四)水气矿产中,列有地下水。由此可见,地热与地下水是两个不同的概念。国家技术监督局在1989年8月29日发布、1990年6月1日起实施的GB11615—89号国家标准《地热资源地质勘查规范》中规定,地热资源是指在我国当前技术经济条件下，地壳内可供开发利用的地热能、地热流体及其有用组分。该标准将地热资源按温度分为高温地热资源、中温地热资源和低温地热资源三类。其中低温地热资源里，又将小于90℃大于或等于25℃的地热分为热水、温热水、温水三项。本案涉及的地下热水平均温度为72℃，是地热，不是地下水。实施细则第四十四条是对地下水资源的勘查、开发、利用、保护和管理作出的规定，与本案无关。

全国人大常委会于1986年3月19日颁布并于1986年10月1日起施行（已于1996年8月29日修正）的矿产资源法第三条规定："矿产资源属于国家所有……开采矿产资源，必须依法申请取得采矿权。"第九条第二款规定："省、自治区、直辖市人民政府地质矿产主管部门主管本行政区域内矿产资源勘查、开采的监督管理工作。"法律已经明确，地热作为矿产资源，必须依法取得采矿权后才能开采。勘查、开采地热的监督管理工作，在省一级行政区域内，是由省地质矿产行政部门主管的。矿产资源法第三十九条规定："违反本法规定，未取得采矿许可证擅自采矿的，……责令停止开采、赔偿损失，没收采出的矿产品和违法所得，可以并处罚款"。1987年4月29日国务院根据矿产资源法发布的采矿登记办法第二十七条第（一）、（二）项规定，对于"开办矿山企业，未办理采矿登记手续擅自开工的"，"正在建设或者正在生产的矿山企业，从本办法发布之日起满一年无正当理由不申请办理采矿登记手续的"，可以给予警告、罚款、通知银行停止拨款等处罚。本案原告设计院作为全民所有制的事业单位，没有依法取得采矿权而开采地热，是违法的，应当依法进行处罚。

1991年7月19日起施行的地下热水管理办法，是福建省第七届人民代表大会常务委员会第二十二次会议批准的地方性法规。其中第五条规定："市水行政主管部门是地下水资源的主管部门，负责对温泉的统一规划和协调，对温泉的保护工作进行指导。福州市城市建设行政主管部门是温泉开发利用的主管部门（以下简称温泉主管部门），负责温泉的保护和开发利用的统一管理工作。"第二十七条规定："本办法规定的行政处罚，由市温泉主管部门决定。"这个规定没有根据国家标准把温泉按照温度的不同区分出地热和地下水，以致将部分地热归入地下水中，由此给这部分地热确定的行政主管部门与法律、行政法规的规定不符。本案第三人城建委据此地方性法规认为自己对这部分地热有行政管理权，是不适当的。

采矿登记办法第二十七条的行政处罚，规定由登记管理机关给予。该办法第三条第三款规定的登记管理机关，是省、自治区、直辖市人民政府地质矿产主管部门。被告地矿厅根据采矿登记办法的规定,以自己作为实施具体行政行为的主体,对设计院的违法行为进行处罚,并无不当。地矿厅的具体行政行为发生于1994年,评判该具体行政行为是否符合法定程序,应当以行为时的法律为准。地矿厅已经对设计院的违法事实调查取证,又向其发出《关于开采地热必须依法办理采矿许可证的通知》和《限期办理采矿许可证通知书》等两个通知。由于设计院对这两个通知均未履行,才依照采矿登记办法第二十七条第(一)项的规定决定对设计院处以人民币5000元的罚款。此决定通过邮寄送达当事人。地矿厅的上述具体行政行为认定事实清楚,适用法律法规正确,处罚适当,程序合法,应当维持。据此,福州市中级人民法院于1997年4月30日判决:

维持被告福建省地质矿产厅第03号《违反矿产资源法规行政处罚决定书》。

本案诉讼费500元,由原告福建省水利水电勘测设计研究院负担。

宣判后,原告、被告及第三人均未提出上诉,判决已发生法律效力。

田永诉北京科技大学拒绝颁发毕业证、学位证行政诉讼案①

原告:田永,男,北京科技大学应用科学学院物理化学系94级学生。
委托代理人:马怀德,北京市通正律师事务所律师。
委托代理人:孙雅申,北京市通正律师事务所律师。
被告:北京科技大学。
法定代表人:杨天钧,校长。
委托代理人:张锋,中国政法大学副教授。
委托代理人:李明英,北京科技大学校长办公室主任。

原告田永认为自己符合大学毕业生的法定条件,被告北京科技大学拒绝给其颁发毕业证、学位证是违法的,遂向北京市海淀区人民法院提起行政诉讼。

原告诉称:我一直以在校生身份在被告北京科技大学参加学习和学校组织的一切活动,完成了学校制定的教学计划,并且学习成绩和毕业论文已经达到高等学校毕业生水平。然而在临近毕业时,被告才通知我所在的系,以我不具备学籍为由,拒绝给我颁发毕业证、学位证和办理毕业派遣手续。被告的这种

---

① 《最高人民法院公报》1999年第4期。

做法违背了法律规定。请求判令被告：一、为我颁发毕业证、学位证；二、及时有效地为我办理毕业派遣手续；三、赔偿我经济损失3 000元；四、在校报上公开向我赔礼道歉，为我恢复名誉；五、承担本案诉讼费。

被告辩称：原告田永违反本校《关于严格考试管理的紧急通知》（以下简称068号通知）中的规定，在补考过程中夹带写有电磁学公式的纸条被监考教师发现，本校决定对田永按退学处理，通知校内有关部门给田永办理退学手续。给田永本人的通知，也已经通过校内信箱送达到田永所在的学院。至此，田永的学籍已被取消。由于田永不配合办理有关手续，校内的一些部门工作不到位，再加上部分教职工不了解情况等原因，造成田永在退学后仍能继续留在学校学习的事实。但是，校内某些部门及部分教师默许田永继续留在校内学习的行为，不能代表本校意志，也不证明田永的学籍已经恢复。没有学籍就不具备高等院校大学生的毕业条件，本校不给田永颁发毕业证、学位证和不办理毕业派遣手续，是正确的。法院应当依法驳回田永的诉讼请求。

北京市海淀区人民法院经审理查明：

1994年9月，原告田永考入被告北京科技大学下属的应用科学学院物理化学系，取得本科生学籍。1996年2月29日，田永在参加电磁学课程补考过程中，随身携带写有电磁学公式的纸条，中途去厕所时，纸条掉出，被监考教师发现。监考教师虽未发现田永有偷看纸条的行为，但还是按照考场纪律，当即停止了田永的考试。北京科技大学于同年3月5日按照"068号通知"第三条第五项关于"夹带者，包括写在手上等作弊行为者"的规定，认定田永的行为是考试作弊，根据第一条"凡考试作弊者，一律按退学处理"的规定，决定对田永按退学处理，4月10日填发了学籍变动通知。但是，北京科技大学没有直接向田永宣布处分决定和送达变更学籍通知，也未给田永办理退学手续。田永继续在该校以在校大学生的身份参加正常学习及学校组织的活动。

1996年3月，原告田永的学生证丢失，未进行1995年至1996学年第二学期的注册。同年9月，被告北京科技大学为田永补办了学生证。其后，北京科技大学每学年均收取田永交纳的教育费，并为田永进行注册、发放大学生补助津贴，还安排田永参加了大学生毕业实习设计，并由论文指导教师领取了学校发放的毕业设计结业费。田永还以该校大学生的名义参加考试，先后取得了大学英语四级、计算机应用水平测试BASIC语言成绩合格证书。田永在该校学习的4年中，成绩全部合格，通过了毕业实习、设计及论文答辩，获得优秀毕业论文及毕业总成绩全班第九名。北京科技大学对以上事实没有争议。

被告北京科技大学的部分教师曾经为原告田永的学籍一事向原国家教委申

诉,原国家教委高校学生司于 1998 年 5 月 18 日致函北京科技大学,认为该校对田永违反考场纪律一事处理过重,建议复查。同年 6 月 5 日,北京科技大学复查后,仍然坚持原处理结论。

1998 年 6 月,被告北京科技大学的有关部门以原告田永不具有学籍为由,拒绝为其颁发毕业证,进而也未向教育行政部门呈报毕业派遣资格表。田永所在的应用学院及物理化学系认为,田永符合大学毕业和授予学士学位的条件,由于学院正在与学校交涉田永的学籍问题,故在向学校报送田永所在班级的授予学士学位表时,暂时未给田永签字,准备等田永的学籍问题解决后再签,学校也因此没有将田永列入授予学士学位资格名单内交本校的学位评定委员会审核。

被告北京科技大学为此案向法院提交的证据有:1. 原告田永于 1996 年 2 月 29 日写下的书面检查和两位监考教师的书面证言,这些证据能够证明田永在考试中随身携带了写有与考试科目有关内容的纸条,但没有发现其偷看的事实;2. 原国家教委《关于加强考试管理的紧急通知》、校发(94)第 068 号《关于严格考试管理的紧急通知》、原国家教委有关领导的讲话,这三份材料不属于《中华人民共和国行政诉讼法》第五十三条规定人民法院审理行政案件时可以参照的规章范畴;3. 北京科技大学教务处关于田永等三人考试过程中作弊按退学处理的请示、期末考试工作简报、学生学籍变动通知单,以上书证能够证明北京科技大学于 1996 年 4 月 10 日作出过对田永按退学处理的决定,但不能证明该决定已经直接送达给田永,也不能证明该决定已经实际执行;4. 原国家教委高校学生司函、北京科技大学对田永考试作弊一事复查结果的报告,这些书证能够证明北京科技大学部分教师、原国家教委高校学生司对田永被处分一事的意见,以及北京科技大学在得知这两方面意见后的态度;5. 北京科技大学的《关于给予北京科技大学学生王斌勒令退学处分的决定》一份、《期末考试工作简报》7 份,以上书证与本案没有必然联系,不能成为本案的证据。此外,北京科技大学在诉讼期间,未经法院同意自行调取了唐有兰等教师的证言、考试成绩单、1998 届学生毕业资格和学士学位审批表、学生登记卡、学生档案登记单、学校保卫处户口办公室书证、学籍变动通知单第四联和第五联、无机 94 班人数统计单等书证交给法院,这些证明由于不符合行政诉讼法第三十三条关于"在诉讼过程中,被告不得自行向原告和证人收集证据"的规定,不能作为认定本案事实的根据。

原告田永提交的证据有:1. 1996 年 9 月被告北京科技大学为田永补办的学生证(学号为 9411026),能够证明北京科技大学不仅从 1996 年 9 月为田永补办了学生证,并且还逐学期为田永进行了学籍注册,使其具有北京科技大学本科学生学籍的事实;2. 献血证、重修证、准考证、收据及收费票据、英语四级证书、计算机 BASIC 语言证书、田永同班同学的两份证言、实习单位书证、结业费发放书证,以上证据能够证明田永在北京科技大学的管理下,以该校大学生的资格学习、考试和生活的相关事实;3. 学生成绩单,能够证明田永在该校四年的学习成绩;4. 加盖北京科技大学主管部门印章的北京地区普通高校毕业生就业推荐表,能够证明北京科技大学已经承认田永具备应届毕业生的资格;5. 北京科技大学应用科学学院的证明,证实田永已经通过了全部考试及论文答辩,其掌握的知识和技能已具备了毕业生的资格,待田永的学籍问题解决后就为其在授予学位表上签字的事实。

在庭审中,法庭对双方当事人提交的上述证据均进行了质证。

北京市海淀区人民法院认为:

在我国目前情况下,某些事业单位、社会团体,虽然不具有行政机关的资格,但是法律赋予它行使一定的行政管理职权。这些单位、团体与管理相对人之间不存在平等的民事关系,而是特殊的行政管理关系。他们之间因管理行为而发生的争议,不是民事诉讼,而是行政诉讼。尽管《中华人民共和国行政诉讼法》第二十五条所指的被告是行政机关,但是为了维护管理相对人的合法权益,监督事业单位、社会团体依法行使国家赋予的行政管理职权,将其列为行政诉讼的被告,适用行政诉讼法来解决它们与管理相对人之间的行政争议,有利于化解社会矛盾,维护社会稳定。《中华人民共和国教育法》第二十一条规定:"国家实行学业证书制度。""经国家批准设立或者认可的学校及其他教育机构按照国家规定,颁发学历证书或者其他学业证书。"第二十二条规定:"国家实行学位制度。""学位授予单位依法对达到一定学术水平或者专业技术水平的人员授予相应的学位,颁发学位证书。"《中华人民共和国学位条例》第八条规定:"学士学位,由国务院授权的高等学校授予。"本案被告北京科技大学是从事高等教育事业的法人,原告田永诉请其颁发毕业证、学位证,正是由于其代表国家行使对受教育者颁发学业证书、学位证书的行政权力时引起的行政争议,可以适用《中华人民共和国行政诉讼法》予以解决。

原告田永没有得到被告北京科技大学颁发的毕业证、学位证,起因是北京科技大学认为田永已被按退学处理,没有了学籍。教育法第二十八条规定的学校及其他教育机构行使的权利中,第(四)项明文规定:"对受教育者进行学籍管理,实施奖励或者处分。"由此可见学籍管理也是学校依法对受教育者实施的一项特殊的行政管理。因而,审查田永是否具有学籍,是本案的关键。

原告田永经考试合格，由被告北京科技大学录取后，即享有该校的学籍，取得了在该校学习的资格，同时也应当接受该校的管理。教育者在对受教育者实施管理中，虽然有相应的教育自主权，但不得违背国家法律、法规和规章的规定。田永在补考时虽然携带写有与考试有关内容的纸条，但是没有证据证明其偷看过纸条，其行为尚未达到考试作弊的程度，应属于违反考场纪律。北京科技大学可以根据本校的规定对田永违反考场纪律的行为进行处理，但是这种处理应当符合法律、法规、规章规定的精神，至少不得重于法律、法规、规章的规定。国家教育委员会1990年1月20日发布的《普通高等学校学生管理规定》第十二条规定："凡擅自缺考或考试作弊者，该课程成绩以零分计，不准正常补考，如确实有悔改表现的，经教务部门批准，在毕业前可给一次补考机会。考试作弊的，应予以纪律处分。"第二十九条规定应予退学的十种情形中，没有不遵守考场纪律或者考试作弊应予退学的规定。北京科技大学的"068号通知"，不仅扩大了认定"考试作弊"的范围，而且对"考试作弊"的处理方法明显重于《普通高等学校学生管理规定》第十二条的规定，也与第二十九条规定的退学条件相抵触，应属无效。另一方面，按退学处理，涉及被处理者的受教育权利，从充分保障当事人权益的原则出发，作出处理决定的单位应当将该处理决定直接向被处理者本人宣布、送达，允许被处理者本人提出申辩意见。北京科技大学没有照此原则办理，忽视当事人的申辩权利，这样的行政管理行为不具有合法性。北京科技大学实际上从未给田永办理过注销学籍、迁移户籍、档案等手续。特别是田永丢失学生证以后，该校又在1996年9月为其补办了学生证并注册，这一事实应视为该校自动撤销了原对田永作出的按退学处理的决定。此后发生的田永在该校修满四年学业，还参加了该校安排的考核、实习、毕业设计，其论文答辩也获得通过等事实，均证明按退学处理的决定在法律上从未发生过应有的效力，田永仍具有北京科技大学的学籍。北京科技大学辩称，田永能够继续在校学习，是校内某些部门及部分教师的行为，不能代表本校意志。鉴于这些部门及部分教师的行为，都是北京科技大学的职务行为，北京科技大学应当对该职务行为产生的后果承担法律责任。

国家实行学业证书制度。原告田永既然具有北京科技大学的学籍，在田永接受正规教育、学习结束并达到一定学历水平和要求时，北京科技大学作为国家批准设立的高等学校，应当依照教育法第二十八条第一款第五项及《普通高等学校学生管理规定》第三十五条的规定，给田永颁发相应的学业证明，以承认其具有的相当学历。

国家实行学位制度。原告田永是大学本科生，在其毕业后，按照《中华人民共和国学位条例》第四条的规定，可以授予学士学位。被告北京科技大学作为国家授权的学士学位授予机构，应当依照《中华人民共和国学位条例暂行实施办法》第四条、第五条规定的程序，组织有关人员对田永的毕业成绩、毕业鉴定等材料进行审核，以决定是否授予其学士学位。

关于高等院校毕业生派遣问题。《毕业生就业派遣报到证》，是各省、自治区、直辖市主管毕业生调配的部门按照教育行政部门下达的就业计划签发的。普通高等学校根据《普通高等学校毕业生就业工作暂行规定》第九条的规定，应当履行将毕业生的有关资料上报所在地的教育行政主管部门的职责，以供当地教育行政部门审查和颁发毕业派遣证。原告田永取得大学毕业资格后，被告北京科技大学理应履行上述职责。

《中华人民共和国国家赔偿法》第三条、第四条规定的行政赔偿范围，只包括违法行政行为对受害人人身权或者财产权造成的实际侵害。目前，国家对大学生毕业分配实行双向选择的就业政策，并非学生毕业后就能找到工作，获得收入。因此，被告北京科技大学拒绝颁发证书的行为，只是使原告田永失去了与同学同期就业的机会，并未对田永的人身权和财产权造成实际损害。故田永以北京科技大学未按时颁发毕业证书致使其既得利益受到损害为由提出的赔偿经济损失主张，不能成立。

原告田永在考试中有违反考场纪律的行为，被告北京科技大学据此事实对田永作出的按退学处理的决定虽然不能成立，但是并未对田永的名誉权造成损害。因此，田永起诉请求法院判令北京科技大学在校报上向其赔礼道歉，为其恢复名誉，不予支持。

综上，北京市海淀区人民法院于1999年2月14日判决：

一、被告北京科技大学在本判决生效之日起30日内向原告田永颁发大学本科毕业证书；

二、被告北京科技大学在本判决生效之日起60日内召集本校的学位评定委员会对原告田永的学士学位资格进行审核；

三、被告北京科技大学于本判决生效之日起30日内履行向当地教育行政部门上报原告田永毕业派遣的有关手续的职责；

四、驳回原告田永的其他诉讼请求。

第一审宣判后，北京科技大学提出上诉。理由是：1. 田永已被取消学籍，原判认定我校改变了对田永的处理决定，恢复了其学籍，是认定事实错误；2. 我校依法制定的校规、校纪及依据该校规、校纪对所属学生作出处理，属于办学自主权范畴，任何组织和个人不得以任何理由干预；3. 我校向一审提交的从教学档案中提取的证据,不属于违法取证,法院应予采信。请求二审撤销原判,驳回田永的诉讼请求。

北京市第一中级人民法院经审理认为,原判认定事实清楚、证据充分,适用法律正确,审判程序合法,应当维持。上诉人北京科技大学认为被上诉人田永已不具有该校学籍,与事实不符,不予采纳。学校依照国家的授权,有权制定校规、校纪,并有权对在校学生进行教学管理和违纪处理,但是制定的校规、校纪和据此进行的教学管理和违纪处理,必须符合法律、法规和规章的规定,必须保护当事人的合法权益。北京科技大学对田永按退学处理,有违法律、法规和规章的规定,是无效的。北京科技大学在诉讼中提交的从教学档案中调取的证据,虽然不属于行政诉讼法第三十三条规定的被告不得在诉讼过程中自行向原告和证人收集证据的情况,但是由于无法证明这些证据是在作出按退学处理的决定时形成的,故法院不予认定。据此,北京市第一中级人民法院依照行政诉讼法第六十一条第(一)项的规定,于 1999 年 4 月 26 日判决:

驳回上诉,维持原判。

溆浦县中医院诉溆浦县邮电局不履行法定职责案①

原告:湖南省溆浦县中医院。

法定代表人:李启军,院长。

委托代理人:张平,溆浦县司法局桥江司法所所长。

被告:湖南省溆浦县邮电局。

法定代表人:贺继良,局长。

委托代理人:李启洪,溆浦县邮电局干部。

委托代理人:张琪,湖南鹤洲律师事务所律师。

原告湖南省溆浦县中医院(以下简称县中医院)认为被告湖南省溆浦县邮电局(以下简称县邮电局)不履行"120"急救专用电话(以下简称"120"急救电话)开通职责,向湖南省溆浦县人民法院提起行政诉讼。

原告诉称:原告根据上级文件的规定和主管部门批准,向被告申请开通"120"急救电话,被告拒不作为,致使原告购置的急救车辆和其他设施至今不能正常运转,损失惨重。请求判令被告立即履行开通"120"急救电话的职责,并赔偿原告的经济损失 8 万元。

---

① 《最高人民法院公报》2000 年第 1 期。

被告辩称：湖南省卫生厅、省邮电局（1997）15号《关于规范全省"120"医疗急救专用电话管理的通知》（以下简称15号文件）规定，邮电与卫生行政部门对开通"120"急救电话有确定权。原告申请"120"急救电话，不符合15号文件的规定。"120"急救电话属于全社会，不属于原告。根据15号文件的规定，被告对溆浦县开通"120"急救电话承担义务，但是不承担对某一医院开通"120"急救电话的义务。事实上，被告已经开通了溆浦县的"120"急救电话，不存在不履行义务的问题。邮电局是公用企业，不是行政机关，不具备行政诉讼中的被告资格，也没有法规授权给县邮电局行使行政职权。被告对原告未做出任何具体行政行为，原告无从提起行政诉讼。原告如果认为是湖南省邮电局委托被告作出具体行政行为的，那么本案的被告应该是湖南省邮电局，而不是溆浦县邮电局。原告的诉讼请求不符合行政诉讼法律规定，法院应予驳回。

溆浦县人民法院经审理查明：15号文件规定医疗机构申请开办急救中心、开通"120"急救电话的程序是：经当地卫生行政部门指定并提交书面报告，由地、市卫生行政部门审核批准后，到当地邮电部门办理"120"急救电话开通手续。1997年8月15日，湖南省卫生厅确认原告县中医院是一所功能较全、急诊科已达标的二级甲等综合医院，具备设置急救中心的条件。同年12月8日，溆浦县卫生局指定县中医院开办急救中心，开通"120"急救电话。同日，县中医院向被告县邮电局提交了《关于开通"120"急救专用电话的报告》，并经县长和主管副县长批示同意。同年12月13日，县邮电局为县中医院安装了"120"急救电话，并在《市内电话装拆移换机及改名过户工作单》上写明：12月16日安装完毕，装机工料费按33232.08元计收，但是该电话一直未开通。1998年7月20日，县邮电局为没有经过卫生行政主管部门指定和审批的溆浦县人民医院开通了"120"急救电话。7月24日，县中医院向怀化市卫生局提出《关于请求设置"120"医疗急救专用电话的报告》。7月25日，该报告得到市卫生局批准。7月27日，县中医院再次书面请求县邮电局开通"120"急救电话，县邮电局仍拒不开通。

上述事实有15号文件，县中医院的报告，省卫生厅、溆浦县卫生局、怀化市卫生局的文件和县邮电局的《市内电话装拆移换机及改名过户工作单》等证明。以上证据均经过当庭质证确认，确实充分，足以认定。

溆浦县人民法院认为，被告县邮电局是企业单位，不具有通讯管理的行政职能，没有给原告县中医院开通"120"急救电话的法定义务，县中医院的诉讼请求不能成立。据此，溆浦县人民法院于1998年9月9日判决：驳回县中医院的诉讼请求。诉讼费1700元，由县中医院负担。

第一审宣判后，县中医院不服，以县邮电局对开通"120"急救电话负有行政上的职责，上诉人的诉讼请求依据充分、程序合法为由提起上诉，请求二审撤销原判，判令被上诉人县邮电局履行给县中医院开通"120"急救电话的职责，赔偿县中医院因"120"急救电话未开通而造成的损失，并承担本案诉讼费用。

怀化市中级人民法院经审理认为：

长期以来，我国对邮电部门实行政企合一的管理模式。邮电部门既具有邮电行政主管机关的职权，又参与邮电市场经营。经过改革，目前虽然邮政和电信初步分离，一些电信部门逐渐成为企业法人，但是由于电信行业的特殊性，我国电信市场并未全面放开，国有电信企业仍然是有线通讯市场的单一主体，国家对电信方面的行政管理工作，仍然要通过国有电信企业实施。这些国有电信企业沿袭过去的作法行使行政管理职权时，应视为《中华人民共和国行政诉讼法》第二十五条第四款所指的"由法律、法规授权的组织"。

开办"120"急救中心，是医疗机构救死扶伤的一项公益事业。鉴于此举能给医疗机构带来一定收益，为使责任专一，趋利避害，防止因混乱而耽误抢救病人，政府对"120"急救事业实施行政管理，规定在一个行政区域只允许一家医疗机构开办"120"急救中心、开通"120"急救电话。"120"急救电话不是只要交纳安装费就能装的普通电话，因此省卫生厅、省邮电局联合下发的15号文件规定，只有功能较全，医疗急救水平较高，且急诊科已达标的综合医院，在经县卫生局指定并报地、市卫生行政主管部门批准后，才能获得开通"120"急救电话的特许权。联合文件还规定，邮电部门对开通"120"急救电话只收电话安装费，免费安装影示系统和电脑自答系统，免收电话费。这些明显不同于企业营利行为的优惠政策，既体现了政府支持举办此项公益事业的行政意志，也表明了政府对此项事业进行统一规范和管理。

15号文件下发给地、市和县级的卫生行政主管部门以及邮电局，正说明政府要通过这些职能部门对"120"急救电话的开通实施行政管理。邮电局执行这个文件时与被审查的医疗机构之间发生的关系，不是平等的民事关系，而是特殊的行政管理关系。它们之间因此发生争议而引起的诉讼，不是民事诉讼，而是行政诉讼。尽管行政诉讼中的被告通常是行政机关，但是为了维护行政管理相对人的合法权益，监督由法律、法规授权的组织依法行政，将其列为行政诉讼的被告，适用行政诉讼法解决其与管理相对人之间的行政争议，有利于化解社会矛盾、维护社会稳定。

按照15号文件的分工,确定哪一家医疗机构有开办"120"急救中心的资格,由卫生行政主管部门负责;而审查申请开通"120"急救电话的医疗机构是否符合15号文件的规定,决定是否给其开通"120"急救电话,则由邮电局负责。上诉人县中医院是被批准开办"120"急救中心的合格单位。县中医院向被上诉人县邮电局提出开通"120"急救电话的申请后,县邮电局即着手安装。该局后来又以"120"急救电话的开通应由邮电与卫生行政部门共同确定为由,拒绝对县中医院履行开通职责,却私自为另一家未经审批的医院开通"120"急救电话。这一事实说明,所谓"应由邮电与卫生行政部门共同确定",只是县邮电局为达到与卫生行政部门分享开通确定权的目的而对15号文件的曲解;当其分权目的无法达到时,就不再坚持共同确定的主张,单方行使"120"急救电话的开通权力。

综上所述,被上诉人县邮电局在接到上诉人县中医院的申请后拒不开通"120"急救电话,是不履行职责的错误行政行为,应当纠正。县邮电局为推卸责任而提出的县中医院申办不符合文件规定、自己已经履行了开通"120"急救电话的义务、不具备行政诉讼被告资格等辩解理由,均不能成立。县中医院的主要上诉理由成立,应当采纳。县中医院请求县邮电局赔偿购置的急救车辆和其他设施不能正常运转的损失问题,鉴于急救车辆和急救设备没有投入急救使用,这项损失不宜按《中华人民共和国国家赔偿法》第二十八条(七)项规定的"直接损失"计算,因此依法不予支持。原审法院认定事实清楚,但适用法律错误,应予改判。据此,怀化市中级人民法院依照行政诉讼法第五十四条(三)项的规定,于1998年10月28日判决:

一、撤销溆浦县人民法院(1998)溆行初字第66号行政判决;

二、限被上诉人溆浦县邮电局从接到本判决书的次日起15天内为上诉人溆浦县中医院履行法定职责。

本案一、二审诉讼费3400元,由被上诉人溆浦县邮电局负担。

宿海燕不服劳动教养决定案①

原告:宿海燕,女,1952年6月21日出生,四川省自贡市自流井区人。
被告:海南省海口市劳动教养管理委员会。
法定代表人:张海国,该委员会主任。

---

① 《最高人民法院公报》2000年第3期。

原告宿海燕不服被告海南省海口市劳动教养管理委员会对其作出的劳动教养决定，向海南省海口市新华区人民法院提起行政诉讼。

原告诉称：我此次来海南，只是想与王国平就我们之间的债权债务说清楚，看看有没有了结的可能。我没有纠集他人到王的住所，更没有指使他人将王国平、王伟平兄弟砍伤和抢走其财物。被告以我参与伤害王氏兄弟为由，决定对我劳动教养三年，认定的事实不清，证据不足。请求撤销被告的劳动教养决定。

被告辩称：根据原告宿海燕参与伤害王国平、王伟平兄弟的事实，依法决定对其劳动教养三年，认定的事实是清楚的，证据是确凿的，适用法律正确且程序合法。法院应当予以维持。

海口市新华区人民法院经审理查明：

原告宿海燕和被害人王国平曾经在广西北海市合作开办一美食城，涉案人王斌是当时的美食城办公室主任。后王国平未经宿海燕同意，私自将双方的合作项目转让给他人，自己来海口开办公司。涉案人邱光富、王先养原是王国平在海口市开办的公司中的职工，后二人均以工资入股该公司。自邱光富、王先养入股后，王国平的公司再未给二人发过工资。

1997年2月16日，原告宿海燕、其子李山和王斌从四川成都同机飞到海口市以后，就与邱光富、王先养一同到海口市机场东路翠竹园别墅13A—D座（王国平的公司住所地）找王国平。当晚11时许，王国平、王伟平兄弟回到公司。双方在谈论债权债务时发生冲突，继而相互纠缠殴打。在纠缠过程中，李山、王斌、邱光富、王先养用菜刀砍、用手脚打王国平、王伟平，致二王轻伤。宿海燕在一旁发现王国平、王伟平受伤后，将其送往海南医院秀英留医部诊治，并帮其交付了入院费用，后在守护病人时被派出所抓走。

1997年3月14日，被告海口市劳动教养委员会以（97）海劳教字第130号决定书认定：原告宿海燕以债务纠纷为由，于1997年2月16日从四川来海口，纠集李山、王斌等5人于当晚11时许到王国平的住所守候，用砍刀和手脚将王国平、王伟平兄弟砍、打至轻伤，并抢走一些财物。宿海燕有纠集伤害他人的行为，根据国务院《关于劳动教养问题的决定》及其《补充规定》的规定，决定对宿海燕劳动教养三年。

海口市新华区人民法院认为：在王国平、王伟平兄弟被砍、打成轻伤的事件中，在场的5个人，究竟是原告宿海燕纠集其他人，还是其他人纠集宿海燕；究竟是谁叫动手打人的，都有谁动了手，尚未查清。宿海燕多次说过其并未叫人打王氏兄弟，也不承认自己动手打人。被告劳动教养委员会仅凭被害人王国平、王伟平的陈述,在没有其他旁证材料的情况下认定是宿海燕纠集伤害他人,显属事实不清、主要证据不足。况且劳动教养决定中只提到适用国务院《关于劳动教养问题的决定》及其《补充规定》,没有指出适用的具体条款,是适用法律不当。为此,海口市新华区人民法院依照《中华人民共和国行政诉讼法》第五十四条第二项第一、二目的规定,于 1998 年 4 月 23 日判决:

撤销被告海口市劳动教养管理委员会 (97) 海劳教字第 130 号对原告宿海燕劳动教养三年的决定。

一审宣判后,被告海口市劳动教养管理委员会不服,以一审判决忽略了这一事件的前因后果中所存在的客观的、必然的联系,否认了原告宿海燕的行为在整个事件中的客观存在,从而导致判决错误为由,向海口市中级人民法院提起上诉。

被上诉人宿海燕辩称:一审判决认定事实和适用法律正确,判决公正,应当维持。

海口市中级人民法院经审理认为:被上诉人宿海燕和其他四人在同王国平、王伟平谈论合伙经商的债权债务时发生冲突,李山、王斌、邱光富、王先养在与王国平、王伟平相互斗殴中,造成王国平、王伟平轻伤。由于没有旁证材料证明此次事件是宿海燕纠集所为,其后果应由参与斗殴的李山、王斌等人承担。上诉人海口市劳动教养管理委员会在只有王国平、王伟平的陈述而没有其他证据互相印证的情况下,仅凭宿海燕与王国平之间过去有感情上的纠葛和经济上的纷争,宿海燕是案发当天从四川飞赴海口,当晚又在现场等事实,就推断宿海燕必有纠集并伤害他人的行为,从而作出对宿海燕劳动教养三年的决定,是错误的,应予撤销。一审认定事实清楚,适用法律正确,应予维持。上诉人的上诉理由不能成立,不予采纳。据此,海口市中级人民法院依照《中华人民共和国行政诉讼法》第六十一条第(一)项的规定,于 1998 年 7 月 21 日判决:

驳回上诉,维持原判。

宜昌市妇幼保健院不服宜昌市工商行政管理局行政处罚决定案①

原告:湖北省宜昌市妇幼保健院。住所地:湖北省宜昌市夷陵路 118 号。

---

① 《最高人民法院公报》2001 年第 4 期。

法定代表人：姚昌本，该院院长。
委托代理人：张培，该院副院长。
委托代理人：姚志成，湖北西陵律师事务所律师。
被告：湖北省宜昌市工商行政管理局。住所地：湖北省宜昌市果园二路。
法定代表人：王勇，该局局长。
委托代理人：孙昌伟、蔡异新，该局干部。

被告湖北省宜昌市工商行政管理局（以下简称工商局）于2000年2月11日作出的宜市工商处字（2000）027号行政处罚决定书认定：原告湖北省宜昌市妇幼保健院（以下简称保健院）在药品采购活动中，先后收受宜昌市医药公司等10家药品经销企业给付的款、物共26笔，计58721.58元，其行为违反了《中华人民共和国反不正当竞争法》（以下简称反不正当竞争法）第八条第一款和国家工商局《关于禁止商业贿赂行为的暂行规定》第二条第一款、第四条的规定，是不正当竞争行为。根据反不正当竞争法第二十二条的规定，决定对该院处罚款1万元。

原告保健院不服被告工商局的这一行政处罚决定，向湖北省宜昌市西陵区人民法院提起行政诉讼。

原告诉称：一、被告的行政处罚决定存在着认定事实和适用法律的错误。（1）被告认定我院收受26笔款、物计58721.58元中，认定我院收受安琪生物制药公司经营部的那一笔有误。我院于1999年7月9日接受安琪生物制药公司经营部捐赠的15900元后，已于同年12月17日退给该经营部7846.39元，这笔退款应当从总收受款数中扣除。因此我院实际受赠数额应为50875.19元，不是58721.58元。（2）受赠全部款、物已经依法列入我院财务账，这是一种明示的折扣行为，不属于商业贿赂。即使折扣比例不当或者入账科目不对的问题确实存在，也不应由工商行政管理机关查处。（3）我院是全民所有制财政全额拨款的公益事业单位，不是能够作为市场主体的经营者，不属于反不正当竞争法调整的范围。二、被告的行政处罚决定存在着程序违法的问题。（1）被告在《检查通知书》中通知的被检单位是"宜昌市妇幼保健医院"，不是我们"宜昌市妇幼保健院"。被告持这样的《检查通知书》对我院进行调查，是调查的对象错误。（2）被告的行政处罚决定书只记载了我院接受捐赠的总数额，未载明据以认定该数额的证据。请求依法撤销被告作出的这一行政处罚决定，并判令被告承担本案全部诉讼费用。

原告保健院提交了如下证明材料：
1. 保健院办理的事业单位法人登记证；

2. 中共中央、国务院1997年1月15日发布的《关于卫生改革与发展的决定》；

3. 保健院收受涉案款的收款收据、银行现金送存单票样一组；

4. 保健院收受涉案款、物明细表；

5. 宜昌市红十字会关于给保健院捐赠药品的证明；

6. 宜昌市红十字会办理的社团法人登记证；

7. 《湖北省实施〈中华人民共和国红十字会法〉办法》。

被告辩称：一、原告在1998年11月至1999年8月间的药品购销活动中收受的58721.58元款、物，虽然入了本单位财务账，但所入科目不能如实准确地反映购药成本，其行为实质上是账外暗中收受回扣。二、原告作为药品购销活动中的购方单位，本身不是消费者，所购药物转手卖给了患者。原告虽然是全额拨款的医疗卫生事业单位，但是其日常业务活动都是有偿的，其采购药品的行为是一种商品经营行为，属于反不正当竞争法调整的对象。根据国家工商局《关于禁止商业贿赂行为的暂行规定》的第四条和国家工商局、卫生部、国家医药管理局、国家中医药管理局、国务院纠风办工商公字（1996）第127号文件规定的精神，对于医疗卫生机构在药品购销活动中收受回扣及其他商业贿赂行为，工商行政管理机关有权依照反不正当竞争法的规定进行查处。因此，我局对原告作出的行政处罚决定，认定事实清楚，适用法律正确，人民法院应当维持。

被告工商局提交了如下证明材料：

1. 宜市工商处字（2000）027号行政处罚决定书及送达回证；

2. 2000年2月1日作出的工商述字（2000）第27号《行政处罚决定告知书》及其送达回证；

3. 1999年11月3日填报的立案审批表；

4. 1999年11月16日作出的《关于宜昌市妇幼保健院商业贿赂行为一案的调查终结报告》（附保健院收受款、物明细表）；

5. 1999年11月2日、11月8日、11月9日分别对保健院吴庆鄂、张培、曹敏、王永青的询问笔录各一份；

6. 保健院1998年、1999年其他收入账；

7. 保健院收受款、物记账凭证和收款收据票样；

8. 宜昌市三峡制药厂经营部药品销售发票票样；

9. 《中华人民共和国反不正当竞争法》；

10. 《湖北省反不正当竞争条例》；

11. 国家工商局《关于禁止商业贿赂行为的暂行规定》；

12. 湖北省工商局1998年10月19日对《关于医院是否属〈反不正当竞争法〉调整主体等问题的请示》的批复；

13. 国家工商行政管理局、卫生部、国家医药管理局、国家中医药管理局、国务院纠正行业不正之风办公室联合颁发的工商公字（1996）第127号文、工商公字（1997）第91号文、工商公字（1998）第66号文；

14. 国务院办公厅国办法（1999）75号文。

湖北省宜昌市西陵区人民法院经审理查明：

原告保健院为全额拨款的全民所有制卫生事业单位，服务对象面向社会，开设内、外、妇、儿、皮肤、医疗美容、口腔等诊疗科目。自1998年11月至1999年8月期间，保健院在药品采购活动中，先后收受宜昌市医药公司等10家药品经销企业给付的25笔款计54921.58元，收受价值3800元的空调一台，两项合计58721.58元。以上收受的款、物，分别计入了该院财务账的其他收入科目和固定资产科目中。1999年11月，被告工商局在对保健院的药品购销活动进行检查时发现这一问题，通过立案、调查后于2000年2月1日，向保健院送达了工商述字（2000）第27号《行政处罚决定告知书》。保健院在法定期间内未行使陈述、申辩权。2月11日，工商局作出宜市工商处字（2000）027号行政处罚决定，以保健院收受款、物的行为违反了反不正当竞争法第八条第一款、国家工商行政管理局（1996）第60号令《关于禁止商业贿赂行为的暂行规定》第二条第一款、第四条的规定为由，根据反不正当竞争法第二十二条的规定，决定对保健院处罚款1万元。2月13日，行政处罚决定书送达保健院。保健院不服，提起诉讼。

湖北省宜昌市西陵区人民法院认为：

原告保健院称其在收受安琪生物制药公司经营部的15900元后又退回7846.39元，这笔退款应当从总收受款数中扣除。因此收受款、物的总额应为50875.19元，不是58721.58元。保健院的这一主张，不仅与自己的账目记载不符，也不能提供出相关证据，不能成立。被告工商局认定保健院收受了总额为58721.58元的款、物，是正确的。

《反不正当竞争法》第二条第三款规定："本法所称的经营者，是指从事商品经营或者营利性服务（以下所称商品包括服务）的法人、其他经济组织和个人。"此条规定将从事商品经营或者营利性服务的法人、其他经济组织和个人统称为经营者，并未对经营者的经济性质进行区分。原告保健院虽属全额拨款的公益卫生事业单位，但从其业务活动看，所提供的医疗服务和销售的药品都是有偿的，因此其购销药品是商品经营行为。另外，反不正当竞争法第八条第一款规定："经营者不得采用财物或其他手段进行贿赂以销售或购买商品。在账外暗中给予对方单位或个人回扣的，以行贿论；对方单位或个人在账外暗中收受回扣的，以受贿论。"其中的对方单位或个人，更不是专指经营者，包括了所有从事公务采购活动而在账外暗中收受回扣的单位和个人。保健院采购药品，是其从事的公务活动之一。从事此项活动时的保健院，是反不正当竞争法所称的经营者。保健院称其不属于反不正当竞争法的调整对象，理由不能成立。

《反不正当竞争法》第八条第二款规定："经营者销售或者购买商品，可以以明示方式给对方折扣，可以给中间人佣金。经营者给对方折扣、给中间人佣金的，必须如实入账。接受折扣、佣金的经营者必须如实入账。"所谓回扣，是指因购销活动而在账外、暗中给予或者接受对方的现金、实物。所谓折扣，是指在购销商品时，以明示并如实入账的方式给予或接受的价格优惠。两者虽然都是在经营活动中给付或者接受对方的一定经济利益，但区别在于回扣是账外、暗中进行的，对回扣与经营活动的联系，当事人在公开场合采取回避态度；而折扣是以明示并如实入账的方式进行，当事人无需回避折扣与经营活动之间的联系。这里所说的账，是指按照财会制度设立的、能够如实反映经营活动的账目，不是指除此以外的其他账目。原告保健院虽然将在药品采购活动中收受药品经销企业给付的款、物入了账，但所入的并非反映药品购销活动的经营账，而是其他账目。这种入账方式，不能如实反映接受款、物与采购药品之间的联系，不能反映所购药品的实际成本，不能如实反映双方之间的经营活动。因此以这种入账方式接受款、物，对于药品经营活动来说，还是账外的、暗中的。被告工商局认定保健院收受款、物的行为属于账外暗中收受回扣，是正确的。保健院诉称这是一种明示的折扣行为，理由不能成立。《反不正当竞争法》第二十二条规定："经营者采用财物或者其他手段进行贿赂以销售或者购买商品，构成犯罪的，依法追究刑事责任；不构成犯罪的，监督检查部门可以根据情节处以一万元以上二十万元以下的罚款，有违法所得的，予以没收。"工商局据此对保健院处以罚款1万元，于法有据。

被告工商局出具的《检查通知书》上开列的被检单位是"宜昌市妇幼保健医院"，与原告保健院的单位名称相差一个字。工商局要调查和处罚的事实，确实发生在保健院。对工商局调查并处罚的事实，保健院除在没有证据的情况下主张已经给安琪生物制药公司经营部退还7864.39元外，并不否认其他事实与自己有关。因此，不存在调查对象错误的问题。《检查通知书》上开列的被检单位名称，实属笔误。

被告工商局制作的行政处罚决定书，虽然只载明违法事实，没有按照《中华人民共和国行政处罚法》的规定载明认定这些事实的证据，但这些证据在进行处罚时已经存在，并且原告保健院只对事实的定性有异议，并不否认事实本身的存在。这说明，行政处罚决定书存在着制作不规范，内容不完备的问题。

综上，被告工商局作出的宜市工商处字（2000）027号行政处罚决定书，认定事实清楚，适用法律正确，虽然存在着制作不规范的问题，但不构成违反法定程序，应当维持。据此，湖北省宜昌市西陵区人民法院于2000年7月7日判决：

维持被告工商局的宜市工商处字（2000）027号行政处罚决定。

本案诉讼费200元，由原告保健院负担。

保健院不服一审判决，向湖北省宜昌市中级人民法院提起上诉。理由是：上诉人是全额拨款的卫生事业单位，是为社会提供医疗保健服务而使用药品，并非变相买卖药品。上诉人从事的是非营利性公益事业，所获收益用于弥补财政拨款的不足。上诉人收受的捐赠款、物，按规定不记入药品账，不存在账外暗中收受回扣的问题。原判认定上诉人是反不正当竞争法调整的经营者，账外暗中收受了回扣，是错误地适用了法律。原判一方面承认行政处罚决定书制作不够规范、内容欠完备，一方面又说行政处罚决定书尚不违反法定程序，是自相矛盾。另外，被上诉人进行行政处罚，没有进行听证程序，公然违反了行政处罚法的规定。请求撤销一审判决，改判撤销被上诉人作出的行政处罚决定。

上诉人保健院在二审中提交的证明材料有：

1. 卫生部、国家中医药管理局、财政部、国家发展计划委员会2000年7月18日印发的《关于城镇医疗机构分类管理的实施意见》；

2. 2000年7月18日保健院向宜昌市财政局提交的《关于药品折扣（捐赠）收入账务处理的请示》及宜昌市财政局2000年8月11日对该请示的复函；

3. 财政部、卫生部颁发的《医院会计制度》、《医院财务制度》；

4. 财政部颁发的《事业单位会计制度》、《事业单位财务规则》；

5. 1999年3月10日湖北省财政厅、卫生厅印发的《关于医疗卫生单位执行新会计制度有关规定的通知》；

6. 湖北省卫生厅1999年10月19日印发的《关于加强医疗收费和药品购销管理工作的通知》；

7. 1999年8月24日宜昌市物价局印发的《宜昌市药品价格管理规定》；

8. 1999年1月1日保健院分别与宜昌市三峡制药厂经营部等药品经销企业签订的供货协议书样本（共6份）。

被上诉人工商局答辩称：上诉人购销药品都是有偿的，实际上是商品经营行为。反不正当竞争法第八条第一款规定的"对方单位或者个人"，并不排除事业单位法人。上诉人收受药品经销企业的款、物，没有冲减购药成本，而是记入其他收入和固定资产科目，其行为已丧失了折扣的本来面目，变成账外暗中收受回扣的商业贿赂行为。被上诉人对上诉人所处罚款是1万元，不需适用听证程序。一审判决认定事实清楚，适用法律正确，应当维持。

被上诉人向二审法院补充提交的证明材料有：

1. 1999年1月1日保健院分别与宜昌市三峡制药厂经营部等药品经销企业签订的供货协议书样本（共5份）；

2. 保健院的医疗机构执业许可证；

3. 1999年10月20日保健院所作的纠正医药购销中不正之风的自查自纠报告；

4. 保健院1999年8月30日填报的《1998年以来药械购销折扣自查自纠情况登记表》；

以上证据均已在一审中经过庭审质证，但未向一审法院提交，应二审法院的要求补充提交。

5. 国家工商行政管理局制定的《工商行政管理机关行政处罚听证暂行规则》。

湖北省宜昌市中级人民法院经开庭审理，确认上诉人保健院在一审中提供的第5、6、7号证据与本案无关，不能作为认定本案事实的根据；除此以外保健院和被上诉人工商局提交的其他证据，取得程序和收集方式合法，可以作为认定本案事实的根据。二审根据本案有效证据认定的事实，与一审无异。还查明，一审法院审理程序合法，双方当事人对一审法院的审理程序不持异议。

湖北省宜昌市中级人民法院认为：

《反不正当竞争法》第二条第三款规定的该法调整对象，不仅包括经核准登记、持有工商营业执照的经营者，还包括其他从事了经营行为或营利性服务等与市场竞争有关活动的法人、其他经济组织和个人。上诉人保健院虽为财政全额拨款的非营利性公益卫生事业单位，但其日常业务活动是营利的，这种活动是与市场竞争有关的经营行为，应当依照反不正当竞争法去规范。依法规范保健院的经营行为，不影响保健院将在经营中的获利用于其所称的弥补财政拨款不足。保健院上诉称其属于财政全额拨款的非营利性事业单位，所获收益用于弥补财政拨款不足，因此不应受反不正当竞争法调整的理由，不能成立。

上诉人保健院以其在二审中提交的证据，主张其收受款、物入账是符合这些财务规定的。经查，这些证据只证明保健院对接受的捐赠款、物应当如何入账，并非指对接受的回扣或者折扣应当如何入账。而捐赠与回扣或者折扣是不同的概念。捐赠可以发生在任何时候，捐赠是无偿的，不能以受捐赠人必须对捐赠人的经营活动作出回报为前提。回扣或者折扣则发生在经营活动中，是经营者为促成经营使用的手段，接受回扣或者折扣的一方必须与经营者做成交易，才能获得回扣或者折扣。虽然保健院对收受的款、物冠以"捐赠"的名义，但不能掩盖保健院是因做成药品交易而收受了这些款、物的真相。如果保健院不与药品经销企业做成药品交易，则这些企业就不会给保健院"捐赠"。因此，保健院收受的涉案款、物，不是捐赠款、物。保健院按捐赠款、物入账的规定来主张自己对收受涉案款、物的入账是正确的，理由不能成立。由于保健院对收受的款、物虽然入了账，但不是如实入账，不符合折扣"明示并如实入账"的要求，所以保健院上诉主张这些款物是变相折扣或高额折扣，理由也不能成立。

被上诉人工商局作为专门的监督检查部门，在对上诉人保健院作出处罚前，进行了立案、调查取证，并送达了处罚告知书，交待了陈述和申辩权，其处罚程序符合法律规定。工商局作出的处罚决定中没有具体载明据以认定保健院违法行为存在的证据名称，使其处罚决定书的内容不完备，是行政行为的轻微瑕疵。工商局的这一行政瑕疵没有达到侵害行政管理相对人合法权益的程度，不影响其处罚决定的有效成立，因此不能认定工商局的行政行为程序违法。

《中华人民共和国行政处罚法》第四十二条规定："行政机关作出责令停产停业、吊销许可证或者执照、较大数额罚款等行政处罚决定之前，应当告知当事人有要求举行听证的权利；当事人要求听证的，行政机关应当组织听证。"参照国家工商行政管理局制定的《工商行政管理机关行政处罚听证暂行规则》第六条第三项的规定，工商行政管理机关对法人或者其他组织处以5万元以上的罚款，应当告知当事人有要求举行听证的权利。被上诉人工商局对上诉人保健院所处罚款为1万元，没有达到行政处罚法中关于"较大数额罚款"的规定，依法可以不适用听证程序。保健院上诉称工商局未适用听证程序违反了行政处罚法的规定，其理由仍然不能成立。

被上诉人工商局根据查证的事实，依照反不正当竞争法第二十二条的规定,对上诉人保健院处以罚款 1 万元,适用法律正确,罚款数额在法定幅度内。一审判决维持工商局所作的行政处罚决定,认定事实清楚,证据充分,适用法律正确,程序合法。据此,湖北省宜昌市中级人民法院于 2000 年 11 月 21 日判决:

驳回上诉,维持原判。

二审案件受理费 200 元,由上诉人保健院负担。

李治芳不服交通事故责任重新认定决定案①

原告:李治芳,男,30 岁,福建省连城县烟草公司驾驶员,住连城县莲峰镇。

委托代理人:吴生发,福建省连城县法律服务中心法律工作者。

被告:福建省龙岩市公安局交通警察支队。

法定代表人:叶鉴金,该支队支队长。

委托代理人:叶圻、陈海岩,龙岩市公安局交通警察支队干警。

第三人:邱家流,男,51 岁,工人,住连城县莲峰镇。

第三人:刘莲华,女,42 岁,居民,系邱家流妻子,住址同上。

第三人:邱炳钦,男,41 岁,农民,住连城县揭乐乡。

第三人:谢小玲,女,40 岁,农民,系邱炳钦妻子,住址同上。

第三人:周丽华,女,19 岁,居民,住连城县莲峰镇。

第三人:李霞,女,成年,居民,住连城县商业局综合厂宿舍。

被告福建省龙岩市公安局交通警察支队(以下简称龙岩交警队)于 2000 年 10 月 12 日作出(2000)第 343 号《道路交通事故责任重新认定决定书》,认定:(1)邱森彬无证驾车,违章载人妨碍驾驶,占道行驶,是造成交通事故的原因之一,其行为违反了《道路交通管理条例》第六条、第二十五条、第三十三条第(一)项、第四十九条第(一)项的规定;(2)李治芳驾车占道行驶,未遵守右侧通行的原则,是造成交通事故的原因之一,其行为违反了《道路交通管理条例》第六条、第四十九条第(一)项的规定。决定撤销福建省连城县交通警察大队(以下简称连城交警队)第 20001033 号《道路交通事故责任认定书》的责任认定,重新认定邱森彬和李治芳负本事故的同等责任。原告李治芳不服该决定,向福建省连城县人民法院提起行政诉讼。

---

① 《最高人民法院公报》2001 年第 5 期。

原告诉称：被告的重新认定决定书，以原告占道行驶为由推翻连城交警队的责任认定，是错误的。认定原告占道行驶，没有事实根据。请求依法撤销被告的责任重新认定决定书，并判决被告重新作出责任认定。

被告辩称：此次重大交通事故的发生有两个原因。原告李治芳的责任是：第一，《道路交通事故现场勘查图》和现场照片反映，李治芳采取紧急制动留在道路上的制动拖印，是从道路中心线左侧0.5m呈斜线状往右侧滑行，证明李治芳在发现危险前占据对方道路行驶。由于李治芳未遵守右侧通行的原则驾车占道行驶，才使邱森彬在会车时对李治芳的行车动态判断失误，造成事故的发生。第二，现场勘查图表明，肇事路段宽直，视线良好，很早就可以发现对方来车的动态。从李治芳留下的制动压印长3.6m、拖印长15.1m可以判断，李治芳发现险情时距离对向来车应在30m以上。这个距离内，只要驾驶员反应及时、处置有效，是可以避免事故发生的。但由于李治芳车速过快，驾车时疏忽大意，以致发现险情后采取紧急避险的措施不当。当然，对方邱森彬无证驾驶摩托车，后载三人，妨碍操作，交会车时占道行驶，也是造成交通事故的原因。综上所述，被告的责任认定事实清楚，证据确实，适用法律正确，程序合法，人民法院应当维持被告作出的责任重新认定决定书。

被告龙岩交警队向法庭提交了证人林钦才、吴镭的证言、现场勘查简图、道路交通事故照片一组、道路交通事故车辆技术鉴定书、讯问李治芳笔录等证据。

福建省连城县人民法院经审理查明：

2000年7月26日，第三人邱家流、刘莲华之子邱森彬无证驾驶闽FH2042号二轮摩托车，后载第三人邱炳钦、谢小玲之女邱丽君和第三人周丽华、李霞等三人，由文亨方向往连城城区行驶。原告李治芳驾驶闽F60590号金杯牌小客车，由连城城区往文亨方向行驶。双方行至建文线175km+920m处交会时发生碰撞，造成邱森彬受伤后送医院经抢救无效死亡，邱丽君当场死亡，李霞、周丽华受伤，两车损坏的重大交通事故。同年8月25日，连城交警队作出的第20001033号《道路交通事故责任认定书》认定：邱森彬无证驾车、超载三人、占道行驶，应负事故的主要责任；李治芳车速过快、疏忽大意、临危采取措施不当，应负事故的次要责任。第三人邱家流不服连城交警队的责任认定，向被告龙岩交警队申请复议。同年10月12日，龙岩交警队以（2000）第343号《道路交通事故责任重新认定决定书》，撤销了连城交警队第20001033号《道路交通事故责任认定书》，重新认定邱森彬无证驾车、违章载人妨碍驾驶、占道行驶，是造成交通事故的原因之一，应负本次事故的同等责任；李治芳驾驶车辆占道行驶,是造成事故的原因之一,应负本次事故的同等责任。李治芳不服该重新认定,提起诉讼。

上述事实,有被告龙岩交警队提交的证据和三方当事人的陈述笔录证明。所有证据经庭审质证和审查,可以作为认定本案事实的根据。

福建省连城县人民法院认为:

现场勘查简图和道路交通事故照片表明,原告李治芳驾驶的金杯牌小客车的轮胎制动拖印起于连城城区往文亨方向路中线左侧0.5m,沿斜线向右进入自己一侧的车道内后,又前行约6.15m,在距离路中线0.46m处出现轮胎制动拖印拐点(即两车碰撞点)。这些证据证明,两车碰撞时,李治芳驾驶的金杯牌小客车在自己一侧的车道内,而邱森彬驾驶的二轮摩托车处在占道位置。被告龙岩交警队认定李治芳驾驶的金杯牌小客车占道行驶,无事实根据,认定有误;认定邱森彬无证驾驶,违章载人妨碍驾驶,占道行驶,事实清楚,证据充分,应予确认。据此,该院于2000年12月19日判决:

撤销被告龙岩交警队所作的(2000)第343号《道路交通事故责任重新认定决定书》中关于责任认定的部分。龙岩交警队应从判决生效之日起30日内对本事故重新作出责任认定。

案件受理费100元,其他诉讼费500元,由被告龙岩交警队负担。

第一审宣判后,龙岩交警队不服提起上诉,理由是:被上诉人李治芳的占道行驶,有现场勘查简图和道路交通事故照片上金杯牌小客车的制动拖印证明,是不容否认的事实。制动拖印起于道路中心线左侧0.5m,只说明该车是从这里开始留下制动拖印,不能说明该车在留下制动拖印前也一直是仅占据道路左侧0.5m。在两车相会的情况下,李治芳占道行驶,势必影响对方来车作出正确判断。原审判决否定李治芳占道行驶的事实,是认定事实不清。请求撤销一审判决,改判维持上诉人的(2000)第343号《道路交通事故责任重新认定决定书》。福建省龙岩市中级人民法院经二审,查明的事实与一审相同。

龙岩市中级人民法院认为:

1991年9月22日国务院以第89号令发布的《道路交通事故处理办法》第十七条第二款规定:"当事人有违章行为,其违章行为与交通事故有因果关系的,应当负交通事故责任。当事人没有违章行为或者虽有违章行为,但违章行为与交通事故无因果关系的,不负交通事故责任。"第十九条第二款规定:"两方当事人的违章行为共同造成交通事故的,违章行为在交通事故中作用大的一方负主要责任,另一方负次要责任;违章行为在交通事故中作用基本相当的,两方负同等责任。"

道路交通事故责任认定,首先要查明道路交通事故发生时,各方当事人的哪些行为与事故的发生有因果关系,然后认定这些行为是否违章,行为人应当承担什么责任。上诉人龙岩交警队提交的现场勘验简图,反映出现场路段有效路宽为15.1m,半幅路宽7.55m,路面视线良好。现场勘验简图和现场照片证实,两车碰撞点位于被上诉人李治芳驾驶的金杯牌小客车行驶的车道内距路中心线0.46m处,这是道路交通事故发生时两车所处的位置。金杯牌小客车在开始制动时虽然跨越道路中心线0.5m,但左侧仍留有约6米宽的有效路面。即使李治芳不向本车道驶回,所余有效路面也足可以使对向邱森彬驾驶的二轮摩托车安全通过。另外从金杯牌小客车的制动拖印、证人林钦才、吴镪的证言和讯问李治芳笔录中还可以看出,金杯牌小客车驶回本车道时,距离邱森彬的摩托车尚有30余米;从李治芳发现险情采取制动措施到两车碰撞时,邱森彬的摩托车始终处于占道位置。这些情节都证明,李治芳在发现险情前虽有占道行驶的行为,但该行为不会使对向驾驶摩托车的邱森彬认为前行无路,从而采取进入逆行车道的避险措施。李治芳自发现险情就开始制动同时驶回本车道,此时相距30m以外的邱森彬如也能进入自己一侧的车道行驶,则两车相撞的事故完全可以避免。而邱森彬是无证驾驶,驾驶技术的不熟练影响其作出正确判断;又因摩托车严重超载,邱森彬无法把握车辆行驶的正确方向,才使其不能及时驶回自己一侧的车道,而在李治芳一侧的车道内与李治芳驾驶的金杯牌小客车相撞。在本次事故中,邱森彬的无证驾车、违章载人和占道行驶等违章行为,显然是导致事故发生的主要原因。而李治芳的占道行驶违章行为,却与事故的发生不存在因果关系,不应因此对交通事故的发生承担责任。龙岩交警队以李治芳占道行驶为由,认定李治芳与邱森彬在本次事故中均负同等责任,显然不当。一审判决撤销龙岩交警队作出的《道路交通事故责任重新认定决定书》,并判决龙岩交警队对此次交通事故的责任重新作出认定,是正确的。龙岩交警队的上诉理由不能成立,应予驳回。据此,龙岩市中级人民法院依照《中华人民共和国行政诉讼法》第六十一条第(一)项的规定,于2001年4月4日判决:

驳回上诉,维持原判。

二审案件受理费100元,由上诉人龙岩交警队负担。

沈希贤等182人诉北京市规划委员会颁发建设工程规划许可证纠纷案①

原告：沈希贤等182人（名单略）。

诉讼代表人：沈希贤，北京市朝阳区潘家园南里4楼居民。

诉讼代表人：王根保，北京市朝阳区潘家园南里6楼居民。

诉讼代表人：孙建荣，北京市朝阳区潘家园南里6楼居民。

被告：北京市规划委员会。住所地：北京市西城区。

法定代表人：陈刚，该委员会主任。

第三人：中国疾病预防控制中心营养与食品安全所。住所地：北京市朝阳区。

法定代表人：王茂起，该所所长。

第三人：中国疾病预防控制中心环境与健康相关产品安全所。住所地：北京市朝阳区。

法定代表人：金银龙，该所所长。

北京市规划委员会（以下简称规划委员会）根据《中华人民共和国城市规划法》（以下简称城市规划法）第三十二条之规定，于2001年12月10日向第三人原卫生部卫生监督检验所（已与其他单位合并为中国疾病预防控制中心营养与食品安全所，以下简称食品安全所）、第三人原中国预防医学科学院环境卫生监测所（已与其他单位合并为中国疾病预防控制中心环境与健康相关产品安全所，以下简称健康安全所）颁发了2001规建字1769号《建设工程规划许可证》，许可第三人在朝阳区潘家园南里7号建设二级动物实验室。原告不服该《建设工程规划许可证》，向北京市西城区人民法院提起行政诉讼。

原告诉称：我们均系北京市朝阳区潘家园南里4号楼和6号楼的居民，与第三人的住所地仅隔一条马路。被告规划委员会就动物实验室建设项目向第三人食品安全所和健康安全所核发的《建设工程规划许可证》，违反法定程序，不符合法律规定的精神。建设污染环境的项目，必须遵守国家有关建设项目环境保护管理的规定。建设项目的环境影响报告书，必须对建设项目产生污染和环境作出评价，规定防治措施，经项目主管部门预审并依照规定的程序报环境

---

① 《最高人民法院公报》2004年第3期。

保护行政主管部门批准。环境影响报告书经批准后，计划部门方可批准建设项目设计任务书。但规划委员会于 2000 年 9 月 11 日就核定了《审定设计方案通知书》，确定了本项目的可行性研究结论。而本案的第三人却在 2000 年 12 月 7 日才就动物实验室建设项目向北京环境保护局（以下简称环保局）申请办理环保审批，2002 年 2 月 21 日环保局才给予确定批复。由于本项目在可行性研究阶段并未进行环境影响评估，被告的审批行为显然不符合法律规定。本案中被告核准的动物实验室工程设计方案中，实验室与原告的住宅楼之间的距离为 19.09 米，不符合 GB14925—2001 号国家标准中关于实验动物繁育、生产、试验设施应与生活区保持大于 50 米距离的规定。另外，卫生部颁布施行的《卫生系统实验动物管理暂行条例》规定，具有一定规模的实验动物室建筑，周围至少应有 20 米的卫生隔离区，而原告住宅楼与该动物实验室之间是马路，显然不符合卫生隔离区的概念。本案中承担建设项目环境评价任务的中国预防医学科学院环境卫生与卫生工程研究所虽具有一定资质，但因与第三人同属中国预防医学科学院的下属单位，所作的环境影响评价难免有失公正。请求法院撤销被告为第三人颁发的《建设工程规划许可证》。

原告提交的证据有：

1. 有关动物实验室照片 15 张。以证明第三人现在已有的动物实验室对周围居民环境有影响，并发生过冲突的事实。

2. 调查笔录 2 份：其一为侯树森等 5 人的笔录，其二为贾彦君的笔录。以证明第三人现有的动物实验室对周围环境有影响，以及为建设动物实验室，建设单位与周围居民发生过冲突的事实。

被告辩称：我委核发《建设工程规划许可证》是依法履行法定职责，本案的建设项目建设单位曾组织专家就此进行过论证并报行业主管部门审批。卫生部于 2000 年 1 月作出批复，同意第三人在朝阳区潘家园 7 号院内建设清洁级动物实验室。北京市城乡建设委员会于 2001 年 11 月下达了建设项目施工计划通知书。据此，我委于 2001 年 12 月给第三人核发了《建设工程规划许可证》。关于本案审批项目的环保问题，除我委核发规划许可证前卫生部已有相关批复外，核发该规划许可证后，环保局亦于 2002 年 2 月对该建设项目核发了《关于卫生部食品卫生检验所动物房项目环境影响报告表的批复》，上述情况说明该项目通过了相关专业管理部门的批准。目前的规划审批程序并未将环保部门的意见作为前置条件，原告提出该项目应当先经环保部门同意后方可核发《建设工程规划许可证》的说法无法律依据。另外，我委在审批该建设项目时，有关国家标准尚未正式实施，故不适用本案。

被告提交的证据有:

1. 卫生部卫规财发〔2000〕第24号批复。以证明该项目比较特殊,被告在审批前期做了大量工作,并经卫生部批准的事实。

2. 北京市建设委员会〔2001〕京建计施478号《建设项目施工计划通知书》。以证明经北京市建设委员会审核批准,该项目已被列入2001年度施工计划。

第三人食品安全所和健康安全所均未提交书面陈述意见。食品安全所在法庭审理时提交了有关证据,健康安全所未提交证据。

第三人食品安全所提交的证据有:

1. 北京市环境保护局京环保监督审字〔2002〕41号《关于卫生部食品卫生检验所实验动物房项目环境影响报告表的批复》,以说明该建设项目已经环保部门审批通过的事实。

2. 北京市建设委员会颁发的05(建)2002—2009《建筑工程施工许可证》。以证明本单位的施工是合法的。

原告、被告双方提交的法律依据有:

1.《中华人民共和国城市规划法》第三十二条规定,在城市规划区内新建、扩建和改建建筑物、构筑物、道路、管线和其他工程设施,必须持有关批准文件向城市规划行政主管部门提出申请,由城市规划行政主管部门根据城市规划提出的规划设计要求,核发建设工程规划许可证。

2.《中华人民共和国环境保护法》第十三条的规定:"建设污染环境的项目,必须遵守国家有关建设项目环境保护管理的规定。建设项目的环境影响报告书,必须对建设项目产生的污染和对环境作出评价,规定防治措施,经项目主管部门预审并依照规定的程序报环境保护行政主管部门批准。环境影响报告书经批准后,计划部门方可批准建设项目设计任务书。"

3. 卫生部于1983年11月28日颁布施行的《卫生系统实验动物管理暂行条例》第五条第五项规定:"具有一定规模的实验动物室建筑,周围至少应有20米的卫生隔离区。"

4. 中华人民共和国国家标准GB14925—2001号《试验动物环境及设施》(2001年8月29日发布,2002年5月1日实施)41.4规定:"实验动物繁育、生产、试验设施应与生活区保持大于50米的距离。"

在法庭质证中,原告对被告证据1的真实性不持异议,但是认为该证据只能说明卫生部同意拨款让第三人进行建设,不能说明被告在审批该项目时考虑了项目对周围环境的影响,法庭认为,该证据只能证明卫生部同意第三人建设该项目,以及建设地点、总投资额、建设工期等问题。原告对被告的证据2之真实性不持异议,但认为与被告的审批行为无必然联系。

被告对原告证据1提出异议,认为无法确定动物尸体是谁扔的,从什么地方扔的,且出现在规划委员会审批之后,不能说明被告的主张。第三人健康安全所对上述照片的真实性未提出异议,只是认为建设该动物实验室是必要的。第三人食品安全所对上述照片的真实性予以认可,但认为该所已经杜绝了乱扔动物尸体的行为,且该证据与规划委员会的审批行为无太大关系。被告对原告证据2的真实性不持异议,但认为建设动物实验室对周边环境虽是有影响,但这个影响与该建设项目能否建设是两回事。第三人均认为证据2不能说明建设项目因对周边有影响就不能建设。

原告认为第三人的证据1应当在被告审批之前作出,审批后作出的批复不能说明被告的审批是合法的。被告认为原告的主张无法律依据。

北京市西城区人民法院经审理查明:

2001年12月10日,被告规划委员会向第三人食品安全所和健康安全所颁发了编号为2001规建字1769号《建设工程规划许可证》,该许可证标明的建设项目为二级动物实验室,建设位置为朝阳区潘家园南里7号,建设规模为2949.18平方米。许可证的附件中标明该二级动物实验室层数为地上3层,地下1层,结构类型为框架。原告住宅楼均位于该二级动物实验室的北侧,其中6号楼与该规划建筑的间距为19.06米。

北京市西城区人民法院认为:

根据城市规划法的规定,在城市规划区内新建、扩建和改建建筑物、构筑物、道路、管线和其他工程设施,必须持有关批准文件向城市规划行政主管部门提出申请,由城市规划行政主管部门根据城市规划提出的规划设计要求,核发建设工程规划许可证。被告作为城市规划行政主管部门,有权根据建设单位的申请,对符合城市规划设计要求的建设项目,核发《建设工程规划许可证》。

根据《中华人民共和国环境保护法》第十三条的规定,建设污染环境的项目,必须遵守国家有关建设项目环境保护管理的规定。建设项目的环境影响报告书,必须对建设项目产生的污染和对环境作出评价,规定防治措施,经项目主管部门预审并依照规定的程序报环境保护行政主管部门批准。环境影响报告书经批准后,计划部门方可批准建设项目设计任务书。被告规划委员会在审批该项目的《建设工程规划许可证》时,应当审查第三人是否已取得了环境影响报告书,并根据卫生部颁布施行的《卫生系统实验动物管理暂行条例》

规定，审查申报建设的实验动物室建筑是否保留至少有 20 米的卫生隔离区。但是，本案中规划委员会核准的动物实验室工程设计方案，实验室与原告的住宅楼之间的距离为 19.06 米，未达到规定的距离要求。规划委员会在诉讼中向法院提交的有关证据，不足以证明其审批行为认定事实清楚，程序正当、合法。

据此，北京市西城区人民法院依照《中华人民共和国行政诉讼法》第五十四条第（二）项第 1 目之规定，于 2003 年 6 月 19 日判决：

撤销被告北京市规划委员会于 2001 年 12 月 10 日向第三人颁发的 2001 规建字 1769 号《建设工程规划许可证》。

宣判后，规划委员会不服，向北京市第一中级人民法院提起上诉。

规划委员会的主要上诉理由是：（1）根据城市规划法和环境保护法的规定，市规划委员会的工作职责只审查建设单位是否取得了计划部门批准的文件，只要建设单位持有该项目经计划部门批准的文件，就只能认定计划部门据以作出该批文的前提条件包括"环境影响报告书"等问题均已解决，规划委员会不应当审查应由其他部门审查的事项。（2）关于"20 米卫生隔离区"的问题，鉴于该项目的特殊性，建设单位将该项目提交卫生部作了审查，卫生部同意该项目的设计。该批准文件是建设部门核发规划许可证的前提，规划委员会无需对该事项进行审查。（3）一审判决中认定规划委员会提供证据不足没有法律根据。

案件二审期间，规划委员会经重新考虑后表示服从一审判决，自愿申请撤回上诉。

北京市第一中级人民法院认为：

规划委员会在上诉期间自愿申请撤回上诉，属于依法处分其诉讼权利的行为，该行为未侵犯国家、集体和他人的合法权利，应予准予。

据此，北京市第一中级人民法院根据《中华人民共和国行政诉讼法》第五十一条的规定，于 2003 年 10 月 24 日裁定：

准予上诉人北京市规划委员会撤回上诉，当事人按一审判决执行。

焦志刚诉和平公安分局治安管理处罚决定行政纠纷案①

原告：焦志刚，男，38 岁，南开大学新部落餐厅员工，住天津市河西区

---

① 《最高人民法院公报》2006 年第 10 期。

湘江道。

被告：天津市公安局和平分局，住所地：天津市和平区山西路。

负责人：穆建国，该分局局长。

原告焦志刚因不服天津市公安局和平分局（以下简称和平公安分局）作出的公（和）决字（2004）第870号行政处罚决定书（以下简称870号处罚决定书），向天津市和平区人民法院提起行政诉讼。

原告焦志刚诉称：因原告错误举报查扣车辆的执勤交通民警酒后执法，被告和平公安分局已经给予原告治安罚款200元的行政处罚。该行政处罚决定生效后，被告又说要重新查处，重新裁决。被告的重新裁决是给予原告治安拘留10日的行政处罚，原告不服申请复议，天津市公安局也以事实不清为由撤销了该处罚决定，要求被告再重裁。然而被告在相同的事实基础上，以870号处罚决定书再次裁决，竟然把对原告治安拘留10日改成了治安拘留15日。被告完全不顾《中华人民共和国行政处罚法》（以下简称行政处罚法）上关于"行政机关不得因当事人申辩而加重处罚"的规定，对不服处罚决定而申辩的原告加重处罚，是滥用职权违法行政。请求判决撤销被告作出的870号处罚决定书。

被告辩称：被告虽然对原告作出过治安罚款200元的行政处罚，但因为天津市公安局公安交通管理局向天津市公安局纪检组反映该治安处罚过轻，市公安局纪检组根据公安部监督条例的相关规定要求被告重新裁决，故被告在撤销了原治安罚款200元的行政处罚决定后，依法作出870号处罚决定书。该处罚决定事实清楚、证据确凿、适用法律正确、程序合法，法院应当维持。

天津市和平区人民法院经审理查明：

2004年3月30日23时许，原告焦志刚驾驶一辆报废的夏利牌汽车途经天津市卫津路与鞍山道交叉路口时，被正在这里执行查车任务的交通民警王心魁、方成瑞、王学静等人查获。交通民警决定暂扣焦志刚驾驶的汽车，但焦志刚拒绝交出汽车钥匙，交通民警遂调来拖车将暂扣汽车拖走。汽车被拖走后，焦志刚向交通民警索要被滞留的驾驶证，未果，便拨打110报警，称交通民警王心魁酒后执法。接报警后，天津市公安局督察处立即赶到现场询问了情况，并带王心魁、焦志刚一起到天津市公安局刑事科学技术鉴定部门，当场委托该部门化验王心魁尿液。经化验鉴定，结论为：在王心魁的尿液中未检查出酒精成分。据此，天津市公安局督察处向交通民警王心魁本人及其所属单位发出《公安警务督察正名通知书》，确认焦志刚举报交通民警王心魁酒后执法一事不实，并按管辖分工，将不实举报人焦志刚移交给被告和平公安局处理。和平公安分局认为,焦志刚的不实举报阻碍了国家工作人员依法执行职务,属于《中华人民共和国治安管理处罚条例》(以下简称治安管理处罚条例)第十九条第(七)项规定的扰乱公共秩序行为,遂根据该条规定,于同年3月31日作出公(和)决字(2004)第056号行政处罚决定书(以下简称056号处罚决定书),决定给予焦志刚治安罚款200元的行政处罚。在056号处罚决定书已经发生法律效力后,同年7月4日,和平公安分局告知焦志刚,由于天津市公安局公安交通管理局反映处罚过轻,所以要撤销056号处罚决定书,重新查处,重新裁决。同年7月13日,和平公安分局作出公(和)决字(2004)第047号行政处罚决定书(以下简称047号处罚决定书),决定给予焦志刚治安拘留10日的行政处罚。焦志刚不服申请复议,天津市公安局以事实不清为由撤销了047号处罚决定书,要求和平公安分局重新作出具体行政行为。同年11月19日,和平公安分局作出870号处罚决定书,决定给予焦志刚治安拘留15日的行政处罚。焦志刚再次申请复议,天津市公安局维持了870号处罚决定书,焦志刚为此提起行政诉讼。

认定上述事实的证据有:
(1) 2004年3月31日对焦志刚的讯问笔录两份;
(2) 2004年7月4日对焦志刚的讯问笔录一份;
(3) 2004年3月31日对王心魁的询问笔录两份;
(4) 2004年3月31日对方成瑞的询问笔录一份;
(5) 2004年3月31日对王学静的询问笔录一份;
(6) 方成瑞、王学静、刘胜宇、张宽、欧阳东军出具的《情况说明》;
(7) 天津市公安局刑事科学技术鉴定书;
(8) 报废车辆证明;
(9) 公安警务督察正名通知书两份;
(10) 传唤证三份;
(11) 天津市公安局公安行政处罚告知笔录;
(12) 056号、047号、870号处罚决定书;
(13) 治安管理处罚条例第十九条第(七)项、第三十三条、第三十四条;
(14) 行政处罚法第三十一条。

天津市和平区人民法院认为:
治安管理处罚条例第三十三条第一款规定:"对违反治安管理行为的处罚,由县、市公安局、公安分局或者相当于县一级的公安机关裁决。"被告和平公安分局是有权作出行政处罚决定的公安机关，行政主体适格。原告焦志刚在交通民警王心魁执行公务时，不仅不配合，反而拨打110无中生有地举报王心魁酒后执法。和平公安分局据此认定焦志刚阻碍王心魁执行职务，根据治安管理处罚条例第十九条第（七）项规定，决定给予焦志刚罚款200元的行政处罚，事实清楚、证据确凿，处罚在法律规定的幅度内，且执法程序合法。天津市公安局公安交通管理局认定和平公安分局对焦志刚所作的处罚过轻，应当在复议期限内依法定程序解决。非经复议机关复议和人民法院审判，任何机关和个人都不得改变已经发生法律效力的处罚决定。和平公安分局在056号处罚决定书已经生效的情况下，仅因天津市公安局公安交通管理局认为处罚过轻，即随意地自行变更处罚决定，程序明显违法。特别是焦志刚对和平公安分局的第二次处罚决定不服申请复议后，不但未能得到应有的行政救助，反而受到加重处罚。和平公安分局的做法明显与行政处罚法第三十二条第二款"行政机关不得因当事人申辩而加重处罚"的规定不符。

据此，天津市和平区人民法院依照《中华人民共和国行政诉讼法》第五十四条第（二）项第三目规定，于2005年3月30日判决：

撤销被告和平公安局所作的870号处罚决定书。

诉讼受理费50元，其他费用150元，均由被告和平公安分局负担。

一审宣判时，和平公安分局不服，向天津市第一中级人民法院提起上诉称：1. 公安部《公安机关内部执法监督工作规定》第十三条规定："在执法监督过程中，发现本级或者下级公安机关已经办结的案件或者执法活动确有错误、不适当的，主管部门报经主管领导批准后，直接作出纠正的决定，或者责成有关部门或者下级公安机关在规定的时限内依法予以纠正。"第十九条第一项规定，对错误的处理或者决定予以撤销或者变更。依照上述规定，上诉人在接到上级机关要求重新裁决的指令后，撤销了对被上诉人焦志刚罚款200元的056号处罚决定书，责令办案单位重新查处，才又作出给予被上诉人治安拘留的行政处罚决定。这个行政处罚决定的作出符合法律规定，程序不违法。2. 行政处罚法第三十二条第二款的规定，是指行政机关在行政处罚决定作出前，要允许当事人申辩，不得因当事人申辩而加重处罚，这个规定不适用于行政处罚决定作出后的行政复议程序。3.《中华人民共和国行政复议法》（以下简称行政复议法）没有规定行政处罚决定被复议机关撤销后，行政机关重新作出的裁决不得加重处罚。上诉人在决定对被上诉人治安拘留10日的047号处罚决定书被复议机关撤销后，重新作出给予被上诉人治安拘留15日的870号处罚决定书，符合法律规定。一审认定

870号处罚决定书违反法定程序、违反法律规定，是不当的。请求撤销一审判决，依法判决维持被诉具体行政行为。

被上诉人焦志刚答辩称：一审认定事实清楚，适用法律正确，程序合法，所作判决并无不当。上诉人的上诉理由不能成立，二审应当维持一审判决，驳回上诉的上诉请求。

天津市第一中级人民法院经审理，确认了一审查明的事实。

本案争议焦点是：1. 056号处罚决定书生效后，能否被撤销？2. 上诉人根据《公安机关内部执法监督工作规定》，以047号处罚决定书取代056号处罚决定书，其行为是否合法？3. 行政处罚决定书被复议机关撤销后，行政机关能否在重新作出的处罚决定中加重对当事人的行政处罚？

天津市第一中级人民法院认为：

一、治安管理处罚条例第十九条第（七）项规定，对未使用暴力、威胁方法的拒绝、阻碍国家工作人员依法执行职务行为，尚不够刑事处罚的，处15日以下拘留、200元以下罚款或者警告。被上诉人焦志刚驾驶报废汽车，被执行查车任务的交通民警查获。交通民警暂扣焦志刚驾驶的汽车和滞留其驾驶证，是依法执行职务。对交通民警依法执行职务的行为，公民有义务配合。而焦志刚不仅不配合，还拨打110报警，无中生有地举报交通民警王心魁酒后执法，使交通民警正在依法执行的公务不得不中断。经天津市公安局督察处查证，确认焦志刚的举报不实。上诉人和平公安分局据此认定焦志刚的行为触犯了治安管理处罚条例第十九条第（七）项规定，并根据该条规定作出056号处罚决定书，给予焦志刚治安罚款200元的处罚。这个处罚决定事实清楚、证据确凿，处罚在法律规定的幅度内，且执法程序合法，是合法的行政处罚决定，并已发生法律效力。依法作出的行政处罚决定一旦生效，其法律效力不仅及于行政相对人，也及于行政机关，不能随意被撤销。已经生效的行政处罚决定如果随意被撤销，也就意味着行政处罚行为本身带有随意性，不利于社会秩序的恢复和稳定。

二、上诉人和平公安分局称，由于天津市公安局公安交通管理局认为056号处罚决定书处罚过轻提出申诉，天津市公安局纪检组指令其重新裁决，这样做的执法根据是《公安机关内部执法监督工作规定》第十三条、第十九条第一项规定，因此重新裁决符合法律规定，程序并不违法。

错误的行政处罚决定，只能依照法定程序纠正。治安管理处罚条例第三十九条规定："被裁决受理治安管理处罚的人或者被侵害人不服公安机关或者乡（镇）人民政府裁决的，在接到通知后5日内，可以向上一级公安机关提出申诉，由上一级公安机关在接到申诉后5日内作出裁决；不服上一级公安机关裁决的，可以在接到通知后5日内向当地人民法院提起诉讼。"根据此条规定，有权对治安管理处罚决定提出申诉的，只能是被处罚人和因民事纠纷引起的打架斗殴等违反治安管理事件中的被侵害人。交通民警是国家工作人员，交通民警是根据法律的授权才能在路上执行查车任务。交通民警依法执行职务期间，是国家公权力的化身，其一举一动都象征着国家公权力的行使，不是其人具体行为的表现。交通民警依法执行职务期间产生的责任，依法由国家承担，与交通民警个人无关。交通民警依法执行职务的行为受法律特别保护，行政相对人如果对依法执行职务的交通民警实施人身攻击，应当依法予以处罚。被上诉人焦志刚因实施了阻碍国家工作人员依法执行职务的行为被处罚。虽然焦志刚的不实举报直接指向了交通民警王心魁，但王心魁与焦志刚之间事先不存在民事纠纷，焦志刚实施违反治安管理行为所侵害的直接客体，不是王心魁的民事权益，而是公共秩序和执法秩序。因此，无论是交通民警王心魁还是王心魁所供职的天津市公安局公安交通管理局，都与焦志刚不存在个人恩怨，都不是治安管理处罚条例所指的被侵害人，都无权以被侵害人身份对上诉人和平公安分局所作的056号处罚决定书提出申请。

《公安机关内部执法监督工作规定》第十三条、第十九条第一项，要求公安机关纠正在执法活动中形成的错误的处理或者决定。纠正的目的，该规定第一条已经明示，是为保障公安机关及其人民警察依法正确履行职责，防止和纠正违法和不当的执法行为，保护公民、法人和其他组织的合法权益。这样做的结果，必然有利于树立人民警察公正执法的良好形象。前已述及，056号处罚决定书依照法定程序作出，事实清楚、证据确凿，处罚在法律规定的幅度内，是合法且已经发生法律效力的处罚决定，不在《公安机关内部执法监督工作规定》所指的"错误的处理或者决定"之列，不能仅因交警部门认为处罚过轻即随意撤销。这样做，只能是与《公安机关内部执法监督工作规定》的制定目的背道而驰。再者，《公安机关内部执法监督工作规定》是公安部为保障公安机关及其人民警察依法正确履行职责，防止和纠正违法和不当的执法行为，保护公民、法人和其他组织的合法权益而制定的内部规章，只在公安机关内部发挥作用，不能成为制作治安管理行政处罚决定的法律依据。

　　三、上诉人和平公安分局认为，行政处罚法第三十二条第二款的规定是指在行政处罚决定作出前，行政机关要允许当事人申辩，不得因当事人申辩而加重处罚，这个规定不适用于行政处罚决定作出后的行政复议程序；行政复议法没有规定处罚决定被复议机关撤销后，行政机关重新作出的裁决不得加重处罚。因此，047号处罚决定书被复议机关撤销后，其在870号处罚决定书中决定给予被上诉人焦志刚治安拘留15日的行政处罚，符合法律规定。

行政复议法确实没有"行政处罚决定被复议机关撤销后，行政机关重新作出的裁决不得加重处罚"的规定。之所以不作这样的规定，是因为实践中存在着因原裁决处罚过轻被复议机关撤销的实际情况，重新作出的裁决当然有必要加重处罚。

行政处罚法第三十二条第一款的规定是："当事人有权进行陈述和申辩。行政机关必须充分听取当事人的意见，对当事人提出的事实、理由和证据，应当进行复核；当事人提出的事实、理由或者证据成立的，行政机关应当采纳。"第二款的规定是："行政机关不得因当事人申辩而加重处罚。"行政处罚决定权掌握在行政机关手中。在行政处罚程序中始终贯彻允许当事人陈述和申辩的原则，只能有利于事实的查明和法律的正确适用，不会混淆是非，更不会因此而使违法行为人逃脱应有的惩罚。法律规定不得因当事人申辩而加重处罚，就是对当事人还是行政复议程序，都不得因当事人进行申辩进行鼓励的手段。无论是行政程序还是行政复议程序，都不得因当事人进行申辩而加重对其处罚。认为"不得因当事人申辩而加重处罚"不适用于行政复议程序，是对法律的误解。

上诉人和平公安分局作出给予被上诉人焦志刚拘留10日的047号处罚决定书后，焦志刚以处罚明显过重为由申请复议，这是一种申辩行为。复议机关以事实不清为由撤销了047号处罚决定书，和平公安分局在没有调查取得任何新证据的情况下，在870号处罚决定书中决定给予焦志刚治安拘留15日的处罚。这个加重了的行政处罚明显违反了行政处罚法第三十二条第二款的规定，也背离了行政复议法的立法本意。

综上所述，上诉人和平公安分局的上述理由不能成立，不予支持。一审判决撤销870号处罚决定书，并无不当。据此，天津市第一中级人民法院依照《中华人民共和国行政诉讼法》第六十一条第（一）项规定，于2005年9月6日判决：

驳回上诉，维持原判。

上诉案件受理费100元，由上诉人和平公安分局负担。

念泗三村 28 幢楼居民 35 人诉扬州市规划局行政许可行为侵权案①

原告：江苏省扬州市念泗三村 28 幢楼居民 35 人（名单略）。

诉讼代表人：曹育新，江苏省扬州市司法局干部。

诉讼代表人：朱玉忠，江苏省扬州市开关厂职工。

被告：江苏省扬州市规划局。地址：江苏省扬州市文昌中路。

法定代表人：张杰，该局局长。

第三人：江苏省扬州市东方天宇置业有限公司。地址：江苏省扬州市扬子江北路。

法定代表人：禹振飞，该公司董事长。

2003 年 7 月 7 日，被告江苏省扬州市规划局依照《中华人民共和国城市规划法》（以下简称城市规划法）第三十二条的规定，向第三人扬州市东方天宇置业有限公司（以下简称东方天宇公司）核发了扬规建字 2003076 号《建设工程规划许可证》，许可该公司在扬州市百合园小区内建设"九层（局部十层）、住宅 10022.2 平方米、阁楼 753 平方米、高度 26.5 米"的中心组团 11—6 号住宅楼。原告 28 幢楼曹育新等 35 名居民（以下简称 28 幢楼居民）认为该规划许可行为侵犯了他们的合法权益，遂向江苏省扬州市中级人民法院提起行政诉讼。

原告诉称：被告批准第三人在我们居住的楼前建设的 11—6 号高层住宅楼，与被告核发的扬规建字 2003077 号《建设工程规划许可证》许可第三人建设的 11—4 号、11—5 号楼房形成一道屏障，破坏了瘦西湖景区的景观，不符合扬州市的城市规划，严重影响了我们的居住环境，侵犯了我们的合法权益，请求撤销被告颁发的 2003076 号《建设工程规划许可证》。

原告提交的主要证据有：

1. 扬州市念泗三村政文大院业主管理委员会《证明》，用以证明原告的诉讼主体资格。

2. 2003 年 1 月 10 日《扬州日报》A4 版"东方百合园"广告、2003 年 11 月 12 日拍摄的扬州瘦西湖景区内照片 6 张、扬州市人民政府"瘦西湖"风光贺年片，用以证明被告批准建设的 11—6 号高层住宅楼将影响扬州瘦西湖景

---

① 《最高人民法院公报》2004 年第 11 期。

区的景观。

被告辩称：2003年5月6日，东方天宇公司持建设项目批准文件、建设用地证件等，申请核发东方百合园第十一组团二期工程的建设工程规划许可证。我局在履行提供规划设计条件、审查设计方案、审查施工图等程序后，于2003年7月7日分别核发了扬规建字2003076号、2003077号《建设工程规划许可证》，许可东方天宇公司建设三幢小高层住宅楼，该许可行为的主要证据和程序完全符合城市规划法和江苏省人大常委会颁布的《江苏省实施〈城市规划法〉办法》（以下简称江苏城市规划办法）。我局批准东方天宇公司建筑工程规划的具体行政行为，主要证据充分，符合法定程序，没有侵犯原告的相邻权。我局许可第三人建设的三幢小高层住宅楼与原告楼房的建筑间距，完全符合国家《城市居住区规划设计规范》以及《江苏省城市规划管理技术规定》的要求。其中，6号楼遮阳点高26.40米，减去1.20米高差，为25.20米。而6号楼与原告居住的28幢之间的距离为34.40米，日照间距达到1∶1.365，4号楼不直接与28幢楼相邻，5号楼与28幢楼间距达62.7米。因此，原告认为我局的行政许可行为严重影响其居住环境，侵犯其合法权益，没有任何事实和法律依据。

被告提供的主要证据有：

1. 《扬州市规划委员会第十四次会议纪要》（部分）；

2. 《念泗二村地段控制性详细规划》；

3. 2001年1月5日扬州市规划局《关于在东方百合园放置气球测试建筑高度的情况汇报》；

4. 2001年1月15日扬州市规划局扬规用地设字（2001）006号《关于扩大东方百合园住宅小区规划范围及下达其建设用地规划设计条件的通知》；

5. 《市规划委员会第十六次会议纪要》（部分）；

6. 扬州市规划委员会专家组评审意见第十期《关于东方百合园住宅小区规划等项目设计方案专家评审会纪要》；

7. 2002年8月30日扬州市国土资源局扬国土资（2002）地郊字12号《关于为东方天宇置业有限公司建商品房征地并供地的批复》；

8. 2002年10月30日扬州市规划局《关于对"东方百合园"项目再次放置气球并测试建筑高度的情况汇报》；

9. 2002年10月31日扬州市发展计划委员会扬计（2002）字第355号《关于东方百合园三期工程中心广场商品房开发建设计划的通知》；

10. 2003年5月6日东方天宇公司《关于申请办理"东方百合园"中心

高层规划建设许可证的报告》；

11. 2003年7月2日扬州市测绘研究院《工程定位测量记录》两份；

12. 2003年7月4日扬州市测绘研究院《东方百合园待建住宅楼与北侧原有住宅楼高差测量》、扬州市测绘研究院《关于瘦西湖局部、平山堂局部与东方百合园局部距离的计算说明》；

13. 2003年7月7日《扬州市规划局建设工程定位通知书》、《扬州市规划局建设工程验线核准单》、扬州市规划局扬规建字2003076号《建设工程规划许可证》；

14. 扬州市宏厦建筑设计院《6号楼情况说明》、《6号楼日照示意图》；

15. 1999年11月16日江苏省人民政府苏政复〔1999〕128号《省政府关于扬州市城市总体规划的批复》；

16.《扬州市城市总体规划（1996—2010）文本》；

17.《蜀岗—瘦西湖风景名胜区总体规划》（部分）；

第三人述称：扬州市规划局许可我公司建设的三幢住宅楼不是一座封闭的整体建筑，而是各自独立的建筑，故"屏障"之说不能成立。这三幢楼与原告住宅楼之间组成的结构布局形式，在城市规划区内比比皆是。只要符合规划管理规范，就不存在影响居住环境，也不存在侵犯权益。"居住环境"、"合法权益"均为普通的概念，原告在诉状中并没有具体指明其"居住环境"、"合法权益"受到什么样的侵犯，要求撤销2003076号、2003077号《建设工程规划许可证》于法无据。

第三人提供的证据有：

1. 东方天宇公司《关于对"东方百合园"中心小高层平面进行调整的报告》；

2. 扬州市规划局规管设（2002）字第10号《规划设计方案审批通知书》；

3. 扬州市发展计划委员会扬计（2002）字第339号《关于扬州东方百合园初步设计文件的批复》。

法庭质证中，原告28幢楼居民对被告扬州市规划局证据2的合法性和关联性提出异议，对被告其他证据没有从证据的真实性、合法性和关联性方面提出质证意见，而是对有关证据所证明的法律问题提出了不同的诉讼主张；第三人东方天宇公司没有对被告举出的证据提出异议。被告和第三人对原告的证据1没有提出异议，认为原告证据2与被告核发的《建设工程规划许可证》没有关联。第三人在诉讼中没有说明提供该证据的证明内容和证明目的，亦没有在庭审中将该证据举出并进行质证。

扬州市中级人民法院认定的案件事实如下：

2000年11月14日，扬州市规划委员会召开了第十四次会议，会议对东方天宇公司在东方百合园北侧，结合已批准的小区规划扩大用地范围，配套建设学校、农贸市场等设施的项目定点进行了审查。原则同意该项目定点，并同意按规划局初审意见，扩大用地范围东至扬子江北路、北至念泗河，统筹规划，分期实施。后扬州市规划局和扬州市城市规划设计院在此基础上编制并审查同意了《念泗二村地段控制性详细规划》。2000年12月25日，扬州市规划局会同扬州市开发办、扬州市政府机关事务管理局、景区办对东方百合园的建筑高度进行了放置气球测试。2001年1月12日，扬州市规划委员会召开第十六次会议，听取了对东方百合园工程项目小高层住宅建筑高度测试情况的汇报，原则同意规划局提出的"按已批准的小区详细规划实施，但小高层单体建筑的屋顶形式应借鉴传统手法适当调整"的审查意见，同时建议小高层单体设计要结合屋顶花园建设减少对景区景观的影响。2001年1月15日，扬州市规划局向第三人下达了扬规用地设字（2001）006号《关于扩大东方百合园住宅小区规划范围及下达其建设用地规划设计条件的通知》。2001年2月26日，扬州市规划局召开了关于东方百合园住宅小区规划等项目设计方案的专家评审会，形成了《关于东方百合园住宅小区规划等项目设计方案专家评审会纪要》。2002年10月26日，扬州市规划局会同园林局、文管会对东方百合园建筑高度再次进行了放置气球测试。

2003年5月6日，第三人东方天宇公司向被告扬州市规划局提出《关于申请办理"东方百合园"中心高层规划建设许可证的报告》，同时向扬州市规划局提供了2002年8月30日扬州市国土资源局扬国土资（2002）地郊字12号《关于为东方天宇置业有限公司建商品房征地并供地的批复》、2002年10月31日扬州市发展计划委员会扬计（2002）字第355号《关于东方百合园三期工程中心广场商品房开发建设计划的通知》和相关建筑设计图纸。2003年7月1日，东方天宇公司办理了东方百合园中心组团11—6号住宅楼的相关交费手续。2003年7月2日，扬州市测绘研究院对该建设工程项目进行了工程定位测量；2003年7月4日，扬州市测绘研究院对东方百合园待建住宅楼与北侧原有住宅楼的高差进行了测量并对瘦西湖局部、平山堂局部与东方百合园局部距离进行了测量计算。另外，扬州市宏厦建筑设计院对11—6号住宅楼的相关数据和该楼与北邻28幢楼之间的日照间距比作出了说明。2003年7月7日，扬州市规划局对11—6号住宅楼建设工程项目进行了定位和验线，并作出了《扬州市规划局建设工程定位通知书》、《扬州市规划局建设工程验线核准单》。同日，扬州市规划局向东方天宇公司核发了2003076号《建设工程规划许可证》。扬州市中级人民法院就下列问题进行了审理和确认：

一、关于被诉具体行政行为是否侵犯原告的相邻权问题。

扬州市规划局在核发2003076号《建设工程规划许可证》时，通过审查建筑图纸、测算日照间距比、工程定位、核准验线等工作，较为充分地考虑了本案原告28幢楼居民的日照是否受到影响的问题。经测算，11—6号住宅楼与28幢楼的日照间距比为1∶1.365，符合《江苏省城市规划管理技术规定》第3.1条中规定的应当满足1∶1.2的最低限制，28幢楼居民在庭审中对被诉具体行政行为不影响其住宅楼日照一事也没有异议。11—6号住宅楼与2003077号《建设工程规划许可证》所许可建设的11—4号、11—5号住宅楼呈品字形布局，前后左右均有一定的间距，这种建筑方式不为建筑技术规范所禁止。28幢楼居民认为因11—4号、11—5号、11—6号三幢住宅楼形成170米的屏障而影响其住宅楼通风的观点，没有法律、法规或技术规范的支持。因此，28幢楼居民所诉通风相邻权受到被诉具体行政行为侵犯的理由不能成立；认为被诉具体行政行为影响了28幢楼原规划的实施，也没有事实和法律上的依据。

二、关于被诉具体行政行为是否合法的问题。

第一，被诉具体行政行为的程序是否合法。本案被诉具体行政行为，发生于东方百合园小区整体建设工程项目中的一个阶段。被告扬州市规划局在该小区整体建设项目批准程序中，已经按城市规划法第三十二条、江苏城市规划办法第二十六条、《扬州市城市规划管理办法》第四十条规定的程序，履行了提出建设工程规划设计条件和审查建设项目设计方案的程序，其中包括核发2003076号《建设工程规划许可证》应当履行的一部分程序，从而出现了提出建设工程规划设计条件和审查建设项目设计方案的时间早于东方天宇公司申请核发《建设工程规划许可证》的时间。这种程序上的时间次序倒置，是由于该建设项目的特殊性造成的，不能因此认为被诉具体行政行为违反了法律、法规和行政规范的规定。

第二，《念泗二村地段控制性详细规划》有无得到合法有效的批准。对于城市详细规划的审批，城市规划法第二十一条第八款和江苏城市规划办法第十二条第八款的规定是一致的，即"城市详细规划由城市人民政府审批；编制分区规划的城市的详细规划，除重要的详细规划由城市人民政府审批外，由城市人民政府城市规划行政主管部门审批"。本案中，被告扬州市规划局提供了

《念泗二村地段控制性详细规划》和扬州市规划委员会第十四次、第十六次会议纪要，以说明《念泗二村地段控制性详细规划》已经得到了扬州市规划委员会第十六次会议批准，其批准的形式为会议纪要。同时，扬州市规划局还提供了《扬州市城市规划管理办法》以说明扬州市规划委员会的权限和职能。该办法第三条规定，扬州市规划委员会受市政府委托，负责对城市规划工作进行研究决策、组织实施和管理，组织相应的规划编制和规划审批工作，并负责协调、督促落实重要的规划事项。由此，扬州市政府在执行城市规划法和江苏省实施办法所规定的详细规划的审批程序时，授权规划委员会负责此项工作，这种做法本身并不为法律、法规所禁止。一个城市详细规划是否得到合法有效的批准，应通过一定的批准形式表现出来。本案中，有关详细规划的批准是以市长签发的市规划委员会会议纪要的形式出现的，尽管市规划委员会第十六次会议纪要中的"按已批准的小区详细规划实施"的表述在本案的当事人之间产生了不同的理解，但综合分析扬州市规划委员会第十四次会议纪要、《念泗二村地段控制性详细规划》、扬州市规划委员会第十六次会议纪要等证据的全部内容，可以得出该详细规划是经过扬州市规划委员会审查同意后，由市长签字批准的结论。至于这种会议纪要是不是一种通常所见的批准形式，由于法律、法规只规定城市详细规划应当由城市人民政府或规划行政主管部门审批，没有规定审批形式，故不能否定扬州市规划委员会会议纪要对批准详细规划发挥的实际作用，应当认定《念泗二村地段控制性详细规划》经过合法有效的批准。因此，28幢楼居民认为《念泗二村地段控制性详细规划》没有得到合法有效批准的诉讼主张，不能成立。

第三，关于被诉具体行政行为是否违反了《蜀岗—瘦西湖风景名胜区规划》。在本案的审查中，没有发现被诉具体行政行为有违反《蜀岗—瘦西湖风景名胜区规划》的情形，故原告28幢楼居民认为在风景区可以看到拟建设的住宅楼就应认定其影响风景区规划的理由不能成立。

综上，被诉具体行政行为证据充分、程序合法、适用法律正确，被告扬州市规划局核发的2003076号《建设工程规划许可证》是合法的，所批准第三人东方天宇公司在东方百合园建设的中心组团11—6号住宅楼没有侵犯原告28幢楼居民的通风等相邻权。

据此，扬州市中级人民法院依照最高人民法院《关于执行〈中华人民共和国行政诉讼法〉若干问题的解释》第五十六条第（四）项的规定，于2003年12月10日判决：

驳回原告28幢楼居民要求撤销被告扬州市规划局2003年7月7日核发的

扬规建字2003076号《建设工程规划许可证》的诉讼请求。

宣判后，28幢楼居民不服，向江苏省高级人民法院提起上诉。

28幢楼居民的上诉理由是：（1）居住环境应包括通风、采光、日照、噪音、排水等许多因素，但并非所有因素都有明确的可实际操作的技术规范。扬州市规划局许可东方天宇公司规划建设的11—6号楼，虽然满足住宅日照系数技术规范的要求，考虑了建筑间距，但该幢楼与其许可东方天宇公司规划建设的11—4号、11—5号楼形成长达170米的建筑屏障，势必导致前后通风不畅，使得28幢楼居民的居住环境质量下降。故原审判决仅以达到日照间距为由，而不考虑其他因素，认定被诉具体行政行为不构成对上诉人居住环境的影响，没有法律依据。（2）本案所涉地段在扬州市没有分区规划，根据法律规定，该地段的详细规划应由扬州市人民政府审批。原审判决认定扬州市规划委员会有权代表扬州市人民政府对《念泗二村地段控制性详细规划》进行审批，无法律依据。同时，扬州市规划委员会第十四次和第十六次会议纪要的内容均不能证明是对详细规划的审批，原审法院以分析的方法推论该详细规划已经批准，证据不足。（3）扬州市规划局行政行为的次序颠倒，程序违法。（4）扬州市规划局的许可行为破坏了风景区的自然人文景观，违反了《蜀岗—瘦西湖风景名胜区规划》。请求撤销一审判决，撤销2003076号《建设工程规划许可证》。

江苏省高级人民法院经审理认为：

本案中的当事人不是具体行政行为的直接相对人，而是因相邻权受到侵害而提起行政诉讼。起诉所基于的相邻权，属于民法范畴。根据《中华人民共和国民法通则》的规定，民事主体因建筑物相邻产生的日照、通风、采光、排水、通行等民事纠纷，应当通过民事诉讼的方式解决。但现实中，如果一方当事人实施的与其他当事人相邻权有关的行为是经行政机关批准、许可的，其他当事人就无法通过民事诉讼获得救济。为此，最高人民法院《关于执行〈中华人民共和国行政诉讼法〉若干问题的解释》第十三条第一款第（二）项规定相邻权人有对行政主体作出的涉及相邻权的具体行政行为提起行政诉讼的原告主体资格，其目的是保护民事主体享有的相邻权不受侵害。本案28幢楼居民因认为扬州市规划局核发给东方天宇公司的2003076号《建设工程规划许可证》侵犯其日照、通风、采光等相邻权而提起行政诉讼。因此，这类行政诉讼的审查重点，应当是被诉具体行政行为许可建设的建筑项目是否符合有关建筑管理的技术规范,是否侵犯了原告的相邻权。

《江苏省城市规划管理技术规定》根据居住建筑日照标准和当地实际情况,确定南京、镇江、扬州(除宝应、高邮外)等地住宅楼的日照间距系数为1∶1.2。2003076号《建设工程规划许可证》涉及的百合园小区11—6号住宅楼与28幢楼之间的日照间距比,经测算已达1∶1.365,超过了国家和江苏省有关部门规定的日照间距最低标准,上诉人对此没有异议。因此,虽然扬州市规划局许可东方天宇公司建造的百合园小区11—6号住宅楼缩短了28幢楼的原日照时间,但不构成对28幢楼居民日照权的侵犯。此外,11—6号住宅楼与扬州市规划局另外许可建设的11—4号、11—5号住宅楼,在布局上呈由南向北的倒品字形,各楼之间均有一定间距。按照国家标准《城市居住区规划设计规范》的要求和说明,各住宅楼间距的设定,以满足日照要求为基础,并综合考虑采光、通风、消防、防灾、管线埋设、视觉卫生等因素。因此,原审判决认定扬州市规划局的行政许可行为并不影响上诉人享有的法定日照、采光、通风等相邻权,是有事实和法律依据的。28幢楼居民认为上述三幢楼房形成170米的屏障,影响其通风、小区管线埋设等,因无事实和法律依据,故不予采信。原审判决驳回28幢楼居民的诉讼请求,并无不当。

本案中,上诉人28幢楼居民在一审是以东方天宇公司依被上诉人扬州市规划局批准建设的两幢高层住宅楼侵犯其相邻权为由,提出撤销2003076号《建设工程规划许可证》的诉讼请求。故原审法院根据行政诉讼法的规定,对扬州市规划局核发的2003076号《建设工程规划许可证》的程序是否合法、所依据的《念泗二村地段详细规划》是否经过合法批准,以及是否违反《蜀岗—瘦西湖风景名胜区总体规划》,是否符合法律规定进行审查。查明东方天宇公司已按有关法律规定向扬州市规划局提交了建设申请、建设项目批准文件、建设用地证件、设计方案、施工图等材料,扬州市规划局在依法对上述材料进行审查的基础上,核发了2003076号《建设工程规划许可证》。由此认定扬州市规划局核发的2003076号《建设工程规划许可证》,符合有关法律规定,并未侵犯28幢楼居民的合法权益,并无不妥。

综上,江苏省高级人民法院依据《中华人民共和国行政诉讼法》第六十一条第(一)项的规定,于2004年3月19日判决:

驳回上诉,维持原判。

平山县劳动就业管理局不服税务行政处理决定案①

原告：河北省平山县劳动就业管理局。
法定代表人：王学亮，局长。
委托代理人：赵五庆，平山县劳动就业管理局副局长。
委托代理人：张利勇，平山县英汇律师事务所律师。
被告：河北省平山县地方税务局。
法定代表人：康景忠，局长。
委托代理人：张英城，平山县地方税务局副局长。
委托代理人：冀永远，平山县晨阳律师事务所律师。

原告河北省平山县劳动就业管理局（原平山县劳动服务公司，下称就业局）不服河北省平山县地方税务局（下称地税局）的税务处理决定，向河北省平山县人民法院提起行政诉讼。

原告诉称：本局是承担政府行政职能的就业管理机构，收费属于行政经费预算外的资金，因此本局不是纳税义务人。被告令本局纳税，在遭到拒绝后又以行政处理决定对本局罚款。该处理决定适用法律错误，程序违法，请求人民法院予以撤销。

被告辩称：原告虽然是承担着部分政府行政职能的就业管理机构，但是属于自收自支的事业单位，应当依法纳税。原告未及时纳税，应当受到处罚。人民法院应当维持本局的行政处理决定。

平山县人民法院经审理查明：原告就业局是承担着部分政府行政职能的就业管理机构。从1994年1月至1996年10月，该局收取劳务管理费、劳务服务费、县内临时工管理服务费、临时工培训费和劳务市场收入等共计578698.40元。1996年11月29日，被告地税局向就业局发出限期申报纳税通知书，12月2日和7日又两次发出限期交纳税款31394.71元的通知，就业局均未按期履行。12月13日，地税局依据《中华人民共和国税收征收管理法》第四十六条关于"从事生产、经营的纳税人、扣缴义务人在规定期限内不缴或者少缴应纳或者应解缴的税款，经税务机关责令限期缴纳，逾期仍未缴纳的，税务机关除依照本法第二十七条的规定采取强制措施追缴其不缴或者少缴

---

① 《最高人民法院公报》1997年第2期。

的税款外，可以处以不缴或者少缴的税款五倍以下的罚款"的规定，以平地税字第1号税务处理决定，对就业局作出处以应缴未缴的营业税、城建税、教育费附加31394.71元的3倍罚款计94184.13元，限于12月18日前入库。就业局不服，提起行政诉讼。

平山县人民法院认为，第八届全国人民代表大会第四次会议通过的《中华人民共和国行政处罚法》已于1996年10月1日起施行。被告地税局作为县级以上人民政府的税务行政管理机关，有权对自己在管辖范围内发现的税务违法行为进行处罚，但是这种处罚必须依照行政处罚法的规定进行。行政机关在作出行政处罚决定前，应当依照行政处罚法第三十一条规定，将作出行政处罚决定的事实、理由及法律依据告知当事人，并告知当事人依法享有陈述和申辩、申请行政复议和提起行政诉讼的权利；依照行政处罚法第三十六条的规定，收集有关证据，依照第三十七条的规定，制作调查笔录。这些工作，地税局都没有做。行政处罚法第四十二条规定，作出数额较大的罚款处罚决定之前，应当告知当事人有要求听证的权利。关于多少为数额较大，国家税务总局在《税务行政处罚听证程序实施办法（试行）》中作出对法人或者组织罚款1万元以上为数额较大的界定。这个实施办法已经于1996年10月1日起施行，地税局在对就业局作出处理决定30日以后才收到文件。在该办法下达前，法律虽然没有明确数额较大的界限，但是也没有明确9万余元的罚款不属于数额较大，地税局认为实施办法下达得晚，该处理决定不适用行政处罚法第四十二条有关听证程序规定的辩解，不予支持。依照行政处罚法第四十一条的规定，地税局违背该法规定的程序作出的行政处罚，不能成立。依照《中华人民共和国行政诉讼法》第五十四条第二项的规定，该决定应予撤销。就业局诉称自己不是纳税义务人，向其征税是错误的；地税局辩称原告就是属于纳税义务人，应当依法纳税，是行政执法实体方面的争议。已经查明，该行政处理决定从程序上违法，依法应予撤销，法院无需再就行政执法实体方面的争议继续进行审理。据此，平山县人民法院于1997年3月12日判决：

撤销河北省平山县地方税务局1996年12月13日所作的平地税罚字第1号税务处理决定。

本案诉讼费6421元，由被告河北省平山县地方税务局负担。

第一审宣判后，双方当事人均未上诉，判决发生法律效力。

杨一民诉成都市政府其他行政纠纷案①

【裁判摘要】

行政机关驳回当事人申诉的信访答复，属于行政机关针对当事人不服行政行为的申诉作出的重复处理行为，并未对当事人的权利义务产生新的法律效果，不是行政复议法所规定的可以申请行政复议的行政行为。当事人不服行政机关作出的上述信访答复，申请行政复议，接受申请的行政复议机关作出不予受理决定，当事人不服该决定，诉请人民法院判决撤销该不予受理决定的，人民法院不予支持。

原告：杨一民。
被告：四川省成都市人民政府。
法定代表人：葛红林，该市市长。

原告杨一民因与被告四川省成都市人民政府（以下简称成都市政府）发生其他行政纠纷，向四川省成都市中级人民法院提起行政诉讼。

原告杨一民诉称：原告系原成都市第五中学（现为成都第五中学）职工，该校以1992年就已对原告作"除名处理"为由，拒绝给原告安排工作、发放工资，还强行收缴原告住房，但长期不向原告送达相关处理文书，其行为严重侵犯原告的人身权、财产权。为此，原告于2005年向成都市教育局申诉。成都市教育局于2005年5月20日以其办公室的名义向原告作出信访回复，称原成都市教育委员会（即成都市教育局的前身）已于1992年作出《对成都市第五中学〈关于对我校职工杨一民作除名处理的报告〉的批复》，并认为该批复符合法律规定。原告不服，向四川省教育厅申诉，四川省教育厅责令成都市教育局复查。成都市教育局又于2005年8月18日再次给予原告信访答复，答复内容与前次信访回复一致。原告仍不服该信访答复，于2005年9月9日向被告成都市政府提出行政复议申请，请求成都市政府就该信访答复所涉及的事项作出行政复议。成都市政府收到复议申请后，认为原告的复议申请不符合行政复议的受理条件，于2005年9月13日作出成府复不字（2005）第6号不予受理决定。原告认为，成都市教育局对原告作出的信访答复是具有行政确认和行政处理性质的申诉处理决定，对原告的人身权、财产权有严重影响，而不是一

---

① 《最高人民法院公报》2007年第10期。

种单纯的"解释、说明",故原告依法向成都市政府提起的行政复议申请,完全符合《中华人民共和国行政复议法》(以下简称行政复议法)第六条第(九)、(十一)项关于行政复议受案范围的规定。成都市政府在没有向原告正确说明理由和依据的情况下,对这种明显属于依法可申请行政复议的案件作出不予受理决定,忽视了宪法赋予公民的救济权,剥夺了可供原告选择的法定救济机会。该不予受理决定与有关法律、法规的规定明显不符,适用法律、法规明显错误。故请求法院判决撤销成都市政府作出的成府复不字(2005)第6号不予受理决定。

被告成都市政府辩称:根据行政复议法的相关规定,行政复议是一项旨在对具体行政行为进行监督的制度。由于原告杨一民申请行政复议针对的事项是成都市教育局作出的信访答复,该信访答复不是成都市教育局作出的具体行政行为,因此杨一民的申请依法不属于行政复议的受理范围。请求法院依法驳回杨一民的诉讼请求,维持成都市政府对杨一民的行政复议申请作出的不予受理决定。

被告成都市政府在法定举证期限内向法院提交了作出被诉不予受理决定的相关证据材料和法律依据:

1. 原告杨一民提出的行政复议申请书,用以证明杨一民于2005年9月9日向成都市政府申请行政复议针对的事项是成都市教育局办公室于2005年8月18日就杨一民的申诉作出的信访答复;

2. 成都市教育局于2005年5月20日对杨一民作出的信访回复、四川省教育厅于2005年6月28日给杨一民的复函、杨一民于2005年6月30日向成都市教育局提交的《请求市教育局重新正确对本人申诉进行处理的几点意见》以及成都市教育局办公室于2005年8月18日对杨一民作出的信访答复,用以证明杨一民的复议申请不符合行政复议法规定的受理行政复议的条件;

3. 成都市政府于2005年9月9日作出的成府复不字(2005)第6号不予受理决定书及送达回证,用以证明成都市政府作出的不予受理决定程序合法,并已于2005年9月13日送达杨一民;

4. 国务院《信访条例》第三十四条、第三十五条的规定,用以证明杨一民对信访答复不服,不能申请行政复议,其提出的行政复议申请依法不属于行政复议的范围;

5. 行政复议法第一条、第六条、第十一条和第十七条的规定,用以证明成都市教育局针对杨一民的申诉作出的信访答复不属于行政复议法所规定的可以申请行政复议的具体行政行为,成都市政府作出的不予受理决定书认定事实清楚，适用法律正确。

成都市中级人民法院依职权调取了以下证据：

1. 于1992年10月3日向原成都市教育委员会报送的《关于对我校职工杨一民作除名处理的报告》，该报告的内容为：原成都市第五中学根据川人发（1984）4号文规定，决定将原告杨一民作除名处理；

2. 原成都市教育委员会于1992年12月23日作出的成教发人（1992）78号《对成都市第五中学〈关于对我校职工杨一民作除名处理的报告〉的批复》，该批复同意将杨一民作除名处理。

成都市中级人民法院一审查明：

1992年，原成都市第五中学（现成都第五中学）向原成都市教育委员会（现为成都市教育局）报送了《关于对我校职工杨一民作除名处理的报告》，原成都市教育委员会于1992年12月23日作出成教发人（1992）78号批复，同意将原告杨一民作除名处理。2005年，杨一民因上述纠纷到成都市教育局进行信访申诉，该局于2005年5月20日以其办公室的名义向杨一民作出信访回复，认为原成都市教育委员会于1992年作出的《对成都市第五中学〈关于对我校职工杨一民作除名处理的报告〉的批复》是符合法律规定的。收到该信访回复后，杨一民向四川省教育厅上访，四川省教育厅责成成都市教育局重新答复杨一民。成都市教育局于2005年8月18日再次给予杨一民信访答复，其内容与前次信访回复一致。2005年9月9日，杨一民就成都市教育局于2005年8月18日作出的信访答复向被告成都市政府提出行政复议申请，成都市政府于2005年9月9日作出成府复不字（2005）第6号不予受理决定，并已送达杨一民。

本案的争议焦点是：原告杨一民因不服成都市教育局作出的信访答复，向被告成都市政府提出的行政复议申请，是否属于行政复议受理范围。

成都市中级人民法院一审认为：

原成都市教育委员会（现成都市教育局）于1992年批复同意原成都市第五中学对原告杨一民作除名处理，时隔13年之后，原告杨一民就自己被除名一事先后到成都市教育局、四川省教育厅信访申诉，成都市教育局针对杨一民的申诉最终作出信访答复，认为当年原成都市教育委员会作出的批复符合相关规定。杨一民对该信访答复不服，向被告成都市政府提出的行政复议申请，不属于行政复议受理范围。

首先，行政复议法第六条规定："有下列情形之一的，公民、法人或者其他组织可以依照本法申请行政复议：（一）对行政机关作出的警告、罚款、没收违法所得、没收非法财物、责令停产停业、暂扣或者吊销许可证、暂扣或者吊销执照、行政拘留等行政处罚决定不服的;(二)对行政机关作出的限制人身自由或者查封、扣押、冻结财产等行政强制措施决定不服的;(三)对行政机关作出的有关许可证、执照、资质证、资格证等证书变更、中止、撤销的决定不服的;(四)对行政机关作出的关于确认土地、矿藏、水流、森林、山岭、草原、荒地、滩涂、海域等自然资源的所有权或者使用权的决定不服的;(五)认为行政机关侵犯合法的经营自主权的;(六)认为行政机关变更或者废止农业承包合同,侵犯其合法权益的;(七)认为行政机关违法集资、征收财物、摊派费用或者违法要求履行其他义务的;(八)认为符合法定条件,申请行政机关颁发许可证、执照、资质证、资格证等证书,或者申请行政机关审批、登记有关事项,行政机关没有依法办理的;(九)申请行政机关履行保护人身权利、财产权利、受教育权利的法定职责,行政机关没有依法履行的;(十)申请行政机关依法发放抚恤金、社会保险金或者最低生活保障费,行政机关没有依法发放的;(十一)认为行政机关的其他具体行政行为侵犯其合法权益的。"上述规定并未明确将行政机关驳回当事人对行政行为提起申诉的重复处理行为列入行政复议的受理范围。

其次,行政复议的受理范围,应当是行政机关作出的影响公民、法人及其他组织的权利义务关系的具体行政行为。本案中,成都市教育局作出的信访答复,对原告杨一民的现实权利义务状态并未产生新的影响,亦未改变原有的行政法律关系,属于行政机关驳回当事人对具体行政行为提起申诉的重复处理行为。行政机关驳回当事人就具体行政行为提出的申诉请求,实际上仅是告知当事人该具体行政行为正确,并说明当事人就该具体行政行为提出的申诉请求依法不应支持。驳回当事人申诉的信访答复既没有改变原有行政法律关系,也没有形成新的行政法律关系,对当事人的权利义务没有产生新的影响,故不属于行政复议的受理范围。

综上,被告成都市政府作出的成府复不字(2005)第6号行政复议不予受理决定认定事实清楚,证据充分,适用法律正确,程序合法,应予维持。

据此,成都市中级人民法院依照《中华人民共和国行政诉讼法》第五十四条第(一)项的规定,于2006年7月21日判决:

维持被告成都市政府作出的成府复不字(2005)第6号行政复议不予受理的决定。

一审案件受理费100元、其他诉讼费用30元,共计130元,由原告杨一民负担。

行政诉讼法教学指导：法规、案例与试题

杨一民不服一审判决，向四川省高级人民法院提起上诉，主要理由是：1. 成都市教育局以其办公室名义作出的信访答复中涉及的原成都市第五中学《关于对我校职工杨一民作除名处理的报告》和原成都市教育委员会《对成都市第五中学〈关于对我校职工杨一民作除名处理的报告〉的批复》，仅仅是单方面陈述的内部文件，从未送达上诉人。因此，成都市教育局作出的确认上述内部文件符合有关规定的信访答复，不属于驳回当事人对行政行为提起申诉的重复处理行为，且成都市教育局以其办公室的名义作出信访答复主体不符，是越权行为。一审法院认为成都市教育局作出的信访答复属于驳回当事人对行政行为提起申诉的重复处理行为，对上诉人现存权利义务状态并未产生新的影响，亦未改变原有的行政法律关系，是对行政机关重复处理行为的错误理解。上诉人提出的行政复议申请，依法属于行政复议受理范围，上诉人的诉讼请求依法应当得到支持。2. 一审法院依职权调取的证据未经庭审质证，一审判决依据上述证据认定本案事实，违反了证据规则和审判原则。综上，请求二审法院依法改判，判令被上诉人成都市政府依法受理上诉人的行政复议申请。

上诉人杨一民没有提交新的证据。

被上诉人成都市政府答辩称：上诉人杨一民因不服原成都市第五中学作出的除名处理决定，到成都市教育局、四川省教育厅信访申诉。成都市教育局办公室最终于2005年8月18日对上诉人作出驳回其申诉的信访答复，该行为属于行政机关对同一事项的重复处理行为，不属于可以申请行政复议的具体行政行为，当事人应当依照国务院《信访条例》的明确规定寻求救济途径。一审判决维持被上诉人作出的不予受理决定是正确的，请求二审法院依法维持并由上诉人承担诉讼费用。

被上诉人成都市政府没有提交新的证据。

四川省高级人民法院经二审质证认为：最高人民法院《关于行政诉讼证据若干问题的规定》第二十二条规定："根据行政诉讼法第三十四条第二款的规定，有下列情形之一的，人民法院有权向有关行政机关以及其他组织、公民调取证据：（一）涉及国家利益、公共利益或者他人合法权益的事实认定的；（二）涉及依职权追加当事人、中止诉讼、终结诉讼、回避等程序性事项的。"一审法院依职权调取的证据1、证据2不符合上述规定，且上述证据被上诉人成都市政府在行政程序中没有收集和使用，没有将其作为作出不予受理决定的事实依据。上述证据亦未在一审庭审中予以出示和质证。因此，上诉人杨一民就此提出的上诉理由成立，上述证据不能作为本案的定案依据。

四川省高级人民法院二审查明：

2005年，上诉人杨一民以成都第五中学借口已对其作"除名处理"，不给其安排工作、发放工资，还强行收缴其住房，但长期不送达相关处理文书，侵犯其人身权、财产权为由，向成都市教育局申诉。2005年5月20日，成都市教育局办公室对杨一民作出信访回复，该回复认为原成都市教育委员会于1992年作出的《对成都市第五中学〈关于对我校职工杨一民作除名处理的报告〉的批复》符合法律规定。杨一民不服，向四川省教育厅申诉。四川省教育厅于2005年6月28日答复杨一民："已将上访材料转送成都市教育局，责成其按照当时的有关法律法规、政策规定和事实依据重新答复你本人。"2005年8月18日，成都市教育局办公室再次对杨一民作出信访答复，该答复载明："我们再一次对事实进行了调查核实。查明，1992年原成都市第五中学根据你的旷工事实向原成都市教育委员会报送的《关于对我校职工杨一民作除名处理的报告》和原成都市教育委员会于当年作出的《对成都市第五中学〈关于对我校职工杨一民作除名处理的报告〉的批复》符合川人发（1984）4号文件规定。"该信访答复已送达杨一民。

2005年9月9日，上诉人杨一民就成都市教育局于2005年8月18日作出的信访答复向被上诉人成都市政府申请行政复议，请求撤销或者确认该信访答复违法，并责令成都市教育局在一定期限内重新作出具体行政行为。同日，成都市政府以杨一民提出的行政复议申请不符合行政复议受理条件为由，根据行政复议法的相关规定，作出成府复不字（2005）第6号不予受理决定书，并于同月13日送达杨一民。杨一民不服，向成都市中级人民法院提起行政诉讼，请求撤销成都市政府作出的不予受理决定。

本案二审的争议焦点仍然是上诉人杨一民因不服成都市教育局作出的信访答复，向被上诉人成都市政府提出的行政复议申请，是否属于行政复议受理范围。

四川省高级人民法院二审认为：

《行政复议法》第十二条规定："对县级以上地方各级人民政府工作部门的具体行政行为不服，由申请人选择，可以向该部门的本级人民政府申请行政复议，也可以向上一级主管部门申请行政复议。对海关、金融、国税、外汇管理等实行垂直领导的行政机关和国家安全机关的具体行政行为不服的，向上一级主管部门申请行政复议。"第十七条规定："行政复议机关收到行政复议申请后，应当在五日内进行审查，对不符合本法规定的行政复议申请，决定不予受理，并书面告知申请人；对符合本法规定，但是不属于本机关受理的行政复议申请，应当告知申请人向有关行政复议机关提出。"根据上述规定，被上诉人成都市政府有权管辖当事人对其下属职能部门作出的具体行政行为不服申请行政复议的案件,对当事人提出的行政复议申请,经审查认为不符合行政复议法规定的受理范围的,有权作出不予受理决定。成都市政府于2005年9月9日收到上诉人杨一民递交的行政复议申请,经审查后以该申请不符合行政复议受理条件为由,作出了不予受理决定书,并于同月13日送达杨一民。成都市政府作出该不予受理决定的程序合法。

《行政复议法》第一条规定:"为了防止和纠正违法的或者不当的具体行政行为,保护公民、法人和其他组织的合法权益,保障和监督行政机关依法行使职权,根据宪法,制定本法。"第二条规定:"公民、法人或者其他组织认为具体行政行为侵犯其合法权益,向行政机关提出行政复议申请,行政机关受理行政复议申请、作出行政复议决定,适用本法。"第六条规定:"有下列情形之一的,公民、法人或者其他组织可以依照本法申请行政复议:(一)对行政机关作出的警告、罚款、没收违法所得、没收非法财物、责令停产停业、暂扣或者吊销许可证、暂扣或者吊销执照、行政拘留等行政处罚决定不服的;(二)对行政机关作出的限制人身自由或者查封、扣押、冻结财产等行政强制措施决定不服的;(三)对行政机关作出的有关许可证、执照、资质证、资格证等证书变更、中止、撤销的决定不服的;(四)对行政机关作出的关于确认土地、矿藏、水流、森林、山岭、草原、荒地、滩涂、海域等自然资源的所有权或者使用权的决定不服的;(五)认为行政机关侵犯合法的经营自主权的;(六)认为行政机关变更或者废止农业承包合同,侵犯其合法权益的;(七)认为行政机关违法集资、征收财物、摊派费用或者违法要求履行其他义务的;(八)认为符合法定条件,申请行政机关颁发许可证、执照、资质证、资格证等证书,或者申请行政机关审批、登记有关事项,行政机关没有依法办理的;(九)申请行政机关履行保护人身权利、财产权利、受教育权利的法定职责,行政机关没有依法履行的;(十)申请行政机关依法发放抚恤金、社会保险金或者最低生活保障费,行政机关没有依法发放的;(十一)认为行政机关的其他具体行政行为侵犯其合法权益的。"根据上述法律,可以申请行政复议的具体行政行为,是指行政主体在行使行政职权过程中,针对特定的行政相对人就特定的事项作出的、能够对行政相对人的权利义务产生法律效果的行为。本案中,上诉人杨一民申请行政复议的事项,是成都市教育局办公室针对杨一民的申诉作出的信访答复,该信访答复的内容仅是重申1992年原成都市第五中学报送的《关于对我校职工杨一民作除名处理的报告》和原成都市教育委员会于当年作出的《对成都市第五中学〈关于对我校职工杨一民作除名处理的报告〉的批复》均符合川人发（1984）4号文件规定，并没有对杨一民的权利义务产生新的法律效果，属于行政机关对当事人不服具体行政行为提出申诉的重复处理行为，因而不是行政复议法所规定的可以申请行政复议的具体行政行为。

《行政复议法》规定了申请行政复议的期限，而当事人向有关行政机关申诉并没有相应的时效限制。如果将行政机关驳回当事人对具体行政行为提起的申诉的重复处理行为视为新的具体行政行为，则无论是否在法律规定的期间内，当事人都可以通过申诉启动行政复议程序，即"申诉—驳回申诉的重复处理行为—对该重复处理行为申请行政复议—行政复议或者再申诉"的重复循环，这样必将导致行政复议申请期限失去意义，影响行政行为的稳定性，影响行政机关依法行政。

综上，成都市教育局针对上诉人杨一民的申诉作出的信访答复，属于对行政机关对当事人不服行政行为提出的申诉的重复处理行为，不属于行政复议的受理范围。被上诉人成都市政府针对杨一民提出的行政复议申请作出的不予受理决定正确，杨一民关于其申请行政复议的事项符合行政复议受理条件的上诉理由不能成立。一审判决认定事实清楚，适用法律正确，审判程序合法，应予维持。

据此，四川省高级人民法院依照《中华人民共和国行政诉讼法》第六十一条第（一）项之规定，于2006年11月21日判决：

驳回上诉，维持原判。

二审案件受理费100元，由杨一民负担。

本判决为终审判决。

44户村民诉某镇人民政府侵犯承包经营权及强制措施案①

一、案情简介

1994年4月某镇某管理区干部擅自将某村集体所有的湖面发包给该村3户农民承包。1995年3月，该村村民要求集体承包湖面，经与镇政府多次协

---

① 参见林莉红著：《中国行政救济理论与实务》，武汉大学出版社2000年版，第279页。

商,在取得镇有关领导口头同意后,44户村民与村委会签订承包协议,并下湖设置养鱼设施。但镇政府却于1995年3月16日签发了"关于某村部分村民强占湖面的处理决定",要求退出湖面,并于18日强行拆除了部分养鱼设施。

二、办案经过

当事人派代表到"武汉大学社会弱者权利保护中心"(以下简称"中心")求助后,行政诉讼部认为此案涉及农民承包经营权及农村基层组织滥用职权问题,又因人数众多,需慎重处理。行政诉讼部决定先派两位同学前往调查。两位同学先后两次赴当地,与村民进行了广泛的交流,听取了镇政府、市政府的意见,也看了现场,并作了详细的笔录。

在此情况下,行政诉讼部决定立案,并确定得力人员作此案的代理人。经过仔细研究案情,当事人及代理人以镇政府为被告,于1995年4月18日起诉到某市人民法院。但是,由于市委、市政府的干预,法院在规定的立案期限内既不立案,又不作出不受理案件的裁定。此事被正在"中心"采访的某电视台记者得知,甚感兴趣,于是在代理人的陪同下前往当地采访。但是在市委、市政府的干预下,新闻没有发出。同时,被告方通过省政府有关部门找到法学院和"中心"领导,请求有关方面做代理人的工作,并由代理人动员原告撤诉。但经过说明案件情况,省政府有关部门的领导表示理解,并表示不再干预"中心"办案,法学院和"中心"领导也对代理人的工作表示了理解和支持。

由于法院迟迟不予立案,"中心"于5月12日向法院发出催请立案的函。法院方面也积极向市委、市政府反映情况,催请市委、市政府尽快处理。某市市委、市政府为此组织了以一位副书记为负责人,以政府副市长、司法局副局长、法院副院长等部门领导为成员的工作小组负责处理此事。经过大量的工作,市委、市政府承认了44户农民与村委会签订的承包协议,并基本上满足了原告的赔偿要求。法院方面则直接由原告写了撤诉状。"中心"始终未收到立案通知书和准予撤诉裁定书。

三、扼要评析

本案虽然没有开庭,但代理人做了大量的调查、取证、协调工作,做到了案情清楚、证据确凿、心中有数,对行政机关能够妥善处理此案起到施加压力的作用。案件的处理和"中心"的工作在当地引起极大反响,代理人书写的起诉状在当地干部群众中广为传看。

此案被诉的具体行政行为违法主要表现在三个方面:

第一,侵犯了集体组织经营自主权。该案有充分证据表明,争议湖面的使用权属于该村集体所有,理应由村委会代表全体村民发包。管理区只有管理的职权,而不能代替村委会行使职权。否则就是侵犯集体组织经营自主权的行为。

第二,滥用职权。3月16日镇政府作出处理决定,当天下午6时至次日上午才送达全体村民手里,只留出一天时间让村民采取行动。且据村民反映,要拆除偌大养鱼设施,一天的时间根本不可能。镇政府的决定不考虑实际情况,要求相对人作出一个根本不可能作出来的行为,构成滥用职权。

第三,超越职权,造成无法挽回的经济损失。镇政府没有强制执行权,无权强制拆除养鱼设施。根据我国地方各级人民政府组织法、渔业法等法律、法规的规定,作出处罚决定的行政主管部门或其所属的渔政监督管理机构采取强制措施必须申请人民法院强制执行。强制拆除属于强制执行措施,镇政府未通过法院而直接实施强制措施明显超越法定职权范围,造成损失必须依法予以赔偿。

通过代理此案,代理人感受最深的有二:其一,律师或代理人的职责是为被代理人提供法律服务,办理行政案件尤其需要顶住压力,排除干扰,否则就有可能损害当事人的利益,这是一个职业道德问题。其二,行政案件原告有理时的"告状难"在此案中表现明显。此案承办法院行政审判庭的法官们虽然对原告深表同情,对代理人的观点深表理解和认同,但却无能为力。当然,依代理人之体会,他们的理解和认同也是促成此案最终妥善处理的原因之一。总之,改善行政执法、司法环境是一个尚需各方努力的问题。

陈某诉某县地方税务局违法纳税及强制措施案①

一、案情简介

原告陈某系湖北某县农民。1993年赴广东某市打工,从事防水堵漏施工。1996年11月,被告湖北省某县地方税务局派人到某市,向原告送达"核定税款通知书"、"限期交纳税款通知书",要求原告交纳个人所得税税款和滞纳金

---

① 参见林莉红著:《中国行政救济理论与实务》,武汉大学出版社2000年版,第281页。

共计113万余元。1997年1月15日,被告作出"鄂(某)税处字第97—01号税务处理决定",要求原告交纳税款53.7万元,罚款53.7万元,共计117万余元的款项,并采用邮寄送达的方式,在未收到原告的送达回执的情况下,申请某县人民法院于5月17日强行查封了原告在该县的房屋两处。原告在得知自己的房屋被查封并由此得知被告对自己作出的"税务处理决定"后向县人民法院提起行政诉讼。

二、办案经过

原告在向人民法院提起行政诉讼后找到"中心",请求"中心"为其代理诉讼。由于此案是因被告违反所得税法关于管辖权的规定引起的,属于超越地域管辖权的行政行为,而且据原告反映,该县此类情况很多。鉴于此,"中心"决定代理此案。为此,代理人进行了大量的调查取证工作,广泛查阅了税务法律、法规,并为此走访了省法制办和省地方税务局。

某县人民法院于1997年4月28日公开开庭审理了此案。开庭时,代理人以事实为根据,以法律为准绳,紧扣被诉具体行政行为违法的问题,进行了详细、周密的论证,对被告的观点进行了有理的驳斥(详见所附代理词)。县法院作出了一审判决:(1)撤销被告所作的"税务处理决定";(2)本案诉讼费用由被告承担;(3)被告赔偿因查封房屋给原告造成的经济损失。

虽然原告获得了一审胜诉,但是,一审判决的理由却仅仅是行政决定的证据不充分,适用法律、法规不当,而对原告及代理人所提出的行政决定超越职权的理由只字不提。由于此理由决定着原告户籍所在地湖北省某县地方税务局能否再次对原告在广东取得的所得征收个人所得税的问题,因而对原告是否能够摆脱被告的无权管辖关系甚大。对此,原告执意要讨个"说法",于是提出上诉。由于此案反映了行政诉讼中对判决理由的上诉问题这一行政诉讼特有的法律现象,为研究此类案件的行政救济理论与实务提供了一个典型案例,且该上诉案件仍属于"中心"受理范围,我们决定对其提供法律援助。

但遗憾的是,上诉审法院经过对案件的审理,虽然在判决的事实与理由部分确认某县地方税务局应将案件"移送有管辖权的单位处理,直接处理欠妥",一审法院"应判决由某县地方税务局移送有关单位查处",但判决主文仍然是维持原判,上诉费用由上诉人承担。

三、扼要评析

本案一审胜诉的关键在于代理人在办理案件的过程中,紧扣了行政案件的审理对象——行政机关所作的具体行政行为,围绕行政诉讼法关于审查行政机关所作的具体行政行为是否合法的五项标准,对本案的审理对象"税务处理决定"进行分析,有理有据,论述充分。

二审法院所作出的维持原判以及关于诉讼费用负担的判决,有诸多不合理之处。但也实属无奈。因为就目前行政诉讼法关于一审以及二审判决的规定来看,尚无对判决理由的上诉请求如何作出判决主文、如何决定诉讼费用负担的规定。这反映出司法实践对行政诉讼立法提出的新的要求。

另外,本案关于法律文书送达的规定也反映了某些立法与实践相脱节的问题。目前,民事诉讼法、税法关于送达程序都有"邮寄送达的,以挂号函件回执上注明的收件日期为送达日期"的规定,但实际上,出于不盈利的考虑,各地邮政业务部门大多已经停止开展送达回执的业务,以至于税务机关的有些工作人员根本不知道何为"挂号函件回执"。这种现象的出现,不是一个税务机关的原因,也不是一个地方的税务机关所能够改变的,需要国家立法、司法、行政等部门进行综合协调。

附:代 理 词(一审)

审判长、审判员:

武汉大学社会弱者权利保护中心接受当事人陈某的委托,指派我们作为诉讼代理人代理陈某诉某县地方税务局一审行政诉讼案。经过调查和刚才的庭审,我们认为本案事实已基本查清。现就本案涉及的法律问题发表代理意见。

我们认为,某县地方税务局1997年1月15日作出的"鄂(某)税处字第97—01号税务处理决定"以及在此之前作出的一系列具体行政行为都是违法的,依法应予撤销,理由如下:

一、某县地方税务局对陈某征收税款、处以罚款等行为超出了某县地税局的职权范围,是超越职权的行为

"越权无效"是行政法上的一项基本原则。每一个行政机关都有其特定的职权范围,行政机关有权在其特定的职权范围内行使职权,也只能在其特定的职权范围内行使职权。超越行政机关的职权范围,不管这种越权是纵向的即在上下级机关之间越权,还是横向的,即超越其职务管辖范围和地域管辖范围,作出具体行政行为,都是违法的、无效的行为,依行政诉讼法的规定是应予撤销的。《中华人民共和国个人所得税法》第八条规定:"个人所得税,以所得人为纳税义务人,以支付所得的单位或者个人为扣缴义务人,在两处以上取得工资、薪金所得和没有扣缴义务人的,纳税义务人应自行申报纳税。"《个人所得税法实施条例》第35条规定:自行申报的纳税义务人,应当向取得所得的当地主管税务机关申报纳税。原告陈某从1992年起一直在广东某市打工,他从1993—1995年的所有收入都是在某市取得,某市地税局是陈某1993—1995年期间的主管税务机关。事实上陈某也已在某市税务局交纳了1993—1995年的个人所得税。某县地税局对原告在此期间的所得征收个人所得税超越了地域管辖范围,是无效的具体行政行为。从这个意义上说,某县地税局过去、现在、将来都没有对本案原告在某县界外取得的所得征收个人所得税的权力。

被告在答辩中引用国家税务总局1996年9月17日国税函(1996)号"关于个人所得税偷税案件查处中有关问题的补充通知"及国税函(1997)91号"关于不申报缴纳税款定性问题的批复",认定陈某构成偷税,并以此认为纳税义务人居住地税务机关有管辖权,这种认定和理解都是错误的。第一,国家税务总局的两个文件关于偷税的定义与《中华人民共和国税收征收管理法》相矛盾。该法第四十条规定,偷税的情况有两种:第一,纳税人采取伪造、变造、隐匿、擅自销毁账簿、记账凭证,在账簿上多列支出或者不列、少列收入;第二,采用虚假的纳税申报的手段,不缴或少缴应纳税款的。而国家税务总局的文件扩大偷税的含义。国家税务总局的有关"函"是行政机关的抽象行政行为,最多属于规章的性质。而《中华人民共和国税收征管法》属于国家最高权力机关全国人民代表大会制定的法律。依行政诉讼法的规定,人民法院审理行政案件,以法律、法规为依据,对行政规章只是参照,当规章违反法律、法规时,人民法院应直接依据法律、法规进行审理,作出判决而不参照规章。第二,国家税务总局的两个函对本案不具有溯及力。有关税收管理的规定属于实体行政法的范畴,是不具有溯及力的。本案原告的有关行为远远发生在这两个函下发以前,因此,不适用这两个函的规定。第三,被告关于居住地的理解是错误的。民法通则第十五条规定:"公民以他的户籍所在地的居住地为住所,经常居住地与住所不一致时,经常居住地视为住所。"最高人民法院关于贯彻民法通则若干问题的意见规定:"公民离开住所地最后连续居住一年以上的地方为经常居住地。"某市公安局出具了原告1992年6月至1995年在某市居住,某市为其经常居住地的证明。被告以原告户籍、父母、妻子、孩子在某县,便认为某县为原告的居住地是毫无事实依据和法律依据的。因此,即使原告的行为构成偷税,也应由其居住地某税务机关管辖,而不应由某县税务机关管辖。第四,原告并不构成所谓"采取不申报的手段,不缴纳税款"。原告于1996年8月11日向某市地税局缴纳了1993—1995年的税款,最多构成未按期申报,从而不适用所谓偷税案件由居住地管辖的规定。

二、被告的有关具体行政行为构成滥用职权

前面的庭审已经查明,被告在本案中有关滥用职权的行为有两个表现:

第一,要求相对人作出一个不可能作出的行为。被告于1996年11月7日作出"核定税款通知书",核定税款和滞纳金共计113万余元,限原告11月8日前缴纳;11月8日作出"限期缴纳税款通知书",限原告11月9日前缴纳上述款项,而被告于1996年11月9日下午才将上述两个文书送达相对人手中。113万余元对于一个在外打工的人来说不能不说是一个天文数字,对于今日中国的任何一个单位和个人来说,113万余元都不是一两天之内一下子能拿出来的。更令人不可思议的是,被告竟然当天送达要求原告头一天缴纳,当天送达要求原告当天缴纳这笔款项,这怎么可能呢?这等于说就是要让原告达不到行政机关的要求,违反行政机关的规定。这种行为的作出是行政机关滥用职权的表现。

第二,反复无常。被告1996年11月下达的文书中称应向原告征收59万余元滞纳金。事隔两个月后,1997年1月其所作出的"税务处理决定"又不提滞纳金,改为处以罚款53万元了。正如被告在答辩状中所称,滞纳金不同于罚款。为什么被告在最后的处理决定中又不征收滞纳金了,难道税务机关可以想收就收,想不收就不收,想以什么名目就以什么名目收吗?这种反复无常的行为构成滥用职权。

三、被告作出的有关具体行政行为违反法定程序

这方面的表现有二:

第一,被告在答辩中称被告是"依照法律规定核定原告的应纳税额"的。依照的法律是《中华人民共和国税收征管法》并引用了该条文,但我们看到条文所规定的税务机关有权核定其应缴纳税款的情况是"发生纳税义务,未按照规定的期限办理纳税申报,经税务机关责令限期申报,逾期仍不申报的"。刚才的庭审表明,被告并未经过"责令限期申报"这一必需的法定程序,原告当然也就不构成"逾期仍不申报",因而被告核定原告税款的行为不具备法定条件,违反法定程序。

第二,《行政处罚法》第三十一条规定:"行政机关在作出行政处罚决定

之前，应当告知当事人作出行政处罚决定的事实、理由和依据，并告知当事人依法享有的权利。"《行政处罚法》第四十二条规定："行政机关作出责令停产停业、吊销许可证或者执照、较大数额罚款等行政处罚决定之前，应当告知当事人有要求举行听证的权利；当事人要求听证的，行政机关应当组织听证。"国家税务总局1996年9月28日国税发〔1996〕190号《税务行政处罚听证程序实施办法（试行）》第2条规定，税务机关对公民作出2 000元以上罚款的行政处罚之前，应当向当事人送达税务行政处罚事项告知书，告知当事人已经查明的违法事实、证据、行政处罚的法律依据和拟将给予的行政处罚，并告知有要求举行听证的权利。所谓告知，是指告诉并使当事人知道，这是必经程序。本案被告在作出最终的处罚决定之前，既未告知当事人已经查明的事实、证据、法律依据、拟将给予的行政处罚，也未告知当事人有举行听证的权利，就直接给予当事人处罚并贸然申请人民法院采取强制措施，是违反法定程序的。《行政诉讼法》第三条第二款规定："没有法定依据或不遵守法定程序的行政处罚无效。"《行政诉讼法》第五十四条规定，被告作出的具体行政行为违反法定程序，人民法院应当判决撤销。

四、被告作出的税务处理决定主要证据不足

首先，被告所作税务处理决定以及以前所作有关文书中，对于征收50余万元税款没有列举任何证据；其次，被告在答辩中称其是依据《税收征管法实施细则》第三十五条的规定，即税务机关有权"按照耗用的原材料、燃料、动力等推算或测算应纳税额"。行政机关"有权"核定，但必须以事实为根据，以法律为准绳核定，而不是任意核定。被告只能大致说出原告从某防水材料厂购进了一定的原材料，被告不仅没有任何证据证明原告"耗用"了多少原材料，甚至不能说出原告到底"耗用"了多少原材料。被告在庭审中一再提到原告在某县有多少财产，原告使用"大哥大"、乘飞机做生意等。难道被告看到原告占有和使用一定的财产就可以没有根据地向原告要求收税吗？这与敲诈有什么区别？被告有什么证据证明原告占有和使用财产就一定是原告的"所得"，而不是借、贷而来？

五、被告所作出的税务处理决定适用法律、法规错误

《行政诉讼法》规定衡量行政机关具体行政行为是否合法的最后一项标准是适用法律、法规是否错误。某县地税局97—01号税务处理决定提到其征税和处罚依据是个人所得税法和税收征管法，但没有引用和提到任何一个条款，原告至今也不知道被告认定原告的个人所得是哪一种所得，适用的税率是什么，如何计算出来的。行政诉讼法规定行政机关作出具体行政行为适用法律、法规错误构成违法，那么，行政机关作出具体行政行为不适用法律、法规不是更构成违法吗？

六、关于诉讼时效

被告出具的两份证据只能证明被告寄出过某份邮件和寄出的这份邮件被人签收，并不能证明被陈某签收。税收征管法实施细则确实规定，直接送达税务文书有困难的，可以邮寄送达。并规定："邮寄送达的，以挂号函件回执上注明的收件日期为送达日期。"被告代理人坚持说所谓"邮局送达文书证明"（答辩状附件五）是挂号函件回执，不仅错误，而且表明了被告代理人的无知。原告在知道税务机关对其作出税务处理决定后依法提起了诉讼，完全符合行政诉讼法关于诉讼时效的规定。

《行政诉讼法》第五十四条规定，具体行政行为只要具备主要证据不足，适用法律、法规错误，违反法定程序，超越职权，滥用职权五种情形之一的，人民法院应判决撤销。从以上的分析看，本案被告所作具体行政行为具备全部以上五种情形。我们认为，本案被告所作具体行政行为违法的事实清楚，证据确凿，请求人民法院全面考虑原告的诉讼请求，依法撤销被告所作的具体行政行为，赔偿由此给原告造成的经济损失，维护当事人的合法权益。

谢谢审判长，审判员！

武汉大学社会弱者权利保护中心

×××　×××

1997-4-28

代 理 意 见（二审）

湖北省某市中级人民法院：

我受上诉人陈某的委托，代理陈某诉某县地税局二审行政诉讼案。上诉人陈某对某县人民法院（1997）某行初字第 01 号行政判决书不服，已于 1997 年 6 月 5 日向贵院提起上诉，现二审法定审理期限已过，未接到法院开庭审理的通知。现将本代理人对此案的主要意见向法院陈述如下，请法院予以考虑。

一、关于某县地方税务局第 97—01 号税务处理决定的违法性

针对某县地税局第 97—01 号税务处理决定违反《中华人民共和国行政诉讼法》所规定的判断具体行政行为是否合法的全部五项标准的情况,本代理人在一审的代理词中已做了详尽的论述。某县人民法院(1997)某行初字第 01 号行政判决书对该具体行政行为的违法性亦做了确认,并已作出了撤销该税务处理决定的判决。对某县人民法院(1997)某行初字第 01 号行政判决书,一审被告某县地税局没有提出上诉。对此,本代理人认为,某县地方税务局第 97—01 号税务处理决定的违法性已得到各方确认。

二、关于此案二审程序中所争议的要点——某县地税局对陈某的管辖权问题

从本案上诉人的上诉状和被上诉人的答辩状各自所陈述的观点来看,二审程序中所争议的主要是某县地税局究竟是否为上诉人陈某的税务主管机关的问题。这实际上是一个老调重弹的问题,因为在此案一审中双方争议的也主要是这一问题。而关于这一问题所涉及的有关法律和事实,在上诉方所提交的大量文书(起诉书、法庭辩论意见、一审代理词、上诉状)中已有许多的引用和说明,在此不必重述。关于这一问题,我仅补充说明几点:

1. 关于陈某与湖北某防水材料厂的关系

被上诉人在上诉答辩状中提出"陈是我县某镇某防水材料厂的一员"以及"陈的收入所得应该是在某镇某防水材料厂,而不是在某市",对此,和一审中一样,被上诉人没有任何直接证据证明这一点。实际上,如果被上诉人所说的是事实的话,要证明以上两点,是非常容易的。要证明一个人是某防水材料厂的一员,只要拿出劳动、人事关系证明就行了;要证明某人的收入所得是在某县某防水材料厂取得的,更是税务部门的职责所在,只要拿出某防水材料厂给陈某所谓收入所得的账目就行了。我想某防水材料厂是不会给陈某应该交纳 50 多万元个人所得税的所谓收入而不建立有关账目吧!可是,被上诉人没有任何这类的证据。相反,倒是拿着上诉人向一审法院提交的一份所谓"经济承包合同"做文章,而这份所谓"经济承包合同"并没有经济承包的内容。关于陈某与某防水材料厂的关系,以及所谓"经济承包合同"到底是怎么一回事,最好是由与陈某签订这份"经济承包合同"的当时某防水材料厂的副厂长管某来做一个证明。请详见本代理人与管某通话的"电话询问记录"。该记录非常清楚地表明了陈某与某防水材料厂的关系就是,陈某在某市做防水工程时用某防水材料厂的材料,而某防水材料厂给予陈某所谓某市办事处的名义以方便陈某承揽工程,其目的是销售某防水材料厂的材料。陈某既不是某防水材料厂的一员,与某防水材料厂没有任何劳动人事关系;也与某防水材料厂没有经济承包关系。而且,1997年8月25日贵院行政庭冯庭长曾给本代理人出示过一份1994年上诉人陈某代表某市麻章实业公司与某防水材料厂签署的合资办厂合同。上诉人如果是"某防水材料厂的一员",又如何能与某防水材料厂签订合资办厂合同?

2. 关于陈某取得收入的所在地。某县地税局所作的税务处理决定已明确,其对陈某征收个人所得税的个人所得是陈某从"1993年1月1日至1995年12月30日在广东省某市从事防水建筑业务期间"的个人所得。就算陈某与某防水材料厂有某种关系,就算陈某是"某防水材料厂的一员",也不妨碍陈某的个人所得是在广东省某市取得的这一已由被上诉人确认的事实。

3. 关于某县地税局对此案的态度。某县地税局局长、法定代表人严某在一审判决后的1997年6月15日曾签署一份行政赔偿调解协议书确认:"(1997)某行初字第01号行政判决书在援引法律条文时应增加行政诉讼法第54条第2项第4目。""根据中华人民共和国个人所得税法第8条和该法实施条例第35条的规定,某县地税局不是陈某在某市取得收入的个人所得税主管税务机关。"承认了某县地税局越权处罚的违法行为。而同样由某县地税局局长严某署名的上诉答辩状却宣称某县地税局"丝毫没有越权处罚的违法行为"。为此,本代理人深感困惑,某县地税局作为一个国家行政机关,怎么可以如此出尔反尔,反复无常?!上诉人已将该行政赔偿调解协议书提交法院,法院可以清楚地看到被上诉人对其越权处罚违法性的确认,只是由于上诉人没有签名同意该协议书的其他内容才使该协议书未能生效。某县地税局作为一个国家行政机关仅仅为了与当事人争个法庭上的输赢,仅仅为了一点面子,就可以置实事求是原则、置当事人的合法权益、置税务机关的形象、置国家行政机关在人民群众心目中的地位于不顾。如此,就难怪会作出违法的具体行政行为了。

三、对此案审理中的两点想法

1.《行政诉讼法》第五十九条规定:"人民法院对上诉案件,认为事实清楚的,可以实行书面审理。"对此,本代理人理解,人民法院对上诉案件,如果认为事实不清的,不应实行书面审理,而应开庭审理。

2.《行政诉讼法》第三十二条规定:"被告对作出的具体行政行为负有举

证责任,应当提供作出该具体行政行为的证据和所依据的规范性文件。"对此,本代理人理解,行政诉讼中的举证责任应由被告承担。人民法院在诉讼中所作的工作主要是审查核实证据而不是调查收集证据。

以上意见,均有事实、法律依据,请法院依法予以采纳,保护上诉人的合法权益。

武汉大学社会弱者权利保护中心

×××
1997-9-15

24户居民诉某市规划局违法审批案①

一、案情简介

某市某小区(B区)89栋的24户居民,1992年陆续搬入该小区。所住89栋住宅楼前,是一小片绿地。1997年8月份起,某街道办事处称要在绿地处修一栋三层办公楼,并着手除草、砍树,开始施工。89栋居民多次到有关部门反映,认为毁绿地的行为违法,均未得到彻底解决。1998年3月,24户居民将该项目的规划、审批机关——市规划局推上被告席。受理此案的某区人民法院,于1998年7月首次开庭。后因案情复杂,转交某市中级人民法院审理。

二、办案经过

此案原告起诉后,居民代表彭某等多次找到"中心"请求给予法律援助。1998年11月,中心与24户居民签订法律援助协议书。此后,代理人走访了B区住户,现场调查办事处建楼的情况,召开了24户居民会议,倾听大家的意见,并多次到法院查阅案卷,了解案情。11月底,代理人与居民代表参加了中级法院的第一次开庭,庭审中,代理人与被告某市规划局、第三人某街道办事处,展开了唇枪舌剑的辩论。

被告认为:1.审批行为合法。规划局既然是规划单位,便有权规划,小区建三层楼,并不属于二次规划。2.被占用的那块地不是绿化地,而是杂草

---

① 参见林莉红著:《中国行政救济理论与实务》,武汉大学出版社2000年版,第293页。

地，居民提供的小区规划模型虽所示为"绿化地"，但规划模型无法律效力。3. 修建文化站是为居民服务的行为，个别居民有一些牺牲是难免的。

第三人认为：1. 建楼行为有规划局的正式批准文件，是合法的。2. 施工许可证虽开始未办下来，但后来已经补办，所以施工行为亦合法。3. 所建三层楼为综合用楼，主要为解决办公、娱乐、存放环卫工人工具，都是办事处管理所必需的，也是为了居民的利益。

针对被告、第三人的答辩，代理人提出如下代理意见：1. 项目申请主体违法；2. 审批行为违法；3. 审批内容违法；4. 审批结果违法。（详见所附代理词）。

1999年4月，某市中级人民法院作出一审判决：被告将某小区（B区）89栋楼前用地批准给第三人某街道办事处建住宅综合楼，其审批行为违法，予以撤销，被告负担本案的诉讼费用。三方均未提出上诉。

三、扼要评述

本案是一起代理较为成功的案例。代理过程中，代理人曾感到压力很大。首先，案情复杂，所需证据很难搜集。其次，代理协议签订时已开过一次庭，据居民讲开庭情况不理想，居民一方提不出法律依据，证据不充分，所以估计一审要败诉。第三，案中所涉及的三层楼已盖好，办事处资金已投入，对这样的"既成事实"，法院如果判对方败诉，也要承受相当压力。第四，小区居民坚决不同意调解，不同意经济赔偿，一定要项目彻底被撤销。"中心"和行政诉讼部给予此案极大的关注和支持，行政诉讼部多次组织讨论案情，共同研究有关法律规定，加之居民一方决心很大，非常配合，使得代理人调查、取证等工作进展顺利。最终，法院终于以一纸公正判决解决纠纷，维护了法律的尊严，维护了公民一方的利益。此案的成功之处，不仅在于案件居民的利益得到了维护，更重要的是，居民胜诉，在社会上引起了强烈反响，新闻单位多次报道，89栋亦成了众多欲寻求法律救济的人们的咨询处。正如居民代表所说：我们的官司成了普法课。

附：代 理 词

审判长、审判员：

根据《行政诉讼法》第二十九条的规定，我受武汉大学社会弱者权利保护中心的委派，担任原告的诉讼代理人。我认真查阅了本案的有关材料，听取了彭××等20名原告的陈述，并到现场进行了实地调查，现结合案情事实认为：被告市规划局针对某街道办事处申报的"某街道办事处综合楼"项目的审批行为违法；被告市规划局针对上述项目颁发的施工许可证违法，均应予以撤销。

1. 申请主体违法。根据1995年国家建设部颁布的《开发区规划管理办法》的规定及《某市城市规划管理办法》第三十条第一款第（一）项的规定："（一）建设单位或者个人持经批准的建设计划书、土地使用证和地形图以及其他有关文件，向城市规划行政主管部门提出建设工程核准申请……"这是申请批准及申请领取建设工程规划许可证的第一步。某街道办事处不具有提出核准申请的主体资格，市规划局不应对不符合申请主体资格的申请方予以核准。某街道办事处作为建设单位，未能提交土地使用权属证明，无法证实其具有对某B区89栋与二层居委会楼之间的绿地的土地使用权。《某住宅小区（B区）管理移交协议书》（以下简称《移交协议书》）是某市住宅统建办公室与某街道办事处之间的管理移交协议，不能代替具有特定法律意义的土地使用证。

2. 审批行为违法。某住宅小区（B区）已于1994年3月10日通过规划验收，属已规划完结的小区（见《移交协议书》）。根据《中华人民共和国土地管理法》第四章第二十六条的规定："一个建设项目需要使用的土地，应当根据总体设计一次申请批准，不得化整为零。分期建设的项目，应当分期征地，不得先征待用。"如果按被告所称，居委会文化站是属于早已规划了的，那么就无需96年、97年又一次办理繁琐的申报、审批等手续，原始规划图纸上亦应该有所谓"文化站"的具体位置、楼层等标注；如果文化站当初并未规划，本次规划便属于二次规划，亦是违反法律规定的。实质上，原始图纸上所写的"居委会文化站"几个字即指当时已建成的二层附楼，其他周边地区均为绿化地，这是众所周知的，并与当时欲购买商品房的居民所见的小区规划模型相符。由此，我们认为，市规划局1997年的规划审批行为是没有任何根据的。

3. 审批内容违法。庭审中市规划局出具的原始图纸上，89栋旁附楼上写明为"居委会文化站"，意为为小区居民提供文化、娱乐场所所用。1996年某街道办事处向上级报告时称为"兴建一座环卫工人工具存放处和工人休息室，以解决环卫工人的后顾之忧"，申请项目时某街道办事处将此楼称为"办事处综合楼"，而最终具有审批权的市规划局将此楼最终定性为"三层住宅楼"。据此，此楼最终名正言顺地建成了住宅楼。我们不禁要问，规划局是以什么为根据将"文化站"、"工具存放处"、"综合楼"……批为"住宅楼"？这样的审批合法吗？

事实上，经过我们的调查，这里的环卫工人从未听说要给他们盖存放工具用的楼，更不敢奢望分上住宅房。居委会也不缺工作场所，他们至今尚将原居委会办公室的一部分租给某公司，二层附楼上加盖的一层所谓"办公楼"亦装上无烟灶台，直接对着89栋居民住户窗户，实质又是住宅楼。如此下去，打着居委会建办公场所的牌子盖办公楼，盖了办公楼改成住宅楼分掉，办公室永远不够。这样的居委会是在提高附近居民的生活水平、改善环境，还是以牺牲众多居民的合法权益为代价，提高个别人的生活水平，破坏环境？结论是显而易见的。

4. 审批结果违法。首先，被告的审批行为直接导致了原有绿地被破坏。根据《某市城市绿化条例》第9条规定，绿地面积"新区开发不得低于用地总面积的30%……其余应不低于总面积的25%"，《移交协议书》中也提到"小区内绿地按规划要求应补栽和完善的，甲方同意在今年春季植树季节全部补栽完毕"。补栽完毕的小区绿化被破坏，无论从协议的角度、从当地居民生活环境的角度，还是从相关法律、法规的角度，都难以自圆其说。其次，审批行为使得89栋购买商品房的居民遭受经济损失。居民花钱买商品房，不仅仅买房子本身，更要考虑所处位置、周边环境、小区格局等条件，而这些条件直接影响着房子的价格。如果是尚未规划的地区，居民自然有接受周边环境继续规划的心理准备和经济上的全面考虑。某B区是已规划并交付验收了的，在此种情况下，购房者为维护自身经济利益，要求保持购房时的环境，其要求是正当而且合法的。市规划局的审批行为给89栋居民经济上造成的损失，应当负行政赔偿责任。

综合上述，我们认为，被告市规划局对某街道办事处申报的项目予以批准，并颁发施工许可证，其行为是违法的，应当予以撤销，并赔偿因审批、颁发许可证等行为给相对人造成的经济损失，恢复小区的本来面貌。规划，是一个城市整体建设的前提和根本，是决定城市建设是否合理、有序，决定整个城市现在与未来面貌的关键。特别是对某个大城市而言，城市规划的全局性、整体性和一致性显得尤为重要。作为具有规划审批权的行政机关，无疑肩负着描绘城市蓝图的使命，肩负着建设许许多多新型的现代化住宅小区的责任。某小区，正是这许许多多小区中的组成部分。它从一个侧面、一个角度反映着某市城市建设、规划的前景，反映着小区居民生活的现状和发展方向，更反映着众多已经购买商品房或即将购买商品房的广大市民急需长久、稳定、合法的居住环境及其法律保护的要求。我们期待着法院的判决,正如我们期待着法律的公正。

武汉大学社会弱者权利保护中心

××

1998-11-29

赵某等诉某市地税局侵犯人身权案①

一、案情简介

1998年7月20日,某市地税局以该市雄鹰装饰材料批发商行合伙人赵某甲、赵某乙、赵某丙兄妹三人未按时缴纳税款为由,对赵氏兄妹的批发商行采取行政强制措施。市地税局城区稽查分局工作人员强行将商行内36件货物装上车,准备拖走。原告赵某丙要求清点货物,被地税局一工作人员从车上推下,造成肾外伤。后赵某乙、赵某丙随车到地税分局清点货物。赵某乙要求分局工作人员解释税率提高、税款总额比去年增加近十倍的原因,遭到地税分局工作人员的围攻、毒打,致赵某乙当场昏迷。后经"110"巡警赶到,将赵某乙送往医院。赵某丙亦因肾脏受伤住院。经法医鉴定,二人均已构成轻伤。

二、办案经过

赵某等写信向"中心"求助。行政诉讼部认为此案被告侵犯公民人身权情节恶劣,在当地造成极大影响,原告一方势单力薄,迫切需要法律援助,决定受理此案。代理人与原告签订法律援助协议后,马上赶往某市,连夜寻找证人,走访医院,查看现场,查阅案发当日"110"值班巡警名单,收集了大量证据。

1998年10月,某市法院第一次开庭审理,代理人与当事人参加了庭审。被告矢口否认打人事实,提出:1. 赵某丙的肾炎是旧病,与本案无关。2. 赵某乙的伤是自己打的,陷害地税干部,且构不成轻伤,应当重新鉴定。3. 当时有现场人员提供证言,说明地税分局工作人员未打人。4. 赵某乙等抗税、漏税,应当严惩。5. 本案诉讼期已过,法院不该受理。6. 原告三人聘请一名

---

① 参见林莉红著:《中国行政救济理论与实务》,武汉大学出版社2000年版,第298页。

代理人，是违法的，请法院纠正。

代理人对上述答辩意见一一驳斥，以大量、翔实的证据说明被告违法事实，对被告的假证、伪证与我方收集的证据一一对照，指出其虚假性。法院同意对方所提要求重新鉴定的申请，待重新鉴定后，再次开庭。两个月后，代理人参加了第二次开庭。重新鉴定的结果，赵某丙仍是外伤导致肾炎，属轻伤，赵某乙外伤改为轻微伤。第二次开庭，被告仍否认打人事实，代理人再次发表代理意见（详见附代理词），并向旁听的众多地税工作人员阐明：依法纳税是公民的基本义务，依法行政是行政机关的法定职责，行政执法靠的是法律，而不是暴力。纳税人未依法纳税并不能成为执法人员使用暴力的理由，否则便是违法执法。行政机关工作人员应引以为戒，依法运用手中的权力，靠法律维护行政机关的权威性。一味地推托责任，执迷不悟，只能一错再错。1998年11月，一审判决原告兄妹胜诉，被告赔偿原告赵某乙、赵某丙的住院费、医疗费、医药费、营养费、陪护费等计人民币16000余元，诉讼费用由被告承担。双方均未提出上诉。

三、扼要评析

本案的代理过程持续时间较长，也是代理较为辛苦的一个案例。代理人先后去某市六七次，几乎走遍了案情涉及的所有机关单位，本案在当地也具有相当影响，无论是当事人、周围群众，还是法院的办案人员，均对中心的工作给予了肯定，代理人通过案件的办理，亦得到不少经验教训，现总结如下：

1. 取证要迅速、证据要全面。代理人在接受委托后马上赶往某市。为防止被告做工作，对证人施加压力，代理人决定抢在被告的前面，连夜找到了两个关键证人，提供了证言。随后，代理人又去了公安局、税务局、案发现场、医院，甚至找到强制执行时临时雇佣的司机，先后制作了9份证人证言，将原告两人被打的整个经过全部调查清楚，逐一予以证据支持。2. 要做到知己知彼，心中有数。开庭前，通过多方调查，到法院查阅案卷，听取审判人员的意见，代理人得知对方的主要答辩内容就是全面否认伤害事实。针对这一情况，代理人与当事人作了充足的准备，大至医院的所有病例、诊断记载、医生意见，小到一张照片、一个单据，全部准备齐全。事实证明，这些准备工作是十分必要的。3. 充满信心，相信法院，相信法律。此案当事人在来"中心"之前，曾到多个法律服务机构聘请律师，所得到的答复都是：必输无疑。附近本想作证的个体户，一想到万一输了，自己的经营也要受到牵连，都不敢作证。代理人得知此情况，首先向当事人及证人说明了"中心"的意见，表示一定为受侵害者伸张正义,一审不行打二审,二审不行申诉,非要讨个公正的结果不可,不达目的不罢休。"中心"及代理人对案件的信心,对法院公正性的信心,对法律的信心直接影响到当事人、证人,使他们能密切配合代理人工作,最终取得胜利。

附:代 理 词

审判长、审判员:

根据《行政诉讼法》第二十九条的规定,我受武汉大学社会弱者权利保护中心的委派,担任原告的诉讼代理人。我中心行政诉讼部通过对原告所述案情的审查,认为该案属于中心法律服务范围,决定免费为原告代理诉讼,提供法律援助。开庭之前,我认真查阅了本案的卷宗材料,对数名证人予以了调查,搜集了相关证据,反复听取了原告的陈述。现结合案情事实,发表如下代理意见:

一、某市地方税务局城区稽查分局对雄鹰装饰材料批发商行下达的工商业户定期定额纳税通知书无法律依据,应当予以撤销。并由税务分局依法重新确定原告应缴纳的税款。

1. 原告对被告下达的定期定额纳税通知书有权提起诉讼,并未超过法定期限,属法院审查范围。

原告于7月21日交纳税款及滞纳金,8月24日申请行政复议,行政复议请求事项有两个:一是征收税款过高,没有法律依据,申请市地税局予以复议;二是原告纳税情节不属于行政强制措施的范畴,申请复议。复议机关于9月18日作出复议决定书,原告于9月25日起诉。上述期限,无论是申请复议期限,还是复议期限,以及起诉期限,均符合《中华人民共和国税收征收管理法》第56条第1款关于"纳税上发生争议"所应规定的期限,因此原告有权针对税款数额过高、税率确定不准确等提起诉讼。国家税务总局国税发[1997]125号文《关于纳税复议条件问题的批复》第3条规定,在税务机关采取强制措施后的纳税人缴清税款及滞纳金的,纳税人对纳税问题提出复议申请,复议机关不予受理。本条可理解为在此种情况下,行政复议可不作为起诉的必经程序,(或虽由纳税人提出申请,复议机关仍不予受理),纳税人可直接针对纳税问题向人民法院提起诉讼,请求司法解决。

2. 被告核定原告应纳税额、确定税率时,违反《中华人民共和国税收征收管理法实施细则》第35条的规定。

被告于1997年1月至12月给原告商行核定税款标准为每季度200元,

1998年原告营业状况较之1997年并无显著变化，而地税局在不说明情况，未拿出任何法律依据的情况下，突然将税款提高近十倍。虽原告多次请求说明法律依据，多次找被告咨询，被告至今未能给予令人信服的、明确的答复。由此，原告要求除非被告有明确的法律依据和事实依据，否则原告有理由认为被告违法征税，请求人民法院撤销纳税通知书，由被告退出多征税款，并依据法律重新确定税款数额。

二、被告工作人员殴打原告数人，严重侵害了公民的人身权利，原告根据行政诉讼法及国家赔偿法的有关规定，请求法院判决被告赔偿因伤害原告身体健康而造成的经济损失及精神损失。

被告工作人员在执行强制措施过程中，使用暴力，将原告赵某丙从车上摔下，进而殴打，使赵某丙身体多处受伤，肾部伤势严重，并经法医鉴定为轻伤。其侄子吴××为解救被打的姑姑赵某丙，亦被几名税务人员围攻、殴打，拖出几十米远，周围群众无不义愤。原告货物被强行拖走后，赵某乙、赵某丙跟车去地税局清点货物，询问法律依据，地税局工作人员再度大打出手，被告工作人员将赵某丙推倒在墙角，将赵某乙按在地上，拳打脚踢，用椅子、茶杯、矿泉水瓶直砸赵某乙的头部、胸部、腿部，直到赵某乙躺倒在地，昏死过去。为证实赵某乙是否装死，被告工作人员将遍体鳞伤的赵某乙拉起来，又松开手使其倒在地上，再拉起来，再松开手，反复数次，又说"你起来，我们给你解决问题"。见赵仍无动静，知道事情严重了，一下子全跑出去，剩下赵某丙对着窗外苦苦求救。后"110"巡警赶到，将赵某乙抬出地税局，送往人民医院抢救，后经法医鉴定也构成轻伤。

被告工作人员使用暴力殴打原告数人，在当地造成极坏的影响，严重损害了行政机关的形象，降低了行政机关的威信，在场的群众曾对代理人讲："行政机关是执法机关，但他们不是法，我们要守法，他们也要守法。"被告将原告人堵在地税局暴打，严重侵犯了原告的合法权利，被告无权限制原告的人身自由，更无权使用暴力。在地税局暴力殴打原告的行为是无法争辩的事实，被告应当对这一严重违法行为的法律后果负责。

原告未按时申报、缴纳税款，固然是错误的，是纳税意识不强的体现。但是，这不能成为税务机关工作人员使用暴力的理由，税务机关为国征税，靠的是法律，而不是暴力，若为征税而使用暴力，那便不再是执法，而是违法。在当前依法治国的大气候下，在要求公民增强纳税意识，要求公民主动履行纳税义务的同时，税务机关是否也应当提高一下公仆意识？公民的纳税意识与税务的公仆意识应当是相辅相成的。行政机关在要求公民遵守法律的同时，首先应当以身作则,先要懂法、守法才能严格公正执法,以达到利国利民,服务社会的目的。若都如本案被告所为,行政机关威信从何谈起?行政机关的行为又怎能让相对人接受,让群众信服?

上述代理意见,请合议庭合议时予以考虑,并作出公正判决。

武汉大学社会弱者权利保护中心

××
1998-10-16

瞿某诉某镇政府违法执行公务案①

一、案情简介

原告瞿某,女,1948年5月22日出生,汉族,农民,住某县某镇某村。1996年1月13日,该镇工作人员以解决原告的丈夫谢某与该村的承包合同纠纷为名,突然闯入谢家,强行抓人,为此,原告瞿某与被告工作人员争吵、扭打起来,原告被打昏在地不省人事。后在他人帮助下才苏醒过来。瞿某遂以镇政府工作人员执行公务过程中,违法侵犯公民人身权为由,诉诸县人民法院。

二、办案经过

"中心"接受委托后,决定指派工作人员担任代理人,承办此案。代理人首先前往该镇进行调查,取得镇领导证言、原村村长证言以及法医鉴定书、医药费报销单等。通过调查、分析,代理人认为"违法执行公务,侵犯公民人身权"证据确实充分,行政机关工作人员行为违法,给相对人造成经济损失和精神损害,应当予以赔偿。在庭审中,由于证人害怕日后遭到打击报复,未能出庭作证。被告矢口否认撕扯扭打行为存在,否认原告曾因被告的行为昏倒在地的事实。代理人当庭出示证人证言,并根据医院诊断的日期、内容等驳斥了被告颠倒黑白、无视事实存在的言词。代理人的理由、论据得到了法院的支持和肯定。最后,法院判决,被告行为侵犯了原告的生命健康权;被告赔偿原告医药费、检查费、鉴定费232.6元;诉讼费用400元,由被告承担。

---

① 参见林莉红著:《中国行政救济理论与实务》,武汉大学出版社2000年版,第303页。

三、扼要评述

本案胜诉的关键是调查取证。行政诉讼案件原则上由行政机关承担举证责任，相对人一方只要认为行政机关的行为侵犯其合法权益，即可提起诉讼。但在实践中，行政机关常常不愿提供对自己不利的证据，甚至掩盖不利证据，因而，作为相对人一方的委托代理人，应当积极地去搜集、取得证据并向法院提供，打有准备之仗，达到最终胜诉目的。本案虽然原告胜诉，但法院判决的赔偿数额与原告诉讼请求的赔偿数额仍有相当差距，主要原因也是由于原告举证不够充分，有些票据、单据已经灭失。

另一个值得注意的问题是，法院在判决书的判决文书部分出现"撤销使瞿某昏倒在地的具体行政行为"的表述，这一表述方式明显欠妥。此案是司法实践提出的行政诉讼判决中应当增加确认判决的一个很好的实例。首先，使瞿某昏倒在地的行为不是一个具有法律意义的具体行政行为，而仅仅是一个事实行为，是即时发生的强制性行为。其次，事实行为无法"撤销"。因事实行为属瞬间性、暂时性的行为，与法律行为不同，"撤销事实行为"毫无实际意义，让相对人难以理解，未能达到给相对人"一个说法"的目的。上述判决表述反映出目前行政诉讼判决方式、判决种类的不完善之处，即除现有的维持判决、撤销判决、履行判决、变更判决四种方式以外，还应增加"确认判决"。如上述案件判决确认行政机关工作人员致瞿某昏倒在地的行为违法，既符合相对人起诉时的要求，又明确了侵权行为性质，同时体现了行政赔偿的根据。许多学者对确认判决已有相关论述，可见应将这一判决方式尽快纳入行政诉讼法的条文当中。